Zufallsfunde bei Durchsuchungen im Steuerstrafverfahren

Europäische Hochschulschriften
Publications Universitaires Européennes
European University Studies

Reihe II
Rechtswissenschaft

Série II Series II
Droit
Law

Bd./Vol. 4056

PETER LANG
Frankfurt am Main · Berlin · Bern · Bruxelles · New York · Oxford · Wien

Olaf Schmechel

Zufallsfunde bei Durchsuchungen im Steuerstrafverfahren

PETER LANG
Europäischer Verlag der Wissenschaften

Bibliografische Information Der Deutschen Bibliothek
Die Deutsche Bibliothek verzeichnet diese Publikation in der Deutschen Nationalbibliografie; detaillierte bibliografische Daten sind im Internet über <http://dnb.ddb.de> abrufbar.

Zugl.: Hannover, Univ., Diss., 2004

D 89
ISSN 0531-7312
ISBN 3-631-53253-9

www.peterlang.de

Meiner Mutter

Vorwort

Die nachfolgende Arbeit ist im Dezember 2003 abgeschlossen worden und hat der Universität Hannover im Wintersemester 2003/2004 als Dissertation vorgelegen.

Mein ganz besonderer Dank gilt meinem Doktorvater und verehrtem Lehrer Prof. Dr. Hinrich Rüping, der mich weit über die Dissertation hinaus vorbildlich betreut und stets gefördert hat.

Bei Herrn Prof. Dr. Diethart Zielinski möchte ich mich für die prompte Erstellung des Zweitgutachtens bedanken.

Frau Dr. Annemarie Krumbein-Thum danke ich für die Durchsicht des Manuskripts. Bei den Rechtsanwälten Hennings, Lauenroth und Partner bedanke ich mich für die gewährten Freiräume.

Meiner Mutter danke ich ganz herzlich für ihre fortwährende Unterstützung.

Hannover, im August 2004 Olaf Schmechel

Inhaltsverzeichnis

Einleitung 13

1. Teil Auffinden von Zufallsfunden im Steuerstrafverfahren 15
A. Konstellationen, in denen Zufallsfunde mit steuerstrafrechtlichem Bezug auftreten können 16
B. Bedeutung von Zufallsfunden im Steuerstrafverfahren 16
I. Zufallsfunde in der jüngeren geschichtlichen Entwicklung 16
II. Die Häufigkeit von Zufallsfunden 17
C. Sondervorschriften im Steuerstrafverfahren 18
D. Voraussetzungen für die Beschlagnahme von Zufallsfunden 19
I. Bei Gelegenheit einer Durchsuchung 20
1. Voraussetzungen der Durchsuchung 20
a) Durchsuchung beim Verdächtigen (§ 102 StPO) 20
aa) Anfangsverdacht 20
bb) Auffindungsvermutung 22
cc) Durchsuchung bei juristischen Personen 22
b) Durchsuchung beim Unverdächtigen (§ 103 StPO) 23
2. Zuständigkeit 24
a) Anordnung durch den Richter 24
b) Anordnung bei Gefahr im Verzug 25
3. Bestimmtheit der Durchsuchungsanordnung 30
a) Konkretisierung des Tatvorwurfs 32
aa) Tatvorwurf im allgemeinen Strafverfahren 32
bb) Tatvorwurf im Steuerstrafverfahren 33
b) Benennung des gesuchten Beweismittels 36
c) Bezeichnung der zu durchsuchenden Räume 37
d) Verhältnismäßigkeit der Durchsuchung 40
4. Weitere Verfahrensvoraussetzungen 40
5. Durchsuchungen von Kreditinstituten 41
a) Der "Dresdner Bank-Fall" 44
b) Die Beschlüsse des BVerfG 45
6. Folgen fehlerhafter Durchsuchungsbeschlüsse 48
II. Gegenstände (beschlagnahmefähige Objekte) 48
III. Hindeuten 50
1. Verdachtsgrad 50
a) Ungewisser Verdacht einer Straftat 51
b) Anfangsverdacht im Sinne des § 152 Abs. 2 StPO 51
c) Stellungnahme 51
aa) Verdachtsgrade in der StPO 51
bb) Vorfeldermittlungen 53

2. Ermittlungen bei Kreditinstituten ... 54
a) Anfangsverdacht bei Buchung über CpD- oder bankeigene Konten ... 56
aa) Ausgangslage ... 56
bb) Anfangsverdacht ... 58
(1) Anfangsverdacht durch Kapitaltransfer ins Ausland ... 58
(a) Meinungsstand ... 58
(b) Stellungnahme ... 59
(2) Anfangsverdacht durch unzulässige Buchung über CpD-Konten ... 60
b) Anfangsverdacht bei Tafelgeschäften ... 63
IV. Andere Straftat ... 64
1. Bedeutung des Tatbegriffs für § 108 StPO ... 64
a) Auswirkungen auf die Verfolgungskompetenz der Finanzbehörden ... 66
b) Auswirkungen auf die Verjährung bzw. auf verjährungsunterbrechende Maßnahmen ... 68
c) Auswirkungen auf den Ausschluss einer strafbefreienden Selbstanzeige ... 68
d) Auswirkungen auf das Auskunftsverweigerungsrecht ... 68
2. Der prozessuale Tatbegriff im allgemeinen Strafverfahren ... 68
a) Der Tatbegriff im Ermittlungsverfahren ... 70
b) Der prozessuale Tatbegriff in Rechtsprechung und Literatur ... 73
c) Zwischenergebnis ... 78
3. Der prozessuale Tatbegriff im Steuerstrafverfahren ... 79
a) Meinungsstand zum Tatbegriff im Steuerstrafverfahren ... 82
aa) Weiter Tatbegriff ... 82
bb) Enger Tatbegriff ... 85
cc) Tateinheitstheorie ... 88
b) Stellungnahme ... 89
aa) Die Konkurrenzen im Steuerstrafrecht ... 91
(1) Tateinheit (§ 52 StGB) ... 91
(a) Gleichartige Tateinheit ... 92
(b) Ungleichartige Tateinheit ... 94
(2) Tatmehrheit (§ 53 StGB) ... 94
(a) Gleichartige Tatmehrheit ... 95
(b) Ungleichartige Tatmehrheit ... 95
bb) Abweichung von der materiell-rechtlichen Konkurrenzlage ... 96
4. Zwischenergebnis ... 96
V. Verhältnismäßigkeit ... 97
VI. Ausschluss der Beschlagnahme ... 97
1. § 108 Abs. 1 Satz 3 StPO ... 97

2. § 97 StPO ... 98
a) Geltung des Beschlagnahmeverbots für Zufallsfunde ... 98
b) Beschlagnahmefreie Gegenstände ... 101
c) Voraussetzungen für eine Beschlagnahmefreiheit sowie die Durchbrechung des Beschlagnahmeprivilegs ... 104
d) Geschützter Personenkreis ... 106
3. Grundgesetzliche Beschlagnahmeverbote ... 108
4. § 30 AO ... 109
a) Durchsuchung wegen Nicht-Steuerstraftat und Zufallsfund für Steuerstraftat ... 110
b) Durchsuchung der Finanzbehörde wegen Steuerstraftat und Zufallsfund für eine Nicht-Steuerstraftat ... 112
c) Durchsuchung der Finanzbehörde wegen Steuerstraftat und Zufallsfund für Steuerstraftat ... 114
5. Bankgeheimnis als Verbot der Beschlagnahme von Unterlagen bei Banken ... 114
6. Erledigung des Durchsuchungszwecks ... 115
E. Zuständigkeit ... 116
F. Einstweilige Beschlagnahme ... 117
G. Weiteres Verfahren ... 119
I. Weiterleitung des Zufallsfundes ... 119
II. Entscheidung über die weitere Behandlung des Zufallsfundes ... 121
1. Freigabe ... 122
2. Endgültige Beschlagnahme ... 122
3. Frist ... 123

2. Teil Zufallserkenntnisse und Kontrollmitteilungen ... 127
A. Aufgaben der Steuerfahndung ... 128
I. § 208 Abs. 1 Satz 1 Nr. 1 AO ... 130
II. § 208 Abs. 1 Satz 1 Nr. 2 AO ... 130
III. § 208 Abs. 1 Satz 1 Nr. 3 AO ... 131
1. Voraussetzungen des § 208 Abs. 1 Satz 1 Nr. 3 AO ... 133
a) Erfordernis eines "hinreichenden Anlasses" ... 133
b) Erfordernis eines "begründeten Verdachts" ... 139
2. Grenzen des § 208 Abs. 1 Satz 1 Nr. 3 AO ... 139
B. Befugnisse der Steuerfahndung ... 143

3. Teil Ausschluss der strafbefreienden Selbstanzeige durch Auffinden eines Zufallsfundes ... 147
A. Voraussetzungen der Selbstanzeige ... 148
B. Ausschluss der Selbstanzeige ... 150
I. § 371 Abs. 2 Nr. 1 a AO ... 151

1. Amtsträger der Finanzbehörde 151
2. Erscheinen 153
a) Persönlicher Umfang der Sperrwirkung 153
b) Sachlicher Umfang der Sperrwirkung 154
aa) Wortlaut 154
bb) Sperrwirkung nur durch Ermittlungen der zuständigen Finanzbehörde 155
(1) Abstellen auf den Sachzusammenhang 155
(2) Abstellen auf die Tat 156
(a) Beschreibung der Tat in der Einleitungsverfügung 157
(b) Anwendung des materiell-rechtlichen Tatbegriffs 158
(aa) Abstellen auf die einzelne Einkunftsart 159
(bb) Abstellen auf die Steuererklärung 160
(c) Anwendung des prozessualen Tatbegriffs 160
3. Ausschluss der Selbstanzeige für durch Zufallsfund hervorgebrachte Tat 161
II. § 371 Abs. 2 Nr. 1 b AO 161
1. Einleitung eines Strafverfahrens 161
2. Bekanntgabe 163
a) Bekanntgabe durch Durchsuchungsbeschluss 164
b) Bekanntgabe durch Beschlagnahmebeschluss 167
3. Tat 167
4. Ausschluss der Selbstanzeige für durch Zufallsfund hervorgebrachte Tat 168
III. § 371 Abs. 2 Nr. 2 AO 169
1. Entdeckung der Tat 169
2. Kenntnis des Täters von der Entdeckung 171
3. Ausschluss der Selbstanzeige für durch Zufallsfund hervorgebrachte Tat 171

4. Teil Zusammenfassung der Erkenntnisse 175

Literaturverzeichnis 181

Einleitung

Zufallsfunde im Steuerstrafverfahren haben durch die Durchsuchungen von Banken Anfang der neunziger Jahre verstärkt Bedeutung erlangt. Bis heute sind die Strafverfolgungsorgane mit der Aufarbeitung der gewonnenen Erkenntnisse beschäftigt. Zahlreiche weitere Ermittlungsverfahren folgten. Aber nicht nur bei Durchsuchungen von Banken werden Zufallsfunde zu Tage gefördert. Überall dort, wo sich steuererhebliche Unterlagen befinden, muss mit Zufallsfunden gerechnet werden, wenn die Strafverfolgungsorgane mit dem Zwangsmittel der Durchsuchung vorgehen. Der Betroffene sieht sich in diesen Fällen einem doppelten Eingriff ausgesetzt, nämlich der Durchsuchung und Beschlagnahme im Ausgangsverfahren sowie der einstweiligen Beschlagnahme der zufällig aufgefundenen Beweisgegenstände. § 108 StPO regelt zum einen, wann eine einstweilige Beschlagnahme erfolgen darf, und zum anderen wie, mit den beschlagnahmten Gegenständen weiter zu verfahren ist. Ein besonderes Augenmerk ist dabei auf die Abgrenzung zwischen der Tat, wegen der die Durchsuchung stattfindet, und der Tat, auf die die zufällig aufgefundenen Gegenstände hindeuten, zu richten. Die Folgen sind weitreichend; von der Verjährungsunterbrechung bis hin zum Ausschluss der strafbefreienden Selbstanzeige kann es zu unterschiedlichen Bewertungen kommen. Die Abgrenzungen der Taten ist daher ein Schwerpunkt dieser Arbeit.

Im Steuerstrafverfahren gelten einige Besonderheiten, die Einfluss auf die Behandlung der Zufallsfunde haben. Die Arbeit beschäftigt sich daher insbesondere mit der Doppelfunktion, die die Steuerfahndung innehat. Die zahlreichen Fälle aus der Praxis haben gezeigt, dass sie Steuerfahndung zwar aufgrund ihrer strafprozessualen Befugnisse Durchsuchungen vornimmt, diese aber zum Anlass nimmt, mit den Mitteln des Besteuerungsverfahrens unter dem Deckmantel, unbekannte Steuerfälle aufzudecken und zu ermitteln, Kontrollmaterial sammelt, das letztlich dazu genutzt wird, ein Steuerstrafverfahren gegen den Betroffenen einzuleiten. Die Zulässigkeit dieses Vorgehens ist ebenfalls Inhalt dieser Arbeit.

Der Täter einer Steuerhinterziehung hat die Möglichkeit, sich durch eine Selbstanzeige Straffreiheit zu verschaffen, § 371 AO. Diese Möglichkeit wird allerdings durch Ausschlusstatbestände begrenzt. Im letzten Teil dieser Arbeit wird daher untersucht, ob und gegebenenfalls wann das zufällige Auffinden von Beweisgegenständen und die einstweilige Beschlagnahme nach § 108 StPO zum Ausschluss des Selbstanzeigerechts führen.

1. Teil Auffinden von Zufallsfunden im Steuerstrafverfahren

Die Einleitung eines strafrechtlichen Ermittlungsverfahrens findet ihre Legitimation im Legalitätsprinzip, welches in den §§ 152 Abs. 2, 170 Abs. 1 StPO niedergelegt ist.[1] Das Legalitätsprinzip verpflichtet die Staatsanwaltschaft, bei Anhaltspunkten für das Vorliegen einer Straftat ein Ermittlungsverfahren einzuleiten und bei hinreichendem Tatverdacht Anklage zu erheben.[2] Die Staatsanwaltschaft hat also Ermittlungen aufzunehmen, wenn sie von dem Verdacht einer Straftat - durch Anzeige, Strafantrag oder auf anderem Weg - Kenntnis erlangt. Zur Durchführung dieser Ermittlungen steht den Strafverfolgungsorganen ein umfangreicher Katalog strafprozessualer Zwangsmaßnahmen zur Verfügung. Der durch den Einsatz dieser Mittel hervorgerufene Eingriff in grundrechtlich geschützte Rechtspositionen wird zugunsten einer funktionierenden Strafrechtspflege und zur Sicherstellung des staatlichen Strafanspruchs hingenommen. Die Strafverfolgungsorgane dürfen Zwangsmittel allerdings nur dann einsetzen, wenn ein bestimmter, von der jeweiligen Vorschrift vorausgesetzter Verdacht einer Straftat vorliegt. Der Einsatz dieses Zwangsmittels erfolgt dann ausschließlich wegen der Straftat, aufgrund derer das Zwangsmittel angeordnet worden ist, wobei eine Abgrenzung anhand des prozessualen Tatbegriffs erfolgt.

Insbesondere bei Durchsuchungen kann es indes dazu kommen, dass die Ermittler Sachverhalte wahrnehmen respektive Gegenstände auffinden, die zwar auf eine Straftat hindeuten, aber mit der eigentlichen Straftat in keinerlei Zusammenhang stehen. Es handelt sich hierbei um Zufallsfunde. Ein derartiger Fund ist durch die ursprüngliche Durchsuchungsanordnung nicht gedeckt. Die Strafverfolgungsorgane brauchen jedoch nicht die Augen davor zu verschließen. Sie dürfen den Zufallsfund gem. § 108 StPO einstweilen in Beschlag nehmen.

Die Behandlung dieser Zufallsfunde soll nachfolgend unter besonderer Berücksichtigung steuerstrafrechtlicher Besonderheiten näher untersucht werden. Denn die die allgemeinen Vorschriften ergänzenden steuerstrafrechtlichen Regelungen der AO auf der einen und eine nicht eindeutige Abgrenzung zwischen Besteuerungsverfahren und Steuerstrafverfahren auf der anderen Seite führen in Theorie und Praxis zu Unklarheiten, denen nachgegangen werden soll.

---

[1] *Meyer-Goßner*, § 152 Rn. 3.
[2] Vgl. §§ 152 Abs. 2, 170 Abs. 1 StPO.

A. Konstellationen, in denen Zufallsfunde mit steuerstrafrechtlichem Bezug auftreten können

Zufallsfunde mit Bezug zum Steuerstrafrecht können in unterschiedlichen Konstellationen auftreten:

- anlässlich der Durchsuchung wegen einer Nicht-Steuerstraftat stoßen die Strafverfolgungsorgane auf Hinweise, die auf eine Steuerstraftat hindeuten,

- anlässlich der Durchsuchung wegen einer Steuerstraftat stoßen die Ermittler auf Hinweise, die auf eine Nicht-Steuerstraftat hindeuten,

- anlässlich der Durchsuchung wegen einer Steuerstraftat entdecken die Ermittler Anhaltspunkte für eine andere Steuerstraftat.

Die jeweiligen Konstellationen können u. a. Auswirkungen auf die Zuständigkeit der handelnden Ermittlungsorgane haben. Insbesondere für die letzte Fallgruppe gehen die Konsequenzen vor allem im Hinblick auf die Verjährung und den Ausschluss des Selbstanzeigerechts weiter. Es stellt sich hierbei nämlich die Frage, ob die entdeckten Hinweise - im Regelfall wird es sich um Unterlagen handeln - von dem ursprünglichen Durchsuchungsbeschluss erfasst sind oder ob es sich um eine andere Tat und damit um einen Zufallsfund handelt.

B. Bedeutung von Zufallsfunden im Steuerstrafverfahren

Bevor im Einzelnen die gesetzlichen Voraussetzungen für die Beschlagnahme von Zufallsfunden im Steuerstrafverfahren untersucht werden, soll zunächst kurz die Bedeutung von Zufallsfunden dargestellt werden.

I. Zufallsfunde in der jüngeren geschichtlichen Entwicklung

Die in § 108 Abs. 1 StPO enthaltene Regelung über die Behandlung von Zufallsfunden existiert, bis auf einige wenige redaktionelle Änderungen, in unveränderter Form seit Inkrafttreten der RStPO[3] am 1.1.1879.[4] Weitgehend unbeachtet von der Wissenschaft führte § 108 StPO anfangs ein eher stiefmütterliches Dasein.[5] Erst seit einigen Jahren erfährt die Vorschrift gesteigerte Aufmerksamkeit. Hierbei bildeten zunächst die "klassischen" Zufallsfunde den Kernpunkt des Interesses, wie etwa das zufällige Auffinden einer Schusswaffe, von Rauschgift oder Geld

[3] RGBl. 1877, S. 253
[4] Vgl. *Ronsdorf*, S. 57.
[5] *Ronsdorf*, S. 57 m. w. N.

hinter einer Fußleiste.[6] In jüngerer Zeit gewinnen jedoch Zufallsfunde in Wirtschafts- und insbesondere in Steuerstrafsachen vermehrt an Bedeutung.[7] Bei diesen Delikten bestimmt im Wesentlichen der Sachbeweis das Ergebnis des Strafverfahrens.[8] Die Aufklärung erfolgt daher in erster Linie durch die bei einer Durchsuchung aufgefundenen Geschäftsunterlagen, Buchhaltung, Bilanzen oder Notizen. Eine Durchsuchung steht aus diesem Grund häufig am Anfang der Ermittlungen von Wirtschafts- und Steuerstrafsachen.[9] Dabei können die Ermittler auch auf Unterlagen oder Gegenstände stoßen, die mit dem Durchsuchungszweck nicht in Zusammenhang stehen, aber den Verdacht einer anderen Straftat hervorrufen. Diese Gegenstände sind unter den Voraussetzungen des § 108 StPO einstweilen zu beschlagnahmen.

II. Die Häufigkeit von Zufallsfunden

Über die Häufigkeit einer Beschlagnahme nach § 108 StPO gibt es keine empirischen Belege.[10] Allerdings lassen sich aus der Wichtigkeit des Sachbeweises im Steuerstrafverfahren und aus der Deliktsstruktur des Tatbestandes der Steuerhinterziehung Rückschlüsse auf die Häufigkeit von Zufallsfunden und damit auf ihre Bedeutung ziehen. Wie bereits erwähnt, ist im Steuerstrafverfahren der Sachbeweis das wichtigste Beweismittel zur Überführung des Täters. Deshalb ist die Durchsuchung regelmäßig Ausgangspunkt steuerstrafrechtlicher Ermittlungen. Daraus folgt, dass im Vergleich zu anderen Delikten im Steuerstrafverfahren die Durchsuchung ein häufig angeordnetes Zwangsmittel ist. Damit steigt naturgemäß auch die Wahrscheinlichkeit, anlässlich einer Durchsuchung Zufallsfunde zu machen.

Die Häufigkeit von Zufallsfunden hängt zudem von der Auslegung des Tatbegriffs im Steuerstrafrecht ab. Je enger der Tatbegriff gefasst wird, um so häufiger treten Zufallsfunde auf.[11] Betrachtet man beispielsweise die Verkürzung jeder einzelnen Steuerart als selbstständige Tat und erfolgt die Durchsuchung nur wegen des Verdachts der Hinterziehung von Zinsabschlagsteuern, müssten Unterlagen, die auf Einkommen- und Umsatzsteuerhinterziehung hindeuten, als Zufallsfunde beschlagnahmt werden.

---

[6] Vgl. dazu *Benfer*, Grundrechtseingriffe, Kap. 3 Rn. 163. Aus der Rechtsprechung vgl. etwa OLG Koblenz NStZ 2002, 660 ff.

[7] *Ronsdorf*, S. 186. Vgl. etwa BFHE 192, 44 ff. = BFH BStBl. II 2000, 643 ff. = NJW 2000, 3157 ff.; LG Freiburg NStZ 1999, 582 ff.; dazu *Burhoff*, PStR 2000, 47 ff.

[8] *Rüping*, StPO, Rn. 295, 188.

[9] *Ciolek-Krepold*, Rn. 1 ff.

[10] Vgl. *Ronsdorf*, S. 173.

[11] Zum Tatbegriff siehe unter 1. Teil D IV.

Ein weiterer Grund für eine relative Häufigkeit von Zufallsfunden ist, dass im Bereich der Steuerkriminalität mit weiteren Straftaten zu rechnen ist, die der Steuerhinterziehung nahe stehen oder Begleittaten sind.[12] Hierzu zählen z. B. Betrug, Urkundenfälschung und Untreue, aber auch Bestechlichkeit.

Schließlich kann die Transparenz der Geldflüsse im Bankwesen Zufallsfunde hervorbringen. Das belegen die sog. Bankenverfahren[13], die die große praktische Relevanz von Zufallsfunden unterstreichen. Hier bestechen vor allem die große Anzahl der beschlagnahmten Kontounterlagen[14] und die nach deren Auswertung eingeleiteten Ermittlungsverfahren.

C. Sondervorschriften im Steuerstrafverfahren

Im Steuerstrafverfahren gelten neben den allgemeinen Vorschriften des Strafverfahrensrechtes einige Besonderheiten. Die Auswirkungen dieser steuerstrafrechtlichen Besonderheiten auf die Behandlung von Zufallsfunden machen zunächst eine Darstellung der hier geltenden Regelungen erforderlich. Im Steuerstrafverfahren finden aufgrund der Verweisungsnorm des § 385 Abs.1 AO die allgemeinen strafverfahrensrechtlichen Vorschriften (StPO, GVG) und damit auch § 108 StPO Anwendung. Daneben enthält die AO Sondervorschriften, die den Belangen steuerstrafrechtlicher Ermittlungen Rechnung tragen sollen. Diese Sondervorschriften finden sich in den §§ 385 ff. AO. So sind neben den im allgemeinen Strafverfahren zuständigen Ermittlungsorganen (Polizei und Staatsanwaltschaft) die Steuerfahndung (§§ 208, 404 AO) und die Finanzbehörde - die sog. Strafsachen- und Bußgeldstelle (§§ 386 ff. AO) - mit Ermittlungsaufgaben betraut.[15]

Nach § 387 Abs. 2 AO kann die sachliche Zuständigkeit der Finanzbehörde in Steuerstrafsachen durch Rechtsverordnung einer Finanzbehörde für den Bereich mehrerer Finanzämter übertragen werden. Die meisten Länder haben hiervon Gebrauch gemacht, indem sie Bußgeld- und Strafsachenstellen bzw. Straf- und Bußgeldsachenstellen als unselbstständige Dienststellen eines Festsetzungsfinanzamtes geschaffen haben. Abweichend davon haben Niedersachsen[16], Nordrhein-Westfalen[17] und Berlin[18] spezielle eigenständige Finanzämter eingerichtet, die als

---

[12] *Ronsdorf*, S. 188.

[13] Ausgangsfälle waren die Durchsuchungen der Dresdner Bank wegen des Verdachts der Beihilfe zur Steuerhinterziehung, BVerfG NJW 1994, 2079 ff.; NJW 1995, 2839 ff.

[14] Bei der Durchsuchung der Dresdner Bank wurden etwa 40.000 Belege beschlagnahmt, vgl. *Leisner*, BB 1995, 525.

[15] *Seer* bezeichnet die Strafsachen- und Bußgeldstelle auch als "Steuerstaatsanwaltschaft" und die Steuerfahndung als "Steuerpolizei", *Seer* in Tipke/Kruse, § 208 Rn. 8.

[16] BStBl. 1982 I, 225; GVBl. Nds. 1982, 395.

[17] BStBl. 1986 I, 506; GVBl. NRW 1986, 639.

Finanzämter für Fahndung und Strafsachen[19] bzw. Finanzämter für Steuerstrafsachen und Steuerfahndung[20] fungieren.

Bei reinen Steuerstraftaten führt grundsätzlich die Finanzbehörde das Ermittlungsverfahren (§ 386 Abs. 1 AO). Sie kann die Strafsache allerdings jederzeit an die Staatsanwaltschaft abgeben; die Staatsanwaltschaft kann die Ermittlungen jederzeit an sich ziehen (§ 386 Abs. 4 AO). Für den Fall, dass Steuerstraftat und Nicht-Steuerstraftat tateinheitlich zusammenfallen, übernimmt ausschließlich die Staatsanwaltschaft die Ermittlungen. Die Staatsanwaltschaft kann in diesen Fällen die Finanzbehörde nach § 161 StPO um die Durchführung der Ermittlungen ersuchen.[21]

Wenn wegen des Verdachts der Steuerhinterziehung ermittelt wird, nimmt üblicherweise die Steuerfahndung die Aufgaben des Polizeidienstes als Hilfsbeamte der Finanzbehörde oder der Staatsanwaltschaft wahr. Die der Steuerfahndung zugewiesenen Aufgaben finden sich in § 208 Abs. 1 Satz 1 Nr. 1 - 3 AO.[22]

D. Voraussetzungen für die Beschlagnahme von Zufallsfunden

Die weitere Untersuchung beschäftigt sich mit den gesetzlichen Voraussetzungen, die gegeben sein müssen, um einen Gegenstand vorläufig beschlagnahmen zu dürfen. Bereits hier wird auf steuerstrafrechtliche Besonderheiten einzugehen sein.

§ 108 Abs. 1 StPO erlaubt die einstweilige Beschlagnahme von Gegenständen, die bei Gelegenheit einer Durchsuchung gefunden werden und in keiner Beziehung zu der Untersuchung stehen, aber auf die Verübung einer anderen Straftat hindeuten. Die Vorschrift erweitert damit nicht etwa die Möglichkeit der Durchsuchung, sondern das allgemeine Beschlagnahmerecht.[23]

---

[18] GVBl. Bln. 1995, 830, 836.

[19] So in Niedersachsen und Berlin.

[20] So in Nordrhein-Westfalen.

[21] BGHSt 36, 283, 285; dagegen *Reiche*, wistra 1990, 90 ff.; zustimmend aber *Pütz*, wistra 1990, 212 ff. Das OLG Braunschweig, wistra 1998, 71, 72 f. hält dies auch bei einer Tat i. S. d. § 264 StPO für zulässig; dagegen *Bender*, wistra 1998, 93 ff.

[22] Siehe dazu im Einzelnen unter 2. Teil A.

[23] *Müller* in KMR, § 108 Rn. 1; *Schäfer* in Löwe-Rosenberg, § 108 Rn. 2; *Rüping*, Zufallsfunde, S. 267, 282; *Ronsdorf*, S. 66.

I. Bei Gelegenheit einer Durchsuchung

Es liegt in der Natur der Sache, dass Zufallsfunde immer nur anlässlich einer anderen Zwangsmaßnahme aufgefunden werden können. § 108 StPO setzt insoweit eine rechtmäßige[24] Durchsuchung voraus. Ausgangspunkt für einen Zufallsfund im Sinne des § 108 StPO[25] ist damit immer eine Durchsuchung. Es sind daher zunächst die Voraussetzungen einer Durchsuchung zu bestimmen.

1. Voraussetzungen der Durchsuchung

Eine Durchsuchung ist ein zweckgerichtetes Suchen nach versteckten Gegenständen, die als Beweismittel oder als Einziehungs- bzw. Verfallsgegenstände in Frage kommen, oder nach dem Verdächtigen.[26] Durchsucht werden können Wohnungen und andere Räume sowie Personen. Die Personendurchsuchung ist im Steuerstrafverfahren zu vernachlässigen, da hier das Auffinden von Unterlagen regelmäßig Ziel der Maßnahme ist. Eine Durchsuchung der Person kommt nur dann in Betracht, wenn diese zu beschlagnahmende Unterlagen bei sich hat. Die Ausführungen beschränken sich im Folgenden daher auf die Suche nach Sachbeweisen in Wohnungen und anderen Räumen. Im Vordergrund stehen hier Durchsuchungen von Wohn- und Geschäftsräumen, aber auch von Bankschließfächern und PKW. Durchsuchungen können sowohl bei Verdächtigen (§ 102 StPO) als auch bei anderen Personen (§ 103 StPO) vorgenommen werden.

a) Durchsuchung beim Verdächtigen (§ 102 StPO)

§ 102 StPO erlaubt die Durchsuchung von Räumen, Sachen oder Personen desjenigen, der einer Straftat verdächtig ist. Der von einer Durchsuchung nach § 102 StPO Betroffene braucht aber noch nicht Beschuldigter zu sein.[27] Vielfach wird er es erst durch die Durchsuchung.[28] Er muss jedoch Tatverdächtiger sein.

aa) Anfangsverdacht

Grundlegende Voraussetzung für eine Durchsuchung ist somit, dass sich ein Verdacht in Gestalt des Anfangsverdachts im Sinne des § 152 Abs. 2 StPO gegen den

---

[24] OLG Koblenz, NStZ 2002, 660, 661; *Roxin*, StPO, § 35 Rn. 11; *Ronsdorf*, ArchKrim 1993, 42, 44; *Rüping*, FR 2000, 193; a. A. LG Wiesbaden NJW 1979, 175, m. abl. Anm. *Kühne*, NJW 1979, 1053.

[25] Zu Zufallsfunden bei der Telefonüberwachung gemäß § 100 a StPO vgl. OLG Düsseldorf, StV 2001, 388; zu Zufallsfunden bei der Rasterfahndung vgl. *Siebrecht*, S. 137 ff.

[26] *Roxin*, StPO, § 35 Rn. 1; *Rüping*, Zufallsfunde, S. 267, 269.

[27] *Nack* in Karlsruher Kommentar, § 102 Rn. 1; *Meyer-Goßner*, § 102 Rn. 3; *Schäfer* in Löwe-Rosenberg, § 102, Rn. 14; *Rüping*, StPO, Rn. 296; *Schlüchter*, Rn. 326.

[28] *Rüping*, StPO, Rn. 296.

von der Durchsuchung Betroffenen richtet.[29] Dazu müssen zureichende tatsächliche Anhaltspunkte vorliegen, die es, gestützt auf Erfahrungssätze der Kriminalistik, als möglich erscheinen lassen, dass eine verfolgbare Straftat vorliegt.[30]

Der Verdacht einer Straftat verlangt in normativer Hinsicht die Prüfung, ob der fragliche Sachverhalt unter einen Straftatbestand zu fassen ist.[31] Neben einer rechtswidrigen Tat nach § 11 Abs. 1 Nr. 5 StGB erfordert die Straftat auch schuldhaftes Handeln.[32] Ferner müssen gegebenenfalls vorausgesetzte objektive Bedingungen der Strafbarkeit vorliegen, und persönliche Strafausschließungs-[33] und Strafaufhebungsgründe[34] dürfen nicht eingreifen.[35] Im Steuerstrafverfahren ist insbesondere die strafbefreiende Selbstanzeige gemäß § 371 AO als persönlicher Strafaufhebungsgrund zu beachten.[36] Soweit die Finanzbehörde das Ermittlungsverfahren in Steuerstrafsachen gemäß § 386 AO selbstständig führt, muss sich der Verdacht auf eine Steuerstraftat im Sinne der §§ 369 ff. AO beziehen.

Verfolgbar ist die Tat dann, wenn keine unbehebbaren Verfahrenshindernisse (u. a. Fehlen der deutschen Gerichtsbarkeit, Verbrauch der Strafklage und anderweitige Rechtshängigkeit sowie Verjährung und Amnestie) vorliegen.[37] Eine Durchsuchung ist daher rechtswidrig, wenn zum Zeitpunkt ihrer Anordnung aufgrund eines unbehebbaren Verfahrenshindernisses kein Tatverdacht vorlag. Ein besonderes Augenmerk ist bei einer Durchsuchung wegen des Verdachts einer Steuerstraftat auf die Verfolgungsverjährung zu richten. Die strafrechtliche Verfolgungsverjährung (5 Jahre, § 370 Abs. 1 AO i. V. m. § 78 Abs. 3 Nr. 4 StGB) und die steuerliche Festsetzungsfrist (10 Jahre, § 169 Abs. 2 Satz 2 AO) fallen nämlich auseinander. Das heißt auch wenn die Finanzbehörde verkürzte Steuern nach-

---

[29] *Müller* in KMR, § 102 Rn. 3; *Schäfer* in Löwe-Rosenberg, § 102 Rn. 15; *Benfer*, Grundrechtseingriffe, Kap. 3 Rn. 28; *Geerds*, S. 171, 173 f.; *Rüping*, StPO, Rn. 296; *Schlüchter*, Rn. 326; weitergehend *Meyer-Goßner*, § 102 Rn. 3; *Roxin*, StPO, § 35 Rn. 5; enger *Warda*, S. 124 ff., 145; *Bruns*, FS Schmidt-Leichner, S. 1, 5.

[30] Zum Anfangsverdacht *Meyer-Goßner*, § 152 Rn. 4; ausführlich *Schulz*, S. 527 ff.; *Lohner*, passim.

[31] *Meyer-Goßner*, § 152 Rn. 4.

[32] *Rieß* in Löwe-Rosenberg, § 152 Rn. 30; *Achenbach*, MDR 1975, 19, 20; *Benfer*, Grundrechtseingriffe, Kap. 1 Rn. 29; *Rüping*, Zufallsfunde, S. 267, 270; *Schlüchter*, Rn. 393.4; differenzierend nach Art des Schuldausschließungsgrundes *Warda*, S. 186 ff.

[33] Dazu zählen etwa das Angehörigenverhältnis im Falle der Strafvereitelung (§ 258 Abs. 6 StGB) sowie die Beteiligung an der Vortat bei Begünstigungs- und Strafvereitelungshandlungen (§ 275 Abs. 3 StGB bzw. § 258 Abs. 5 StGB).

[34] Dazu zählen vor allem der Rücktritt vom Versuch (§ 24 StGB) und vom Versuch der Verbrechensbeteiligung (§ 31 StGB).

[35] *Benfer*, Grundrechtseingriffe, Kap. 1 Rn. 29; *Schmidt*, StPO, Rn. 104.

[36] Siehe dazu 3. Teil.

[37] *Meyer-Goßner*, § 102 Rn. 4; *Beulke* in Löwe-Rosenberg, § 152 Rn. 30; *Lohner*, S. 57 ff; *Rüping*, Zufallsfunde, S. 267, 270; *Warda*, S. 193.

träglich noch festsetzen kann, kann das Verhalten in strafrechtlicher Hinsicht bereits verjährt sein. Besonders nach Aufgabe der Rechtsfigur des Fortsetzungszusammenhanges[38] dürfen Zeiträume, die über die Verjährungsfrist hinausgehen, strafrechtlich nicht berücksichtigt werden.[39] Der Finanzbehörde stehen zur Ermittlung des Sachverhalts dann ausschließlich die Instrumente des Besteuerungsverfahrens zur Verfügung.

bb) Auffindungsvermutung

Weitere Voraussetzung für die Anordnung einer Durchsuchung ist die Vermutung, dass die Maßnahme zur Auffindung von Beweismitteln führen wird. Ausreichend ist, im Gegensatz zur Durchsuchung nach § 103 StPO, dass die kriminalistisch naheliegende Vermutung besteht, Gegenstände, die als Beweismittel in Frage kommen oder auf solche hindeuten, zu finden.[40] Die Durchsuchung darf allerdings nicht zur bloßen Ausforschung missbraucht werden.[41] In Steuerstrafsachen, wo üblicherweise das Auffinden von Geschäfts- und Buchungsunterlagen Ziel der Durchsuchung ist, ergibt sich die sog. Auffindungsvermutung regelmäßig aus der Aufbewahrung diesbezüglicher Unterlagen in den Geschäftsräumen. Daneben ist auch die Durchsuchung der Privatwohnung begründet, da der Verdacht einer (Steuer-) Straftat die Vermutung nahe legt, dass belastendes Material sich auch in der privaten Sphäre befindet.[42]

cc) Durchsuchung bei juristischen Personen

Die Suche nach Geschäfts- und Buchführungsunterlagen erstreckt sich häufig auf die Räumlichkeiten juristischer Personen bzw. anderer Personenvereinigungen. Es stellt sich daher die Frage, unter welchen Voraussetzungen eine Durchsuchung nach § 102 StPO bei juristischen Personen, Personenhandelsgesellschaften oder anderen Personenvereinigungen zulässig ist. Mangels eigener Handlungs- und Schuldfähigkeit können diese nämlich nicht selbst Tatverdächtige sein. Abzustellen ist vielmehr auf die gesetzliche Vertretungsbefugnis[43], also z. B. auf den Geschäftsführer einer GmbH (§ 35 Abs. 1 GmbHG), den Vorstand einer AG (§ 78 AktG) oder den Vereinsvorstand (§ 26 Abs. 2 BGB). Eine Durchsuchung nach

---

[38] Für das allgemeine Strafrecht BGHSt 40, 138 ff.; für das Steuerstrafrecht BGHSt 40, 195 ff.

[39] Anders noch BVerfG NJW 1994, 2079, 2080; krit. dazu *Leisner*, BB 1994, 1941, 1943.

[40] *Nack* in Karlsruher Kommentar, § 102 Rn. 3; *Meyer-Goßner*, § 102 Rn. 13; *Müller* in KMR, § 102 Rn. 12; *Schäfer* in Löwe-Rosenberg, § 102 Rn. 25.

[41] LG Offenburg StV 1997, 626, 627.

[42] Zur Frage, ob dann alle Privaträume, also auch die eindeutig der Ehefrau oder den Kindern zugewiesene Räume durchsucht werden dürfen vgl. *Nelles*, StV 1991, 488 ff.

[43] *Amelung* in Alternativ Kommentar/StPO, § 102 Rn. 17; *Schäfer* in Löwe-Rosenberg, § 102 Rn. 13; *Benfer*, Haussuchung, S. 110; a. A. *Warda*, S. 209 ff, 264, der auf die tatsächliche Sachherrschaft abstellt.

§ 102 StPO in Geschäftsräumen der juristischen Person kommt somit nur dann in Frage, wenn sich der Tatverdacht gegen die vertretungsberechtigte natürliche Person selbst richtet.[44] Gleiches gilt aufgrund der teilweisen gesellschaftsrechtlichen Gleichstellung (§ 124 Abs. 1 HGB) für Personenhandelsgesellschaften (OHG, KG).[45] In allen anderen Fällen sind die juristische Person bzw. die sonstige Personenvereinigung Dritte, so dass sich die Durchsuchung ihrer Räume nach § 103 StPO richtet.

b) Durchsuchung beim Unverdächtigen (§ 103 StPO)

§ 103 Abs. 1 StPO erlaubt die Durchsuchung bei dritten, unverdächtigen Personen. Darunter fallen die Personen, die nicht tat- oder teilnahmeverdächtig sind oder es aus Rechtsgründen (juristische Person, Personengesellschaft usw.) nicht sein können.[46] Voraussetzung ist auch hier, dass überhaupt ein Tatverdacht gegen irgendeine Person, die allerdings namentlich noch nicht bekannt zu sein braucht, besteht.[47]

Im Vergleich zu § 102 StPO sind bei einer Durchsuchung nach § 103 StPO höhere Anforderungen an die Auffindungsvermutung zu stellen. Die bloße Vermutung, dass bestimmte Beweismittel gefunden werden, genügt hier nicht. § 103 StPO verlangt mehr, nämlich dass bestimmte Tatsachen vorliegen, aus denen zu schließen ist, dass sich bestimmte Beweismittel in den zu durchsuchenden Räumen befinden.

In Steuerstrafverfahren hat die Durchsuchung nach § 103 StPO eine hohe Bedeutung, weil sich zum einen steuerrelevante Unterlagen häufig nicht beim Steuerpflichtigen selbst befinden. Zu denken ist hier an Konto- und Buchungsunterlagen der Banken sowie an ausgelagerte Buchführungs- und Bilanzunterlagen. Zum anderen ist eine Durchsuchung der Räume einer juristischen Person oder einer Personenhandelsgesellschaft nur dann unter den erleichterten Voraussetzungen des § 102 StPO zulässig, wenn sich der Tatverdacht gegen eine Person richtet, die als Inhaber, Organ oder sonstiger gesetzlicher Vertreter an den Räumen Gewahrsam besitzt.[48]

---

[44] *Krekeler/Schütz*, wistra 1995, 296, 297.
[45] *Krekeler/Schütz*, wistra 1995, 296, 297.
[46] *Meyer-Goßner*, § 103 Rn. 1.
[47] *Nack* in Karlsruher Kommentar, § 103 Rn. 2; *Müller* in KMR, § 103 Rn. 1; *Kohlmann*, § 385 Rn. 73; *Warda*, S. 12.
[48] *Nack* in Karlsruher Kommentar, § 102 Rn. 8; § 103 Rn. 1; *Seer* in Tipke/Kruse, § 208 Rn. 71; *Warda*, S. 203 ff.; *Krekeler/Schütz*, wistra 1995, 296, 297.

2. Zuständigkeit

a) *Anordnung durch den Richter*

Für die Anordnung der Durchsuchung ist aufgrund des schwerwiegenden Eingriffs in die grundrechtlich geschützte Lebenssphäre des Betroffenen gemäß Art. 13 Abs. 2 GG, § 105 Abs. 1 StPO primär der Richter zuständig. Damit soll sichergestellt werden, dass die gesetzlichen Voraussetzungen einschließlich des Verhältnismäßigkeitsgrundsatzes beachtet werden und auch die Interessen des Betroffenen Berücksichtigung finden.[49] Der Richter hat gemäß § 162 Abs. 3 StPO die Rechtmäßigkeit zu prüfen, indes nicht die Zweckmäßigkeit.[50]

Nur die Staatsanwaltschaft und in Steuerstrafsachen auch die Finanzbehörde (§§ 386, 399 Abs. 1 AO) sind gemäß § 162 Abs. 1 StPO befugt, einen Antrag auf Erlass eines Durchsuchungsbeschlusses zu stellen. Innerhalb der Finanzbehörde ist die staatsanwaltliche Funktionen wahrnehmende Straf- und Bußgeldsachenstelle antragsbefugt, nicht hingegen die Steuerfahndung.[51]

In der Praxis[52] nimmt jedoch die Steuerfahndung ein eigenes Antragsrecht für sich in Anspruch, oder der sachbearbeitende Fahndungsprüfer bereitet den Antrag unterschriftsreif vor und leitet ihn an die Bußgeld- und Strafsachenstelle weiter. Diese entgegen der gesetzlichen Vorschrift verbreitete Praxis wird teilweise für rechtswidrig gehalten.[53] Sofern die Steuerfahndung den Antrag auf Erlass eines Durchsuchungsbeschlusses selbst stellt, hat der zuständige Richter den Antrag mangels Antragsbefugnis grundsätzlich zurückzuweisen. Kommt der Richter dem Antrag der Steuerfahndung nach und erlässt den Durchsuchungsbeschluss, unterliegen die aufgefundenen Gegenstände nicht einem Verwertungsverbot. Denn letztlich kommt es auf den Richtervorbehalt an, der hier eingehalten wurde. Übernimmt die Bußgeld- und Strafsachenstelle den von der Steuerfahndung vorbereiteten Durchsuchungsantrag, ist er zwar von der antragsbefugten Stelle eingereicht worden. Durch diese Praxis besteht aber die Gefahr, dass die Voraussetzungen für die Anordnung einer Durchsuchung von der Bußgeld- und Strafsachenstelle nicht ausreichend geprüft oder im Eifer des Gefechts Verhältnismäßigkeitsgrundsätze verkannt werden. Auch der zur Entscheidung berufene Ermittlungsrichter stellt nicht unbedingt die ihm qua Verfassung zugewiesene Kontrollinstanz dar. So ist

---

[49] BVerfGE 57, 346, 356.

[50] *Amelung* in Alternativ Kommentar/StPO, § 105 Rn. 11; *Meyer-Goßner*, § 162 Rn. 14; *Rudolphi* in Systematischer Kommentar/StPO, § 105 Rn. 8; *Benfer*, NJW 1981, 1245, 1246.

[51] LG Düsseldorf WM 1982, 624; LG Hildesheim BB 1981, 356; *Blumers/Göggerle*, Rn. 654; *Rüping*, Zufallsfunde, S. 267, 274.

[52] Zur Praxis vgl. Ausführungen bei *Blumers/Göggerle*, R. 654; *Dörn*, Stbg 1993, 471.

[53] *Blumers/Göggerle*, Rn. 654; *Rüping*, Zufallsfunde, S. 267, 274.

aus der Praxis bekannt, dass häufig die nötigen Kenntnisse im Steuerrecht fehlen, um insbesondere die materielle Steuerrechtslage hinreichend würdigen zu können.[54] Schließlich erlaubt auch ein Rückgriff auf den insoweit missverständlich formulierten § 208 Abs. 1 Satz 2 AO nicht, der Steuerfahndung im steuerstrafrechtlichen Ermittlungsverfahren allgemein die Befugnisse der Staatsanwaltschaft bzw. Bußgeld- und Strafsachenstelle, Anträge unmittelbar bei Gericht zu stellen, zuzubilligen.[55]

b) Anordnung bei Gefahr im Verzug

Nur bei Gefahr im Verzug können die Staatsanwaltschaft und ihre Hilfsbeamten sowie in Steuerstrafsachen die Finanzbehörde und die Steuerfahndung (§§ 399 Abs. 2 Satz 2, 404 Satz 2 AO) die Durchsuchung selbst anordnen. Gefahr im Verzug besteht, wenn die richterliche Anordnung nicht eingeholt werden kann, ohne dass der Zweck der Maßnahme gefährdet wird[56], das heißt wenn der drohende Beweisverlust sofortiges Handeln erfordert.[57] Die allgemeine Praxis in der Strafverfolgung hat allerdings, entgegen dem eindeutigen Ausnahmecharakter, die Annahme von Gefahr im Verzug zum Regelfall gemacht.[58] Das wird insbesondere anhand der - trotz methodischer Einwände[59] - aussagekräftigen Untersuchung *Benfers*[60]deutlich. Ob Gefahr im Verzug gegeben ist, sollte sich nach vormals verbreiteter Ansicht nach der Ermessensentscheidung des handelnden Ermittlungsbeamten richten.[61]

Die Literatur hat die leichtfertige Annahme von Gefahr im Verzug vielfach kritisiert.[62] In einer viel beachteten Entscheidung hat das BVerfG nunmehr die zentra-

---

[54] Vgl. zur Praxis *Blumers/Göggerle*, Rn. 654.

[55] *Rüping*, Zufallsfunde, S. 267, 274.

[56] BVerfGE 51, 97, 111; *Amelung in* Alternativ Kommentar/StPO, § 105 Rn. 5; *Nack in* Karlsruher Kommentar, § 98 Rn. 14; *Meyer-Goßner*, § 98 Rn. 6; *Müller* in KMR, § 105 Rn. 3; *Schäfer* in Löwe-Rosenberg, § 98 Rn. 35; *Rudolphi* in Systematischer Kommentar/StPO, § 98 Rn. 10.

[57] *Rüping*, Zufallsfunde, S. 267, 275.

[58] *Rüping*, StPO, Rn. 304; *ders.*, Zufallsfunde, S. 267, 276.

[59] Vgl. *Nothacker*, ArchKrim 1986, 1, 9.

[60] Für Nordrhein Westfalen vgl. *Benfer*, Haussuchung, S. 204 ff. Zu ähnlichen Ergebnissen kommen *Nelles*, S. 214, 220 und *Notacker*, ArchKrim 1986, 1, 8 ff. Neuere Untersuchungen sind nicht bekannt.

[61] KG NJW 1972, 169, 171; OLG Köln NJW 1968, 666, 667; OLG Stuttgart NJW 1969, 760, 761; *Schäfer* in Löwe-Rosenberg, § 98 Rn. 36; *Meyer-Goßner*, § 98 Rn. 7; dagegen jedoch schon *Kunig* in v. Münch/Kunig, Art. 13 Rn. 32; *Rüping*, Zufallsfunde, S. 267, 275; *Rudolphi* in Systematischer Kommentar/StPO, § 98 Rn. 11; *Störmer*, ZStW 1996, 494, 520.

[62] *Berkemann* in Alternativ Kommentar/GG, Art. 13 Rn. 57; *Amelung* in Alternativ Kommentar/StPO, § 105 Rn. 8; *ders.*, ZRP 1991, 143, 146; *Benfer*, Haussuchung, S. 190 f.; *ders.*, Grundrechtseingriffe, Kap. 13 Rn. 12; *Geppert*, DRiZ 1992, 405, 410 f.; *Kühne*, Rn. 409 ff.; *Müller*,

le Funktion des Richtervorbehalts in Art. 13 Abs. 2 GG hervorgehoben und eindeutige Voraussetzungen für eine Durchsuchungsanordnung aufgrund von Gefahr im Verzug aufgestellt.[63] Es hat der ausufernden Anwendung von Gefahr im Verzug bei Durchsuchungen (Art. 13 Abs. 2 GG) enge Grenzen gesetzt und die verschobenen Maßstäbe wieder zurecht gerückt.[64] Von Gefahr im Verzug als Regelfall wird die Praxis somit Abstand nehmen müssen.

Das BVerfG hat klargestellt, dass die richterliche Anordnung die Regel und die nichtrichterliche die Ausnahme ist. Wegen der grundrechtssichernden Schutzfunktion des Richtervorbehalts sei „Gefahr im Verzug" eng auszulegen.[65] Ausgehend von der allgemein anerkannten Definition, Gefahr im Verzug liegt dann vor, wenn die Einschaltung des Richters den Erfolg der Durchsuchung gefährden würde[66], muss Gefahr im Verzug mit Tatsachen begründet werden, die auf den Einzelfall bezogen sind. Die Ermittlungsbeamten dürfen sich nicht auf reine Spekulationen, hypothetische Erwägungen oder lediglich auf kriminalistische Alltagserfahrung gestützte, fallunabhängige Vermutungen als Grundlage einer Annahme von Gefahr im Verzug berufen. Auch genügt für die Annahme von Gefahr im Verzug weder die bloße Möglichkeit eines Beweismittelverlustes noch der abstrakte Hinweis, eine richterliche Entscheidung sei gewöhnlicherweise zu einem bestimmten Zeitpunkt oder innerhalb einer bestimmten Zeitspanne nicht zu erlangen. Der Beamte muss tatsächlich versuchen, den Richter zu erreichen und dies auch für eine eventuelle gerichtliche Kontrolle der Anordnung dokumentieren.

Gefordert sind die Ermittlungsbehörden, die vorausschauend alle absehbaren Durchsuchungsmaßnahmen rechtzeitig innerhalb der üblichen Erreichbarkeit beim Ermittlungsrichter beantragen müssen. Für die Annahme von Gefahr im Verzug folgt daraus, dass die Ermittlungsbehörden zunächst versuchen müssen, von dem zuständigen Richter einen Durchsuchungsbeschluss zu bekommen. Nur wenn schon der Versuch der Einholung einer (ggf. auch fernmündlichen) Anordnung zu einer zeitlichen Verzögerung führen würde, die den Erfolg der Durchsuchung gefährden würde, dürfen sie selbst die Anordnung wegen Gefahr im Verzug treffen.[67] Keinesfalls dürfen die Ermittler die tatsächlichen Voraussetzungen selbst

---

AnwBl 1992, 349, 350 f.; *Nelles*, S. 246 ff.; *Rüping*, StPO, Rn. 304; *ders.*, Zufallsfunde, S. 267, 276; *Sommermeyer*, JR 1990, 493, 496; *ders.*, NStZ 1991, 257, 260 ff.

[63] BVerfGE 103, 142 ff.; bekräftigt durch BVerfG NJW 2002, 1333 f.

[64] Krit. *Möllers*, NJW 2001, 1397, 1398, der das Fehlen zuverlässiger statistischer Materialien für die Annahme, dass die meisten Durchsuchungen ohne vorherige richterliche Anordnung erfolgen, beanstandet.

[65] BVerfGE 103, 142, 153.

[66] Vgl. Fn. 56.

[67] Zur Frage, ob "Gefahr im Verzug" durch einen "unwilligen" Bereitschaftrichter begründet wird vgl. *Beichel/Kieninger*, NStZ 2003, 10 ff.; *Krehl*, NStZ 2003, 461 ff., die eine Eilkompetenz in

schaffen, etwa durch entsprechendes Hinauszögern der Antragstellung bis die Gefahr des Beweismittelverlustes tatsächlich gegeben ist.[68]

Das BVerfG hat deutlich gemacht, dass nicht nur die oben geschilderten Voraussetzungen für die Annahme von Gefahr im Verzug vorliegen müssen. Es legt den Ermittlungsorganen zugleich eine Dokumentations- und Begründungspflicht auf. Der handelnde Beamte muss vor oder unmittelbar nach der Durchsuchung seine für den Eingriff bedeutsamen Erkenntnisse und Annahmen in den Ermittlungsakten dokumentieren. Insbesondere muss er, unter Bezeichnung des Tatverdachts und der gesuchten Beweismittel, die Umstände darlegen, auf die er die Gefahr des Beweismittelverlustes stützt. Dies ermöglicht eine nachträgliche gerichtliche Kontrolle, die nach dem BVerfG uneingeschränkt ist. Ein Ermessen der Ermittlungsbeamten scheidet aus, weil "Gefahr im Verzug" ein unbestimmter Rechtsbegriff ist, dessen Konkretisierung Sache der Gerichte ist.[69] Fehlt eine entsprechende Dokumentation, muss davon ausgegangen werden, dass Gefahr im Verzug zu Unrecht angenommen worden war.[70]

Funktionell zuständig ist der sog. Ermittlungsrichter, § 162 StPO.[71] Das ist jeweils der Richter beim Amtsgericht[72], in dessen Bezirk die Untersuchungshandlung vorzunehmen ist, § 161 Abs. 1 Satz 1 StPO. Das BVerfG verweist in seiner Entscheidung in diesem Zusammenhang auf die verfassungsrechtliche Verpflichtung der Gerichte, die Erreichbarkeit eines Ermittlungsrichters, auch durch die Einrichtung eines Eil- oder Notdienstes, zu sichern.[73] Die Bedeutung dieser Ausführungen wird in der Literatur unterschiedlich gewertet. Während eine Ansicht[74] diese Ausführungen nicht von der Bindungswirkung des § 31 Abs. 1 BVerfGG erfasst sieht und daher einen Notdienst in der Zeit von 10.00 bis 18.00 Uhr für ausreichend hält, soll nach anderer Auffassung[75] die Einrichtung eines richterli-

---

diesen Fällen ablehnen. Dagegen, allerdings mit fragwürdiger Begründung, *Hofmann*, NStZ 2003, 230 ff.

[68] BVerfGE 103, 142, 155; vgl. auch LG Koblenz StV 2003, 382.

[69] BVerfGE 103, 142, 157.

[70] BVerfG StV 2003, 205, 207.

[71] Zum Verhältnis des Ermittlungsrichters zur Staatsanwaltschaft und zu seinem Aufgabenbereich *Roxin*, StPO, § 10 Rn. 38 ff.; *Prechtel*, passim.

[72] Aufgaben, die nach § 120 GVG in die Zuständigkeit des OLG im ersten Rechtszug fallen, können (wahlweise) auch die Ermittlungsrichter des OLG wahrnehmen. Führt der Generalbundesanwalt die Ermittlungen, sind die Ermittlungsrichter des BGH neben dem Ermittlungsrichter des AG zuständig, § 169 StPO.

[73] BVerfG NJW 2001, 1121, 1123.

[74] *Bittmann*, wistra 2001, 451 ff.

[75] *Amelung*, NStZ 2001, 337, 339 f.; *Asbrock*, StV 2001, 322, 324; *Einmahl*, NJW 2001, 1393, 1394; *Krehl*, JR 2001, 491, 492; *ders.*, wistra 2002, 294, 296 mit ausführlicher Begründung; *Rabe von Kühlewein*, StraFO 2001, 193, 196; *Sendler*, NJW 2001, 1256, 1257.

chen Notdienstes, der auch außerhalb der Geschäftszeiten jederzeit, also "rund um die Uhr", erreichbar ist, erforderlich sein.

Nachdem die Praxis sich zunächst abwartend verhielt und - soweit ersichtlich - die Entscheidung des BVerfG noch nicht zum Anlass nahm, grundlegende Änderungen in der Organisation des richterlichen Bereitschaftsdienstes herbeizuführen,[76] konnte sie eine entsprechende Klarstellung des BVerfG[77] nicht länger unbeachtet lassen. Das BVerfG hat in seiner Entscheidung, die eine ohne richterliche Anordnung erfolgte Festnahme und Ingewahrsamnahme zum Zwecke der Abschiebung betraf, erneut auf die Bedeutung des Richtervorbehalts als Grundrechtssicherung hingewiesen und daraus die verfassungsrechtliche Verpflichtung aller staatlichen Organe abgeleitet, für dessen praktische Wirksamkeit Sorge zu tragen. Für das BVerfG folgt deshalb aus dem Richtervorbehalt des Art. 104 Abs. 2 GG konkret die Pflicht, jedenfalls zur Tageszeit im Sinne von § 104 Abs. 3 StPO die Erreichbarkeit eines zuständigen Richters sicherzustellen. Daraus wird zu recht abgeleitet, dass die richterlichen Verpflichtungen zur Wahrung des Wohnungsgrundrechts dahinter nicht zurückbleiben könnten. Im Hinblick auf die zum Schutz von Art. 13 GG erforderliche richterliche Präventionsaufgabe sei vielmehr grundsätzlich eine Bereitschaft auch zur Nachtzeit erforderlich.[78]

Schon bislang ist ein Richter wochentags qua Geschäftsverteilungsplan als Ermittlungsrichter zu den Kernzeiten tagsüber erreichbar. Auch am Wochenende ist bei den Amtsgerichten ein Ermittlungsrichter, insbesondere für Entscheidungen über die Untersuchungshaft zur Einhaltung der Frist nach §§ 115, 115 a StPO, zumindest zeitweise verfügbar. Um den weitergehenden Anforderungen des BVerfG nachzukommen, ist eine Ausweitung der Erreichbarkeit über die Einrichtung einer Rufbereitschaft denkbar.[79] Sie belastet die knappen Personalressourcen nicht wesentlich. Der Richter kann die Durchsuchung dann gegebenenfalls telefonisch anordnen.[80] In diesem Fall müssen die Strafverfolgungsbeamten die wesentlichen Inhalte der Durchsuchungsanordnung (Tatverdacht, Durchsuchungszweck und

---

[76] In den Landesjustizministerien und den Justizverwaltungen herrschte die Meinung vor, die weitere Entwicklung abzuwarten, bevor konkrete Maßnahmen ergriffen werden.

[77] BVerfGE 105, 239 ff.

[78] *Krehl*, NStZ 2003, 461, 462 (Fn. 8).

[79] *Rabe von Kühlewein*, StraFo 2001, 193, 196.

[80] Für die Möglichkeit der telefonischen Anordnung *Amelung* in Alternativ Kommentar/StPO, § 105 Rn. 13; *Schäfer* in Löwe-Rosenberg, § 98 Rn. 14; *Rudolphi* in Systematischer Kommentar/StPO, § 105 Rn. 11; *Blumers/Göggerle*, Rn. 662; *Krehl*, wistra 2002, 294, 296; *ders*, NStZ 2003, 461, 467; *Rengier*, NStZ 1981, 372, 374; *Rüping*, Zufallsfunde, S. 267, 274; dagegen *Meyer-Goßner*, § 105 Rn. 3; *Müller* in KMR, § 105 Rn. 4; widersprüchlich BVerfGE 20, 162, 223/227 "grundsätzlich schriftlich"; BVerfGE 103, 142, 154 "in der Regel schriftlich". Ausdrücklich für die Notwendigkeit zur Einholung zumindest einer telefonischen Anordnung Bdb. VerfG StV 2003, 207, 208.

Verhältnismäßigkeit) in einem schriftlichen Vermerk festhalten.[81] Nicht erforderlich ist, zu dienstfreien Zeiten jedes Amtsgericht mit einem Bereitschaftsrichter zu besetzen. Über § 22 c GVG kann innerhalb eines Landgerichtsbezirks ein Amtsgericht zentral den Bereitschaftsdienst wahrnehmen, so dass insbesondere kleineren Amtsgerichten, vor allem sog. Einmann-Amtsgerichten, keine unzumutbaren Lasten aufgebürdet werden.

Das BVerfG hat mit seiner Entscheidung der ausufernden Annahme von Gefahr im Verzug zutreffend Einhalt geboten. Dabei hat es nicht die materiellen Voraussetzungen für Gefahr im Verzug verschärft, sondern lediglich die formellen Anforderungen erhöht. Die Strafverfolgungsorgane gehen seitdem mit ihrer Eilkompetenz behutsamer um.[82] Auch die Instanzgerichte haben die vom BVerfG aufgestellten Maßgaben rasch umgesetzt.[83]

In Wirtschafts- und Steuerstrafsachen ist die Bedeutung der Eilkompetenz eher gering, da die günstigere Beweislage Eilmaßnahmen in der Regel entbehrlich macht.[84] Ein weiterer Grund für einen zurückhaltenden Gebrauch der Eilzuständigkeit dürfte zudem darin liegen, dass bei diesen Delikten Täter und Dritte, bei denen Durchsuchungen durchzuführen sind, oft aus dem Bereich der Wirtschaft

---

[81] *Einmahl*, NJW 2001, 1393, 1394 f.; *Krehl*, wistra 2002, 294, 296.

[82] So ist aus der Praxis bekannt, dass sich die Polizei häufig vor einer polizeilichen Durchsuchungsmaßnahme beim zuständigen Staatsanwalt oder Ermittlungsrichter vergewissert, ob ihr Vorgehen rechtmäßig ist, vgl. auch *Asbrock*, StV 2001, 322, 324 (Fn. 15).

[83] Vgl. etwa AG Braunschweig PStR 2001, 215; OLG Koblenz NStZ 2002, 660 f.; LG Koblenz StV 2003, 382. Das OLG Koblenz (NStZ 2002, 660 f.) hat auch zur Frage der Verwertbarkeit von aufgrund einer unzulässigen Annahme von Gefahr im Verzug anlässlich der Durchsuchung aufgefundenen Zufallsfunden Stellung genommen. Das BVerfG selbst hat sich zu der Frage, welche Folgen ein Rechtsverstoß bei der Anordnung der Durchsuchungsmaßnahme hat, nicht geäußert. Es bleibt daher bei der noch immer herrschenden Rechtsprechung, dass auch aufgrund einer rechtswidrigen Durchsuchungsanordnung erlangte Erkenntnisse und Beweismittel grundsätzlich verwertbar sind (vgl. OLG Stuttgart, NJW 1969, 760, 761; LG Osnabrück StV 1991, 152, 153; AG Offenbach NStZ 1991, 247, 248). Ein Verwertungsverbot kommt nur dann in Betracht, wenn der Richtervorbehalt bewusst oder objektiv willkürlich umgangen worden ist (vgl. BVerfG NStZ 2000, 489, 490; auch *Schäfer* in Löwe-Rosenberg, § 105 Rn. 52, § 98 Rn. 37, 82). Im Hinblick auf künftige Verfassungsbeschwerden gegen unter Berufung auf die Eilkompetenz angeordnete Durchsuchungsmaßnahmen bleibt abzuwarten, ob das BVerfG die grundsätzliche Verwertbarkeit weiterhin billigt und damit auf eine Disziplinierung der Strafverfolgungsorgane verzichtet (zur disziplinierenden Wirkung von Beweisverwertungsverboten ausführlich *Weßlau*, StV 2000, 468 ff.). Das OLG Koblenz, NJW 2002, 660, 661, ist im entschiedenen Fall von einer Unverwertbarkeit ausgegangen, da die Durchsuchung objektiv willkürlich gewesen sei. Für ein Verwertungsverbot im Falle einer Eilanordnung durch die Staatsanwaltschaft bei vorheriger Ablehnung durch einen "unwilligen" Richter *Krehl*, NStZ 2003, 461, 463.

[84] *Seer* in Tipke/Kruse, § 208 Rn. 59; *Benfer*, Haussuchung, S. 208 f., der hier den Anteil der Durchsuchungen, bei denen Gefahr im Verzug bejaht wurde, mit 4 % ermittelt hat; *Rüping*, StPO, Rn. 304; *ders.*, Zufallsfunde, S. 267, 276.

kommen. Hier müssen Zwangsmaßnahmen sorgfältig vorbereitet sein, damit sie einer rechtlichen Überprüfung, die von den Betroffenen häufig angestrengt wird, standhalten. Darüber hinaus können Durchsuchungen von Unternehmen den Ruf derselben erheblich beeinträchtigen.[85] Der einzelne Ermittlungsbeamte sichert sich daher durch die Einholung einer richterlichen Anordnung ab. Für eine Anordnung aufgrund Gefahr im Verzug bleiben nur die Fälle, in denen unmittelbar ein Beweismittelverlust droht.

3. Bestimmtheit der Durchsuchungsanordnung

Soweit die vorgenannten Voraussetzungen gegeben sind, erlässt der Richter die Durchsuchungsanordnung. Diese schafft die rechtliche Grundlage der konkreten Maßnahme und definiert Rahmen, Grenzen und Ziel der Durchsuchung.[86] Erst eine geeignete Formulierung der Durchsuchungsanordnung stellt sicher, dass der Eingriff in die Grundrechte des Betroffenen messbar und kontrollierbar bleibt.[87] Die Anordnung muss - im Rahmen des Möglichen und Zumutbaren - so bestimmt sein, dass Missverständnisse ausgeschlossen sind, da sonst die Strafverfolgungsorgane nicht sicher wissen, wozu sie befugt sind, und der Betroffene nicht sicher weiß, was er dulden muss.[88] Ein den Bestimmtheitsanforderungen nicht genügender Durchsuchungsbeschluss ist rechtswidrig.[89] Damit fehlt zugleich eine wesentliche Voraussetzung für die Beschlagnahme eines Gegenstandes als Zufallsfund. Die Durchsuchungsanordnung begrenzt folglich den zunächst wenig konkretisierten Anwendungsbereich des § 108 StPO. Das soll anhand einiger veröffentlichter Fälle verdeutlicht werden:

In einem Ermittlungsverfahren wegen des Verdachts der Steuerhinterziehung erließ das Amtsgericht einen Durchsuchungsbeschluss, der die Durchsuchung der Kanzlei und der Privaträume des Beschuldigten erlaubte, mit dem Zusatz: "Die Durchsuchung dient allein dem Zweck, Bankbelege des Jahres 1974, das Namensregister 1974 und die Mandantenakte "M" aufzufinden". Die Steuerfahndung beschlagnahmte umfangreiches Material, wovon nur ein geringer Teil für die Untersuchung im Zusammenhang mit dem Konto bei der fraglichen Bank von Bedeutung war. Im Übrigen handelte es sich um vorwiegend in der Wohnung des Beschuldigten aufgefundener Unterlagen wie Ordner mit privater Korrespondenz, Sparbücher und Kontoauszüge, die den Verdacht der Steuerhinterziehung auch hinsichtlich anderer Sachverhalte begründen sollten.

---

[85] Vgl. dazu *Park*, Rn. 851.
[86] BVerfGE 96, 44, 51 f.; BVerfG StV 2000, 465.
[87] BVerfGE 42, 212, 220; BVerfG StV 2003, 203, 204; StV 2003, 205.
[88] BVerfG NJW 2000, 943, 944.
[89] Die aufgefundenen Gegenstände können im Einzelfall prozessual unverwertbar sein, vgl. dazu *Rüping*, StPO, Rn. 308.

Das angerufene Landgericht hielt eine Beschlagnahme dieser unter Verstoß gegen § 105 Abs. 1 StPO erlangten Beweismittel als Zufallsfunde für unzulässig.[90] Mit der Durchsuchung sei kein bestimmter, auf das Auffinden der entsprechenden Bankbelege der fraglichen Bank begrenzter Durchsuchungszweck mehr verfolgt, sondern allgemein nach Unterlagen gesucht worden, die geeignet waren, den Verdacht der Steuerhinterziehung zu erhärten.[91]

In einem anderen Fall hat das Amtsgericht im Verfahren gegen noch unbekannte Mitarbeiter und namentlich noch unbekannte Kunden einer Bank wegen des Verdachts der Steuerhinterziehung bzw. der Beihilfe dazu die Durchsuchung der Räumlichkeiten der Bank angeordnet. Aufgrund der Reichweite der Durchsuchungsanordnung schränkte das Amtsgericht die Maßnahme derart ein, dass Ermittlungen nur im Hinblick auf Steuerhinterziehungen durch anonyme bzw. unter Alias-Namen geführte Geldtransfers ins Ausland bzw. den Rücktransfer zu bankeigenen, die Kunden nicht ausweisenden Konten stattfinden durften. Die betroffenen ausländischen Banken waren abschließend aufgeführt.

Die Steuerfahndung beschlagnahmte anlässlich der Durchsuchung weitere Unterlagen über Tafelgeschäfte, Inhaberschuldverschreibungen und Depotübertragungen betreffend einer im Durchsuchungsbeschluss nicht genannten ausländischen Bank als Zufallsfunde. Den diesbezüglichen Beschlagnahmeantrag der Finanzbehörde wies das Amtsgericht mit dem Hinweis zurück, die erforderliche Eingrenzung der Maßnahmen in der gerichtlichen Durchsuchungsanordnung könne nur dann einen Sinn haben, wenn die jeweilige Durchsuchungsanordnung nicht die Möglichkeit biete, die Erforschung völlig neuer Tatkomplexe mit möglicherweise hunderten von weiteren Unterlagen zu eröffnen.

Das Landgericht hat diese Zurückweisung bestätigt.[92] Es hob die Bedeutung einer Begrenzung der Durchsuchungsanordnung gerade in den Fällen hervor, bei denen die Durchsuchung den Ermittlungsbehörden die Einsicht in eine Vielzahl von Unterlagen einer großen Zahl von Bankkunden ermöglicht. Ansonsten könnten sämtliche Kunden potenziell von der Durchsuchungsmaßnahme betroffen sein.[93] Daher dürfe in Fällen einer ausdrücklichen Einschränkung der Maßnahme die Vorschrift des § 108 StPO nicht als Hebel für die Sicherstellung ausdrücklich nicht erfasster Unterlagen genutzt werden.[94]

---

[90] LG Bonn NJW 1981, 292, 293.
[91] LG Bonn NJW 1981, 292, 293.
[92] LG Freiburg NStZ 1999, 582 f., mit abl. Anm. *Hentschel*, NStZ 2000, 274 f.; vgl. auch LG Baden-Baden wistra 1990, 118 f.
[93] LG Freiburg NStZ 1999, 582, 583.
[94] LG Freiburg NStZ 1999, 582, 583.

Die beiden geschilderten Fälle belegen das Zusammenspiel von Durchsuchungsanordnung und einstweiliger Beschlagnahme. Je enger die Durchsuchungsanordnung ist, umso geringer ist die Möglichkeit, einen Gegenstand als Zufallsfund zu beschlagnahmen. Die Ermittlungsbeamten würden sich sonst dem Vorwurf der gezielten Suche nach Zufallsfunden ausgesetzt sehen. Das bedeutet natürlich nicht, dass eine Durchsuchungsanordnung möglichst weit gefasst werden darf, um den Strafverfolgungsorganen die Beschlagnahme von Zufallsfunden leichter zu eröffnen. Vielmehr müssen Rahmen, Grenzen und Ziel der Durchsuchung definiert sein, um dem Eingriff in das grundrechtlich geschützte Recht auf Unverletzlichkeit der Wohnung (Art. 13 Abs.1 GG) Rechnung zu tragen. Das BVerfG hat aus gegebenem Anlass in zahlreichen Entscheidungen zu den inhaltlichen Anforderungen einer Durchsuchungsanordnung Stellung genommen.[95] Wie die Praxis nämlich zeigt, genügen richterliche Durchsuchungsbeschlüsse häufig nicht den Anforderungen der Rechtsprechung.[96] Im Einzelnen müssen sich aus dem Inhalt der Durchsuchungsanordnung der Tatverdacht, der Durchsuchungszweck und die Verhältnismäßigkeit der Maßnahme ergeben.[97]

a) Konkretisierung des Tatvorwurfs

aa) Tatvorwurf im allgemeinen Strafverfahren

Der Durchsuchungsbeschluss muss tatsächliche Angaben über den Inhalt des Tatvorwurfs enthalten. Er ist fehlerhaft, wenn er überhaupt keine tatsächlichen Angaben zum Tatvorwurf enthält.[98] Auch genügt es rechtsstaatlichen Anforderungen nicht, wenn lediglich der bloße Gesetzeswortlaut wiedergegeben oder nur der jeweilige Straftatbestand genannt wird.[99] Erforderlich ist, dass dem Durchsuchungsbeschluss ein konkretes historisches Ereignis entnommen werden kann, das unter einen Straftatbestand subsumiert ist.[100] In der Darstellung ist also eine Sub-

---

[95] Vgl. nur BVerfGE 20, 162 ff.; 42, 121 ff.; 44, 353 ff.; 50, 48 f.; BVerfG NJW 1994, 2079 ff.; 1995, 2839 ff.

[96] Vgl. die zwei - nicht empirischen - Untersuchungen von *Bandisch*, NJW 1987, 2200, 2203; *ders.*, AnwBl 1992, 355 f., der 1987 110 und 1990/91 80 Durchsuchungsbeschlüsse ausgewertet hat. In der jüngeren Untersuchung weisen nur 5 der 80 Beschlüsse keine Beanstandungen auf, 29 Beschlüsse hingegen 6 Beanstandungen. Insgesamt genügten hinsichtlich einzelner Zulässigkeitskriterien 30 bis 75 % der Beschlüsse nicht den Anforderungen der Rechtsprechung und waren damit unzulässig. Siehe auch *Baur*, wistra 1983, 99 ff; *Burhoff*, PStR 2001, 95; *Sommermeyer*, JR 1990, 493 ff; *ders.*, Jura, 1992, 449 ff. Ferner exemplarisch aus der Rspr. LG Bad Kreuznach StV 1993, 629, 631.

[97] BVerfGE 20, 162, 224.

[98] BVerfGE 42, 212, 221; 50, 48, 49; Bbg. VerfG NStZ-RR 1998, 366 f.

[99] BVerfGE 20, 162, 224; vgl. auch jeweils die Fälle bei BVerfG StV 1990, 483 und NJW 1994, 3281 f.; BVerfG StV 2003, 203, 204; StV 2003, 205. Ferner dazu *Baur*, wistra 1983, 99.

[100] BVerfGE 20, 162, 224; 42, 212, 220 f.; 44, 353, 371; *Schäfer* in Löwe-Rosenberg, § 102 Rn. 18.

sumtion vorzunehmen, aus der sich die Erfüllung der objektiven und subjektiven Tatbestandsmerkmale sowie der Rechtswidrigkeit und Schuld zum Zeitpunkt der Ermittlungen ergeben. Zumindest muss deutlich werden, welcher konkrete Tatsachenbereich durch die Durchsuchung geklärt werden soll.[101] Ansonsten besteht die Gefahr, dass neue, bisher unbekannte Straftaten ermittelt werden.[102]

Hierbei ist allerdings der Ermittlungsstand zum Zeitpunkt der Beantragung des Durchsuchungsbeschlusses zu berücksichtigen. Nicht alles, was sich nach der Durchsuchung rückblickend als klar und bekannt darstellt, konnte schon zu Beginn der Ermittlungen vorausgesetzt werden. Insbesondere in Wirtschafts- und Steuerstrafsachen, wo eine Durchsuchung am Anfang der Ermittlungen steht, können häufig noch keine konkreten Angaben über Täter und Beteiligte, den Schaden, die genaue Begehungsweise und den Tatzeitraum gemacht werden. Hier ergibt sich das Problem, dass der Tatvorwurf nicht mit der gebotenen Bestimmtheit angegeben, jedoch auf eine Durchsuchung nicht verzichtet werden kann, will man die Strafverfolgung nicht einschränken. Vereinzelt wird vorgeschlagen, dass, je weniger der Tatvorwurf substantiiert werden kann, die Beweismittel, die sichergestellt und die Räumlichkeiten, die durchsucht werden sollen, umso bestimmter bezeichnet sein müssen.[103] Unter Berücksichtigung dieser Maßgaben würde die Praxis aber auch hier an ihre Grenzen stoßen. Denn es muss in der Regel ausreichend sein, die aufzufindenden Gegenstände beispielhaft aufzuführen, wie etwa "sämtliche Unterlagen, insbesondere Bilanzen, Lohnlisten, Korrespondenz usw.".[104]

bb) Tatvorwurf im Steuerstrafverfahren

Findet die Durchsuchung wegen des Verdachts einer Steuerstraftat statt, genügt es nicht, wenn der Durchsuchungsbeschluss hinsichtlich des Tatvorwurfs lediglich die Wendung enthält "wegen des Verdachts einer Steuerstraftat nach § 370 AO".[105] Formulierungen wie "es besteht der Verdacht, dass Einnahmen und Vermögen für die Zeit vom 1.1.1972 bis 1.1.1980 nicht erklärt wurden", entsprechen ebenfalls nicht den gesetzlichen Anforderungen.[106] Vielmehr sind konkrete Angaben über den Tatvorwurf, die Art der angeblich hinterzogenen Steuer und den Tatzeitraum zu machen.[107] Erst so wird aus der abstrakten und im Einzelfall nicht

---

[101] BVerfGE 20, 162, 224.
[102] Vgl. BVerfG NJW 1981, 971.
[103] *Seer* in Tipke/Kruse, § 208 Rn. 64.
[104] *Ciolek-Krepold*, Rn. 70.
[105] BVerfG StV 1990, 483; StV 2000, 465; NJW 2002, 1941 f.
[106] Vgl. LG Oldenburg wistra 1987, 38; *Baur*, wistra 1983, 99 ff.; *Burhoff*, PStR 2000, 244, 245; *ders.*, PStR 2002, 166; *Teske*, wistra 1988, 287, 288.
[107] BVerfG StV 2000, 265; Bdb. VerfG NStZ-RR 1998, 366 f.; *Seer* in Tipke/Kruse, § 208 Rn. 63; *Blumers/Göggerle*, Rn. 660; vgl. auch *Schoreit*, NStZ 1999, 173.

aussagekräftigen Blankettnorm[108] des § 370 AO ein im konkreten Fall greifbarer Straftatbestand.[109] Um rechtsstaatlichen Mindestanforderungen zu genügen, muss der Durchsuchungsbeschluss daher Angaben zur Steuerart, zum Zeitraum und zur Tathandlung, auf die sich der Hinterziehungsverdacht bezieht, machen.

Neuerdings stellt sich die Frage, ob die Anforderungen an die Bestimmtheit von Durchsuchungsbeschlüssen für Durchsuchungen nach § 102 StPO und nach § 103 StPO gleichermaßen gelten. In der Rechtsprechung[110] wird vereinzelt, teilweise unter Berufung auf das Steuergeheimnis nach § 30 AO[111], die Ansicht vertreten, in Durchsuchungsbeschlüssen nach § 103 StPO müsse im Interesse des Beschuldigten auf die tatsächlichen Angaben zum Tatvorwurf verzichtet werden. Der Tatvorwurf sei lediglich darzulegen, aber nicht zu begründen. Wegen des Steuergeheimnisses dürften Dritten die Verhältnisse des Beschuldigten grundsätzlich nicht mitgeteilt werden.[112] Darüber hinaus sei eine Begründung des Tatverdachts auch gar nicht erforderlich, da der von der Durchsuchung Betroffene ohnehin nicht in der Lage sei, der Begründung des dringenden Tatverdachts gegen den Beschuldigten entgegenzutreten.[113]

Dem kann aus mehrerlei Gründen nicht zugestimmt werden. Bei einem Durchsuchungsbeschluss handelt es sich um eine mit der Beschwerde gemäß § 304 StPO anfechtbare Entscheidung. Der Beschluss ist daher gemäß § 34 StPO zu begründen. Ohne konkrete Angaben zum Tatvorwurf und ohne eine Begründung des Tatverdachts scheitert eine Subsumtion unter den Tatbestand. Der von der Durchsuchung Betroffene ist ohne ausreichende Begründung des Beschlusses nicht in der Lage, die Durchsuchung seinerseits zu kontrollieren und sich eventueller Ausuferungen zu erwehren.[114] Ihm wird zugleich die Möglichkeit genommen, einer Beschlagnahme entgegenzuwirken, indem er die gesuchten Unterlagen freiwillig herausgibt, weil er aufgrund der fehlenden Beschreibung den Tatvorwurf nicht genau erfassen kann und nicht weiß, warum gerade bei ihm welche Unterlagen gesucht werden.[115] Zudem kann ein derartiger Durchsuchungsbeschluss den Be-

---

[108] Ob es sich bei § 370 AO um einen Blanketttatbestand handelt, ist umstritten, soll hier aber nicht näher vertieft werden. Es wird insoweit auf die Ausführungen bei *Hellmann* in Hübschmann/Hepp/Spitaler, § 370 Rn. 44 ff. verwiesen. Vgl. auch *Rüping*, NStZ 1984, 450 f.

[109] *Volk*, wistra 1998, 281, 283.

[110] LG Krefeld wistra 1993, 316 f.; LG Konstanz wistra 2000, 118; offengelassen von BVerfG NStZ 2002, 372, 373. A.A. LG Düsseldorf, Beschluss v. 13.3.2003 - III Qs 45/03 - n. V.

[111] LG Konstanz wistra 2000, 118; m. abl. Anm. *Burkhard*, wistra 2000, 118 ff.; dagegen auch *Seer* in Tipke/Kruse, § 208 Rn. 64; offengelassen BVerfG NJW 2002, 1941, 1942.

[112] LG Konstanz wistra 2000, 118.

[113] LG Konstanz wistra 2000, 118.

[114] Zu dieser Funktion des Durchsuchungsbeschlusses vgl. BVerfGE 42, 212, 221.

[115] *Joecks* in Franzen/Gast/Joecks, § 399 Rn. 65 b.

troffenen von der Notwendigkeit eines Eingriffs in seine grundrechtlich geschützten Rechtsgüter nur schwerlich überzeugen.[116]

Daneben kann das mit der Überprüfung der Durchsuchungsanordnung befasste Gericht nicht feststellen, auf welche tatsächlichen Grundlagen der Richter, der den Durchsuchungsbeschluss erlassen hat, seine Entscheidung gestützt hat und ob er sich mit den für einen derartigen Grundrechtseingriff erforderlichen Voraussetzungen ausreichend auseinandergesetzt hat.[117] Außerdem verlangt ein ordnungsgemäßer Durchsuchungsbeschluss die Darstellung der Verhältnismäßigkeit; die Durchsuchung muss in einem angemessenen Verhältnis zur Schwere der Straftat und zur Stärke des Tatverdachts stehen.[118] Ein Beschluss nach den Maßgaben des LG Konstanz ließe dem Verhältnismäßigkeitsgrundsatz zuwider und damit in verfassungswidriger Weise, eine Verhältnismäßigkeitsabwägung vermissen.

Schließlich lässt sich die Auffassung des LG Konstanz auch nicht mit der Berufung auf das in § 30 AO normierte Steuergeheimnis begründen. Nach § 30 Abs. 2 Nr. 1 AO verletzt ein Amtsträger[119] das Steuergeheimnis nur dann, wenn er Verhältnisse eines anderen unbefugt offenbart. Findet die Durchsuchung beispielsweise bei dem steuerlichen Berater des Beschuldigten statt[120], kommt § 30 AO schon deshalb nicht zur Anwendung, weil ihm die Verhältnisse des Beschuldigten bereits aus seiner Tätigkeit bekannt und damit "offenbart" sind.[121] Aber auch sonst liegt kein unbefugtes Offenbaren vor. Steht dem Amtsträger nämlich ein Rechtfertigungsgrund zur Seite, handelt er nicht unbefugt. Rechtfertigungsgründe können sich aus dem Katalog des § 30 Abs. 4 und 5 AO oder aus dem Gesetz selbst ergeben. Der Rechtfertigungsgrund für ein Offenbaren der Verhältnisse in einem Durchsuchungsbeschluss ist § 103 StPO und dessen zwingender, durch die Verfassung vorgegebener Voraussetzung der konkreten Tatsachendarstellung und der entsprechenden Subsumtion zu entnehmen.[122]

Die inhaltlichen Anforderungen an einen Durchsuchungsbeschluss nach § 103 StPO können daher nicht geringer sein als diejenigen, denen eine Durchsuchungsanordnung nach § 102 StPO genügen muss. Es wäre widersinnig, bei Eingriffen in

---

116 *Burkhard*, wistra 2000, 118, 120.
117 Vgl. BVerfG StV 1990, 483.
118 BVerfGE 42, 212, 220.
119 Vgl. Definition in § 7 AO, Amtsträger ist u. a., wer Beamter oder Richter (§ 11 Abs. 1 Nr. 3 StGB) ist.
120 So im vorliegenden Fall des LG Konstanz.
121 Umstände und Verhältnisse, die bereits bekannt oder offenkundig sind, können nicht mehr offenbart werden, *Rüsken* in Klein, § 30 Anm. 4g.
122 *Burkhard*, wistra 2000, 118, 120; *ders.*, PStR 2000, 7, 9.

die Rechtsposition Unverdächtiger insoweit einen weniger strengen Maßstab anzulegen als bei Eingriffen in die Rechtsposition Verdächtiger.[123]

b) Benennung des gesuchten Beweismittels

Zum notwendigen Inhalt der Durchsuchungsanordnung gehören nach der verfassungsgerichtlichen Rechtsprechung ferner Angaben über die Art und den Inhalt der Beweismittel, denen die Durchsuchung gilt.[124] Dadurch soll verhindert werden, dass die Strafverfolgungsorgane die Maßnahme auf Gegenstände erstrecken, die von dem Durchsuchungsbeschluss nicht erfasst werden. Eine Durchsuchung ist daher unzulässig, wenn die Strafverfolgungsbeamten den in der Durchsuchungsanordnung bezeichneten Zweck nicht einhalten.[125] Die Ermittler dürfen beispielsweise nicht die Steuerunterlagen des Betroffenen durchsehen, wenn die Durchsuchung ausschließlich das Auffinden von Brandlegungsmitteln bezweckt.[126] Das gleiche gilt, wenn die Durchsuchungsanordnung als Zweck das Auffinden von Kontoauszügen eines bestimmten Jahres oder von Geschäftsunterlagen mit bestimmten Geschäftspartnern nennt. Auch hier dürfen die Ermittler über die aufgeführten Unterlagen hinaus nicht noch weitere Papiere sichten. Die so aufgefundenen Gegenstände können auch nicht als Zufallsfunde beschlagnahmt werden.[127] Die in der Praxis häufig verwendete formelhafte Wiedergabe des Gesetzestextes, dass die Durchsuchung das Auffinden von Beweismitteln erwarten lässt, erfüllt diesen Zweck nicht.[128] Eine möglichst genaue Bezeichnung der zu suchenden Gegenstände ist auch deshalb erforderlich, weil der Betroffene die Möglichkeit haben soll, die Durchsuchung zu vermeiden, indem er die Gegenstände freiwillig herausgibt. Das Durchsuchungziel ist dann erreicht. Die Durchsuchung ist einzustellen.[129]

Allerdings dürfen auch keine überspitzten Anforderungen an die Benennung der gesuchten Beweismittel gestellt werden. An die Bezeichnung der Beweismittel in einem Durchsuchungsbeschluss sind nicht die gleichen Anforderungen zu stellen wie an eine Beschlagnahmeanordnung.[130] Denn bei einer Beschlagnahme sind die

---

[123] Dazu grundsätzlich BVerfGE 44, 353, 371.
[124] BVerfGE 20, 162, 224; 42, 212, 221; BVerfG StV 2003, 203, 204; StV 2003, 205.
[125] BVerfGE 20, 162, 225; 42, 212, 221.
[126] LG Bremen StV 1984, 505 f.; vgl. ferner LG Berlin StV 1987, 97 ff.; dazu *Kalf*, Die Polizei, 1986, 413 ff.
[127] LG Freiburg NStZ 1999, 582 f.; LG Baden-Baden wistra 1990, 118 f.; LG Berlin StV 1987, 97 ff.; LG Bremen StV 1984, 505 f.; LG Bonn NJW 1981, 292 f.
[128] BVerfGE 42, 212, 220 f.
[129] LG Bonn NJW 292, 293.
[130] LG Oldenburg StV 1994, 178, 179, das zwischen Durchsuchungs- und Beschlagnahmeanordnung differenziert. Eine vor der Durchsuchung ergangene Beschlagnahmeanordnung, die nur eine beispielhafte Aufzählung enthält, ist unwirksam, kann allerdings in eine Durchsuchungsanordnung

Gegenstände bekannt, die beschlagnahmt werden sollen. Eine konkrete Bezeichnung der einzelnen Beweismittel in dem Durchsuchungsbeschluss scheitert in der Praxis vielfach schon daran, dass zum Zeitpunkt des Erlasses des Durchsuchungsbeschlusses noch weitgehend unklar ist, welche Beweismittel genau gefunden werden sollen.[131] Auch eine Zuordnung von Art und Inhalt der Beweismittel zu einzelnen Beschuldigten ist in einem Durchsuchungsbeschluss nicht erforderlich.[132] Es ist daher zur Wahrung der Interessen des Beschuldigten, vor einer unangemessenen Ausweitung der Durchsuchung geschützt zu werden, ausreichend, dass die erwarteten Beweismittel wenigstens gattungsmäßig bzw. annäherungsweise, etwa in Form beispielhafter Angaben wie Buchführungsunterlagen, Belege, Konten etc., aufgeführt werden.[133] Hier gilt der Grundsatz, je größer die zu durchsuchenden Räumlichkeiten sind, desto genauer sind die zu suchenden Gegenstände zu bezeichnen.[134] Eine möglichst genaue Konkretisierung ist daher etwa bei der Durchsuchung einer Bankzentrale zu fordern.

c) *Bezeichnung der zu durchsuchenden Räume*

Schließlich muss die Durchsuchungsanordnung eine möglichst genaue Bezeichnung der zu durchsuchenden Räume enthalten.[135] Die bloße Angabe, "die Wohnung und andere Räume des Beschuldigten" seien zu durchsuchen, reicht nicht, weil dadurch die Auswahl der Räumlichkeiten, dem Richtervorbehalt zuwider, den Strafverfolgungsorganen überlassen würde.[136] "Andere Räume" sind somit näher zu spezifizieren, insbesondere wenn sie nicht im räumlichen Zusammenhang mit der Wohnung des Betroffenen stehen.[137] Unter den weit auszulegenden Begriff[138] der Wohnung fallen insbesondere Wohnhäuser, Mietwohnungen, Untermieträume, Hotelzimmer, Wohnmobile, Hausboote, Zelte, aber auch Geschäfts- und Betriebsräume, die i. S. d. §§ 102, 103 StPO "andere Räume" sind.[139]

---

umgedeutet werden. Das LG Neuruppin, NStZ 1997, 563, 564 stellt an eine Beschlagnahmeanordnung, die Bestandteil der Durchsuchungsanordnung ist, jedoch keine höheren Anforderungen an die Bezeichnung der zu beschlagnahmenden Beweismittel, dagegen BVerfG NJW 1976, 1735, 1736.

[131] *Schoreit*, NStZ 1999, 173, 174.

[132] So aber LG Köln StV 1997, 180; dagegen zutreffend *Schoreit*, NStZ 1999, 173, 174.

[133] BVerfG NJW 2003, 2669, 2670; BGH wistra 2002, 109; LG Chemnitz wistra 1999, 154, 155; *Burhoff*, PStR 2003, 242 f.; *Schoreit*, NStZ 1999, 173, 174.

[134] Vgl. BVerfGE 20, 162, 225.

[135] BVerfG NStZ 1992, 91, 92; *Nack* in Karlsruher Kommentar, § 102 Rn. 6 ff.

[136] BVerfG NStZ 1992, 551, 552.

[137] *Meyer-Goßner*, § 105 Rn. 5; *Schoreit*, NStZ 1999, 173, 174.

[138] Ständige Rspr. seit BVerfGE 32, 54, 73.

[139] Vgl. *Herdegen* in Bonner Kommentar, Art. 13 Rn. 29; *Kunig* in v. Münch/Kunig, Art. 13 Rn. 10; *Kühne* in Sachs, Art. 13 Rn. 1; *Benfer*, Grundrechtseingriffe, Kap. 3 Rn. 67.

Maßgebliches Kriterium für die Bestimmung der zu durchsuchenden Räume ist die Frage, wo Beweismittel vermutet werden. Daraus folgt, dass lediglich die Räume durchsucht werden dürfen, für die die Vermutung[140] bzw. ein auf tatsächlichen Anhaltspunkten beruhender Verdacht[141] besteht, dort könnten Beweismittel aufgefunden werden.[142]

Das BVerfG[143] hat indes die äußerst weite Anordnung der Durchsuchung von allen Geschäftsräumen der Zentrale der Dresdener Bank sowie deren Niederlassungen in Frankfurt und Düsseldorf wegen des Verdachts der Beihilfe zur Steuerhinterziehung gebilligt.[144] Die Durchsuchungsanordnung des Amtsgerichts erlaubte den Strafverfolgungsorganen, in nahezu jedem Raum der Dresdener Bank in Frankfurt und Düsseldorf nach belastendem Material zu suchen. Die Kritik daran und an dem bestätigenden Beschluss des BVerfG ist berechtigt. In unerträglicher Weite hat das Amtsgericht die Durchführung der Durchsuchung in das Ermessen der Strafverfolgungsorgane gestellt, obwohl es Aufgabe des Richters[145] ist, den Eingriff in den grundrechtlich geschützten Bereich messbar und kontrollierbar zu halten.[146]

Die 2. Kammer des Zweiten Senats des BVerfG stützt ihren Beschluss darauf, dass eine weitere Eingrenzung der zu durchsuchenden Räume nicht möglich gewesen sei, weil nicht bekannt gewesen sei, für welche Räume die Auffindung der zu suchenden Unterlagen sicher habe ausgeschlossen werden können.[147] Dabei verkennt das BVerfG die gesetzlichen Voraussetzungen einer Durchsuchung. Räume sind gerade nicht nach dem Ausschlussprinzip von der Durchsuchung auszunehmen, sondern - so will es der hier einschlägige § 103 StPO - es müssen vielmehr Tatsachen vorliegen, aus denen zu schließen ist, dass sich die Unterlagen in den zu durchsuchenden Räumen befinden. Somit verlangt das Gesetz einen Verdacht und nicht umgekehrt das Nichtvorliegen eines solchen.[148]

In praktischer Hinsicht mag man den mit der Entscheidung befassten Gerichten Recht geben, dass eine genauere Einschränkung der zu durchsuchenden Räume zum fraglichen Zeitpunkt noch nicht möglich war. Hier stellt sich dann allerdings

---

[140] So bei einer Durchsuchung nach § 102 StPO.
[141] So bei einer Durchsuchung nach § 103 StPO.
[142] *Leisner*, BB 1994, 1941, 1944, der allerdings nicht zwischen den unterschiedlichen Voraussetzungen des § 102 StPO auf der einen und des § 103 StPO auf der anderen Seite differenziert.
[143] BVerfG NJW 1994, 2079, 2080.
[144] Zur Kritik an diesem Beschluss vgl. vor allem *Leisner*, BB 1994, 1941, 1944.
[145] Vgl. BVerfGE 42, 212, 220.
[146] Das BVerfG hat daher in anderen Fällen schon Durchsuchungsbeschlüsse wegen fehlender Angaben zu den "anderen Räumen" aufgehoben, BVerfG NStZ 1992, 91, 92.
[147] BVerfG NJW 1994, 2079, 2080.
[148] Vgl. auch *Leisner*, BB 1994, 1941, 1944.

die Frage, inwieweit grundrechtlich geschützte Rechtspositionen zugunsten der Strafverfolgung aufgegeben werden sollen. Eine Antwort geben die zahlreichen übrigen (Senats-) Entscheidungen, in denen das BVerfG die Anforderungen an Durchsuchungsbeschlüsse herausgebildet hat.[149] Dort hat das BVerfG die Einhaltung der Anforderungen zwar nur im Rahmen des Möglichen verlangt. Es hat aber zugleich die Grenzen aufgezeigt, die notwendig sind, um rechtsstaatlichen Grundsätzen zuwiderlaufenden Ausuferungen vorzubeugen.[150] Sind diese Grenzen nicht eingehalten worden, hat das BVerfG auf eine Verletzung von Grundrechten erkannt. Daraus folgt, dass eine Durchsuchungsanordnung schon nicht ergehen darf, wenn die vom BVerfG gesetzten Grenzen überschritten werden. Da im Fall der Dresdner Bank die zu durchsuchenden Räume noch nicht einmal annähernd eingegrenzt waren und der Durchsuchungsbeschluss auch weitere Mängel aufwies[151], war die Durchsuchung insgesamt rechtswidrig.

Das BVerfG wendet die in den zahlreichen (Senats-) Entscheidungen herausgebildeten Maßstäbe auf den jeweils konkreten Fall an und überprüft, ob es möglich war, diese Maßstäbe einzuhalten. Der Beschluss der 2. Kammer lässt dies vermissen. Die Kammer flüchtet sich hingegen in Leerformeln.[152] Die bloße "Eigenart des Anfangsverdachts" kann eine derart weite Durchsuchungsanordnung jedenfalls nicht begründen.[153] Eine Durchsuchungsanordnung in dieser Form ist daher rechtswidrig.[154]

Die Strafverfolgungsorgane hätten hier vielmehr auf andere, mildere Mittel zurückgreifen müssen, wie beispielsweise ein Auskunftsersuchen bei der Bank[155], eine gestufte Durchsuchung zunächst im Verantwortungsbereich der namentlich bekannten Bankmitarbeiterin oder eine Vorabaufklärung über den möglichen Auffindungsort der fraglichen Unterlagen. Insbesondere bei Banken hat sich ein Auskunftsersuchen oder ein Herausgabeverlangen gemäß § 95 Abs. 1 StPO[156] als mildere und effektivere Alternative zur Durchsuchung erwiesen.[157] Eine von den Ermittlungsorganen häufig gegen ein Auskunftsersuchen angeführte mögliche Beweisvereitelung ist bei Banken aufgrund der gesetzlich festgelegten Aufbewahrungsfrist kaum zu befürchten.

---

[149] Vgl. nur BVerfGE 20, 162 ff.; 42, 121 ff.; 44, 353 ff.; 50, 48 f.
[150] So etwa BVerfGE 20, 162, 224.
[151] Vgl. dazu *Leisner*, BB 1994, 1941 ff.; *Papier/Dengler*, BB 1996, 2541, 2593 ff.
[152] *Leisner*, BB 1994, 1941, 1944.
[153] So aber BVerfG NJW 1994, 2079, 2080.
[154] So auch *Leissner*, BB 1994, 1941, 1945 f.
[155] Dazu *Rüping*, Zufallsfunde, S. 267, 273; *ders.*, StPO, Rn. 302; *Selmer*, S. 77 ff.
[156] Zur Zulässigkeit eines staatsanwaltlichen Herausgabeverlangens vgl. LG Koblenz, wistra 2002, 359 f.; dagegen *Döpfner*, PStR 2002, 54 ff.
[157] *Bittmann*, wistra 1990, 325 ff.

d) *Verhältnismäßigkeit der Durchsuchung*

Eine Durchsuchung stellt schon ihrer Natur nach einen schwerwiegenden Eingriff in die grundrechtlich geschützte Lebenssphäre des Betroffenen, namentlich in die Grundrechte aus Art. 2 und 13 GG dar. Die Durchsuchung selbst und ihre Anordnung stehen daher unter dem allgemeinen Rechtsgrundsatz der Verhältnismäßigkeit.[158] Das bedeutet, dass die Durchsuchung geeignet, erforderlich und angemessen sein muss, um das erstrebte Ziel, die Auffindung von Beweismitteln, zu erreichen. Dabei muss die Durchsuchung in einem angemessenen Verhältnis zur Schwere der Straftat und zum Grad des Tatverdachts stehen.[159] Die Schwere des Tatvorwurfs und der Grad des konkreten Tatverdachts sind die maßgeblichen Kriterien für das Gewicht der Gründe, die zur Rechtfertigung des Eingriffs in Grundrechte herangezogen werden können.[160]

Der Richter muss diese tragenden Gründe und seine Abwägung in der Durchsuchungsanordnung niederlegen.[161] In der Praxis findet die Verhältnismäßigkeitsabwägung trotz ihrer herausragenden verfassungsrechtlichen Bedeutung oftmals wenig Beachtung.[162] Dies mag daran liegen, dass es dem Richter schwer fällt, die von ihm angestellten Abwägungskriterien in Worte zu fassen.[163] Dieser Missstand kann allerdings nicht hingenommen werden, da ein Eingriff in den grundrechtlich geschützten Bereich nur dann gerechtfertigt ist, wenn er verhältnismäßig ist. Das ist insbesondere dann der Fall, wenn mildere Mittel nicht geeignet sind, das Ziel zu erreichen. So ist gegenüber Banken regelmäßig ein Auskunftsersuchen das mildere Mittel.[164] Die Durchsuchungsanordnung muss daher erkennen lassen, ob sich der Richter mit dieser Frage beschäftigt hat.

4. Weitere Verfahrensvoraussetzungen

Das Gesetz selbst macht kein Angaben zur Gültigkeitsdauer eines Durchsuchungsbeschlusses. In der Literatur und vereinzelt auch in der Rechtsprechung gab es dazu unterschiedliche Auffassungen.[165] Das BVerfG hat diese Streitfrage vor einiger Zeit geklärt und die Gültigkeitsdauer eines Durchsuchungsbeschlusses

---

[158] BVerfGE 20, 162, 186 f.; 42, 212, 219 f.; 59, 95, 97. Zum Verhältnismäßigkeitsgrundsatz allgemein BVerfGE 19, 342, 348 f.

[159] BVerfGE 20, 162, 186 f.; 42, 212, 220; 59, 95, 97; BVerfG NJW 1991, 690, 691.

[160] *Papier/Dengler*, BB 1996, 2541, 2596.

[161] BVerfGE 42, 212, 220; 59, 95, 97.

[162] Vgl. hierzu die Untersuchung von *Bandisch*, AnwBl. 1992, 355 f., wonach 76 von 80 untersuchten Beschlüssen Mängel bei den Verhältnismäßigkeitserwägungen aufwiesen.

[163] Vgl. *Ciolek-Krepold*, Rn. 72.

[164] *Rüping*, Zufallsfunde, S. 267, 273; *ders.*, StPO, Rn. 302; *Selmer*, S. 77 ff.

[165] Eine Zusammenstellung findet sich bei *Ciolek-Krepold*, Rn. 76 ff.

auf sechs Monate beschränkt.[166] Der Zweck des Richtervorbehalts hat auch auf den Zeitraum, in dem der richterliche Durchsuchungsbeschluss vollzogen werden darf, Auswirkungen, so dass spätestens nach Ablauf eines halben Jahres der Durchsuchungsbeschluss seine rechtfertigende Wirkung verliert. Ein wirksamer Grundrechtsschutz durch die richterliche Kontrolle ist nur dann gewährt, wenn die Maßnahme im Hinblick auf die konkreten momentanen Voraussetzungen durch den Richter überprüft wird. Je mehr Zeit zwischen der richterlichen Durchsuchungsanordnung und deren Vollzug vergeht, um so wahrscheinlicher wird es, dass die mittlerweile eingetretenen Ereignisse der richterlichen Entscheidung die Grundlage entziehen oder diese wesentlich verändern.[167] Die Durchsuchungsanordnung tritt somit nach einem halben Jahr außer Kraft und verliert ihre rechtfertigende Wirkung.

Durchsuchungen haben gemäß § 104 StPO in der Regel tagsüber stattzufinden. Für die Durchführung der Durchsuchung gilt § 36 Abs. 2 Satz 1 StPO. Der Staatsanwalt hat ein Anwesenheitsrecht, jedoch keine Anwesenheitspflicht.[168] Nehmen weder Staatsanwalt noch Richter an der Durchsuchung teil, sieht § 105 Abs. 2 StPO die Zuziehung von Durchsuchungszeugen vor[169], soweit dies möglich ist.[170] Als bloße Ordnungsvorschrift ist § 106 StPO zu verstehen, der dem Inhaber der zu durchsuchenden Räume oder seinem Vertreter die Anwesenheit gestattet. Dem Beschuldigten, der nicht Inhaber der zu durchsuchenden Räume ist, steht ein Anwesenheitsrecht ebenso wenig zu wie seinem Verteidiger.[171]

5. Durchsuchungen von Kreditinstituten

Nachdem die Anordnungsvoraussetzungen im Allgemeinen dargestellt wurden, soll nun ein Blick auf die Durchsuchung von Kreditinstituten geworfen werden. Durchsuchungen von Kreditinstituten haben in der Vergangenheit für viel Aufsehen gesorgt. Sie fanden in der Regel wegen des Verdachts der Steuerhinterziehung, begangen durch Bankkunden, oder diesbezüglicher Beihilfehandlungen der Bediensteten statt. Seit Anfang der neunziger Jahre kam es daher wiederholt zu

[166] BVerfGE 96, 44 ff.; vgl. auch *Dauster*, StraFO 1998, 408 ff.; kritisch *Roxin*, StV 1997, 654 f.
[167] BVerfGE 96, 44, 52.
[168] *Schäfer* in Löwe-Rosenberg, § 106 Rn. 9, für die Finanzbehörde vgl. Rn. 10.
[169] Die Zuziehung ist wesentliche Förmlichkeit der Durchsuchung und nicht bloße Ordnungsvorschrift, vgl. *Meyer-Goßner*, § 105 Rn. 10 m. w. N.; *Rüping*, Zufallsfunde, S. 267, 276; a. A. *Müller* in KMR, § 105 Rn. 13.
[170] Für ein Ermessen des Beamten RGSt 55, 161, 165; *Nack* in Karlsruher Kommentar, § 105 Rn. 14 m. w. N.; dagegen *Rüping*, Zufallsfunde, S. 267, 276; *Rudolphi* in Systematischer Kommentar/StPO, § 105 Rn. 18.
[171] OLG Stuttgart NStZ 1984, 574; *Nack* in Karlsruher Kommentar, § 106 Rn. 3; *Meyer-Goßner*, § 106 Rn. 3; *Schäfer* in Löwe-Rosenberg, § 106 Rn. 11.

groß angelegten Durchsuchungsaktionen bei deutschen Banken.[172] Kaum einem Geldinstitut blieb der Besuch der Ermittler erspart. Motiviert durch die Einführung der Quellensteuer auf Kapitalerträge im Jahre 1989 und der Zinsabschlagsteuer zum 01.01.1993, wonach nahezu alle im Inland erzielten Einkünfte aus Kapitalvermögen einem Steuersatz von 25 - 35 % unterfielen, suchten zahlreiche Bankkunden teils aus eigenem Antrieb, teils auf Anraten und mit Unterstützung von Bankmitarbeitern, Wege, um Gelder durch Transfer ins Ausland, insbesondere nach Luxemburg, der Besteuerung zu entziehen oder um Schwarzgelder dort anzulegen. Die Gelder wurden dabei in der Regel bei ausländischen Tochtergesellschaften deutscher Großbanken angelegt. Die aufgrund einzelner Verdachtsmomente vorgenommenen Durchsuchungen hatten eine große Streuwirkung. Das Auffinden von Anhaltspunkten für weitere Taten und Täter führte zur Einleitung zahlreicher neuer Ermittlungsverfahren. Darüber hinaus lösten Kontrollmitteilungen[173] an die zuständigen Finanzämter eine Flut von Selbstanzeigen aus.[174] Noch heute sind die Finanzbehörden mit der "Abarbeitung" der Fälle beschäftigt.

Eine neuerliche Verschärfung der Situation ist durch die Einführung des Euro-Bargeldes zum 01. Januar 2002 zu befürchten gewesen. Man nahm an, dass Besitzer von nicht versteuertem Kapital respektive von Schwarzgeld in Versuchung geraten, Gelder auf ausländische Konten zu transferieren, damit dort eine automatische Umstellung auf Euro stattfindet. Banken könnten sich unter Umständen veranlasst gesehen haben, den Transferwünschen ihrer Kunden nachzukommen. Das dürfte auch die Ermittlungsorgane nicht unberührt lassen, sodass auch in Zu-

---

172 Siehe die jüngsten Entscheidungen BGH NJW 2000, 3010 ff.; LG Bochum NJW 2000, 1430 ff.; Strafbefehlsantrag der StA Düsseldorf im WestLB-Verfahren, FAZ v. 14.07.2001. Neuerdings kommen in den Bankenstrafverfahren nicht mehr nur (steuer-) strafrechtliche Vorschriften zur Anwendung, sondern darüber hinaus Regelungen des Ordnungswidrigkeitenrechts (§ 30 OWiG), vgl. dazu den Beitrag von *Wegner*, NJW 2001, 1979 ff., m. Nachweisen zur Rspr. Zu den Ermittlungen bei Banken vgl. *Burkhard*, PStR 1998, 154 ff.; *Ditges/Graß*, BB 1998, 1390 ff.; *Joecks*, WM Sonderbeilage Nr. 1 1998, 1 ff.; *Kniffka*, wistra 1987, 309 ff.; *Kottke*, INF 1998, 648 ff.; *Locklair*, PStR 1998, 109 ff.; *Messner*, DB 1996, 2196 ff.; *Müller-Brühl*, passim.; *Salditt*, PStR 1998, 63 ff.; *Streck/Mack*, BB 1995, 2137 ff.; *Streck*, Steuerfahndung, Rn. 498 ff.; *Tipke*, PStR 2000, 143.

173 Kontrollmitteilungen dienen der Kontrolle der steuerlichen Verhältnisse anderer. Rechtsgrundlage für die Verpflichtung zur Erstellung von Kontrollmitteilungen ist § 85 AO. Erwähnung finden Kontrollmitteilungen bei Außenprüfungen in § 194 Abs. 3 AO. Nach § 85 AO i. V. m. dem in § 88 AO normierten Untersuchungsgrundsatz gehört es zur Aufgabe der Finanzbehörden, dass eine örtlich nicht zuständige Finanzbehörde tatsächliche oder rechtliche Kenntnisse, die ihr bei ihrer amtlichen Tätigkeit bekannt geworden sind, der örtlich zuständigen Finanzbehörde übermittelt, vgl. *Söhn* in Hübschmann/Hepp/Spitaler, § 85 Rn. 20 f.; *Seer* in Tipke/Lang, § 21 Rn. 263.

174 Das ergab eine Anfrage bei verschiedenen Finanzämtern.

kunft mit Durchsuchungen im Banken- und neuerdings auch im Versicherungswesen[175] zu rechnen ist.

Daneben können schwere Fälle von Steuerhinterziehung nunmehr auch als Geldwäsche bestraft werden.[176] Der neu eingeführte § 370 a AO bedroht banden- und gewerbsmäßige Steuerhinterziehung mit einer Mindeststrafe von 12 Monaten. Die aus dieser Steuerhinterziehung erlangten Gelder fallen dann automatisch in den Anwendungsbereich des § 261 StGB. Den Strafverfolgungsbehörden stehen dadurch außerdem neue Ermittlungsinstrumente, wie beispielsweise Telefonüberwachungen, zur Verfügung. Ins Fadenkreuz der Ermittler dürften insbesondere Kreditinstitute und Versicherungen, die Schwarzgelder wissentlich oder leichtfertig anlegen bzw. transferieren, geraten.[177]

Unter den zahlreichen "Bankenfällen" ist die bereits angesprochene Durchsuchung der Dresdner Bank AG hervorzuheben. Aufgrund der Art und des Umfangs der Durchsuchung - bei der mit großem Personalaufwand vorgenommenen Durchsuchung haben die Ermittlungsbeamten etwa 40.000 Belege und Unterlagen beschlagnahmt[178] - ließ die Dresdner Bank AG die Rechtmäßigkeit der Maßnahme vom BVerfG überprüfen, woraufhin am 23.03.1994 und am 13.12.1994 zwei Beschlüsse der 2. Kammer des Zweiten Senats ergingen.[179] Das BVerfG hat die Verfassungsbeschwerden der Dresdner Bank nicht zur Entscheidung angenommen und ist in den beiden Beschlüssen faktisch von wesentlichen Maßgaben für die Bestimmtheit von Durchsuchungsanordnungen, die die verfassungsgerichtliche Rechtsprechung in der Vergangenheit herausgebildet hat, abgerückt.

Der "Dresdner Bank-Fall" wirft Fragen auf, die das Zusammenspiel von Durchsuchung und Zufallsfunden im Steuerstrafverfahren betreffen. Er deckt daneben Schwachstellen im System der steuerstrafrechtlichen und steuerlichen Ermittlungsmöglichkeiten eindrucksvoll auf und gibt Anlass, die geltende Aufgabenzuweisung der Steuerfahndung genauso zu überdenken wie die Grundsätze zu den Verwertungsverboten[180] im Straf- und Steuerrecht. Der "Dresdner Bank-Fall" wird daher im Verlauf der Arbeit an verschiedenen Stellen eine Rolle spielen. Zur näheren Verdeutlichung, wie die Strafverfolgungsorgane bei der Dresdner Bank

---

[175] Um Bargeld in Euro umzutauschen, haben Schwarzgeldbesitzer insbesondere Lebensversicherungspolicen, bei denen die Prämien in einer Summe gezahlt werden, entdeckt, vgl. Der Spiegel v. 19.11.2001, S. 108.

[176] FAZ v. 23.11.2001.

[177] Vgl. hierzu *Marx*, PStR 1999, 16 ff.

[178] Vgl. *Leissner*, BB 1995, 525.

[179] BVerfG NJW 1994, 2079 ff. und NJW 1995, 2839 ff.

[180] Zum Verwertungsverbot bei fehlerhaften Durchsuchungen oder Beschlagnahmen *Amelung*, NJW 1991, 2533 ff.; *Krekeler*, AnwBl 1992, 356 ff.; *ders.*, NStZ 1993, 263 ff; *Ransiek*, StV 2002, 565 ff.

vorgegangen sind, wird im Folgenden zunächst der den beiden Beschlüssen des BVerfG zugrunde liegende Sachverhalt kurz dargestellt. Da die oben angesprochenen strukturellen Defizite bei den Bankendurchsuchungen ihren Ursprung bereits in den Anordnungsvoraussetzungen haben, werden sodann im Hinblick darauf die wesentlichen Gründe der Beschlüsse einer kritischen Betrachtung unterzogen.

a) Der "Dresdner Bank-Fall"

Im Januar 1994 erließ das Amtsgericht Düsseldorf gemäß den §§ 105 Abs. 1, 102, 103 Abs. 1, 94, 98 StPO Durchsuchungs- und Beschlagnahmebeschlüsse gegen die Dresdner Bank AG, weil der Verdacht bestand, dass bei der Bank systematisch Beihilfe zur Steuerhinterziehung[181] begangen worden sei.[182] Die Bankbediensteten hätten einer bis dahin unbekannten Zahl namentlich bisher nicht bekannter Kunden ein System zur Verfügung gestellt, dass es den Kunden ermöglichte bislang nicht versteuertes Vermögen zu der luxemburgischen Tochter der Dresdner Bank bzw. zurück nach Deutschland zu transferieren, ohne dass die Geldflüsse über die Kundenkonten in Deutschland bzw. Luxemburg liefen. Die Bankbediensteten sollen hierzu den Geldtransfer über CpD-Konten[183] abgewickelt oder Schwarzgelder direkt auf Festgeld- oder Devisenkonten der luxemburgischen Tochter überwiesen haben.

Den Ermittlungen lagen zwei konkrete Anhaltspunkte zugrunde. Aus einem anderen Steuerstrafverfahren wussten die Steuerfahnder, dass eine namentlich bekannte Mitarbeiterin aus der Hauptstelle der Dresdner Bank in Düsseldorf in zwei Fäl-

---

[181] Zur Strafbarkeit der Beihilfe zur Steuerhinterziehung durch Bankmitarbeiter vgl. BGH NJW 2000, 1430 ff; NJW 2000, 3010 ff. Zum Problem der Strafbarkeit "neutraler" Handlungen von Bankangestellten vgl. *Lohmar*, S. 41 ff.

[182] AG 1994, 119 ff.

[183] Bei CpD-Konten (Conto pro Diverse) handelt es sich um Eigenkonten der Banken. Gemeint ist damit ein Sammelkonto bei der Bank, auf dem Geschäftsvorfälle für andere Personen verbucht werden, weil der Geschäftsvorfall einer bestimmten Person noch nicht zugeordnet werden kann oder noch nicht zugeordnet werden soll, z.B. bei falscher oder unklarer Kontobezeichnung, unvollständiger oder unleserlicher Namensangabe etc. Das CpD-Konto ist kein Konto i. S. v. § 154 AO, bei dem eine Legitimationsprüfung durchzuführen ist. Die Gutschrift auf einem CpD-Konto begründet keine Verfügungsberechtigung des Begünstigten. Die Guthaben auf dem CpD-Konto werden dem Empfänger später, z. B. durch Barauszahlung, am Schalter zugeleitet. In der Bankpraxis werden Buchungen über CpD-Konten als zulässig erachtet, wenn zum Zeitpunkt der Buchung der Name des Begünstigten nicht zu ermitteln ist oder es nicht sofort zu klären ist, ob der eingegangene Betrag dem Konto des Begünstigten noch gutgeschrieben werden kann bzw. ob für diesen Geschäftsvorfall ein „entsprechendes Konto", also ein Konto, das seiner Funktion nach geeignet ist, der Abwicklung des jeweiligen Geschäftsvorfalls zu dienen, vorhanden ist, vgl. dazu *Trzaskalik* in Hübschmann/Hepp/Spitaler, § 154 Rn. 21; *Carl/Klos*, wistra 1990, 41 ff.; *Kniffka*, wistra 1987, 309 ff.; *Müller-Brühl*, S. 66 ff.; *Weyand*, INF 1997, 554; *ders.*, wistra 1990, 294 f.

len bei Transaktionen in der oben beschriebenen Weise geholfen hatte. Im Zuge dieser Ermittlungen wurde auch das Notizbuch dieser Mitarbeiterin sichergestellt, in dem Namen von Bankkunden und deren Kontonummern bei der luxemburgischen Tochter aufgeführt waren. Darüber hinaus hatte sich die Dresdner Bank dazu bekannt, dass es ein absolut übliches Vorgehen sei, den Transfer von Vermögen, auch von Schwarzgeld, auf Konten nach Luxemburg anonym, gegebenenfalls über CpD-Konten, abzuwickeln.

Auf dieser Grundlage erwirkten die Strafverfolgungsbehörden Durchsuchungs- und Beschlagnahmebeschlüsse, die sich gegen bis dahin unbekannte Bankmitarbeiter sowie gegen unbekannte und unbekannt viele Bankkunden richteten und die Durchsuchung sämtlicher Niederlassungen und Zweigstellen in Düsseldorf und Frankfurt zuließen. Als Tatzeitraum und Durchsuchungsziel nannte der Beschluss die Auffindung von seit 1983 entstandenen Unterlagen, die mit dem verheimlichten Transfer in das und aus dem Ausland in Zusammenhang stehen könnten. Zur näheren Konkretisierung der zu beschlagnahmenden Unterlagen waren einige Beispiele aufgeführt.[184]

b) Die Beschlüsse des BVerfG

Das BVerfG hat die von der Dresdner Bank eingereichten Verfassungsbeschwerden mangels grundsätzlicher verfassungsrechtlicher Bedeutung nicht zur Entscheidung angenommen.[185] Es hielt die mit der Verfassungsbeschwerde aufgeworfenen Fragen durch frühere Entscheidungen des Gerichts für geklärt. Dennoch nehmen die Gründe für Nichtannahme einen erheblichen Umfang ein.[186]

Das BVerfG sah einen "hinreichenden Anfangsverdacht" darin, dass es sich bei den Aktivitäten der einzigen namentlich genannten beschuldigten Bankbediensteten nur um aufgedeckte Teile einer geschäftsmäßig und in großem Umfang betriebenen Beihilfe zur Steuerhinterziehung handelte.[187] Ohne Zustimmung hierarchisch übergeordneter Kreise der Bank hätten die Bankbediensteten schlechterdings nicht handeln können.[188] Es sei daher zulässig gewesen, die Ermittlungen auch gegen eine unbekannte Zahl unbekannter weiterer Mitarbeiter und Kunden zu richten. Wiederholt rechtfertigt das BVerfG die Weite der Durchsuchungsanordnung mit der "Eigenart des Anfangsverdachts".[189] Eine genauere Eingrenzung

---

[184] Vgl. AG 1994, 119.
[185] BVerfG NJW 1994, 2079 und NJW 1995, 2839.
[186] Der Beschluß vom 23.03.1994 - 2 BvR 396/94 umfaßt 13 Seiten, der vom 13.12.1994 - 2 BvR 894/94 - 11.
[187] BVerfG NJW 1994, 2079, 2080.
[188] BVerfG NJW 1994, 2079, 2080.
[189] BVerfG NJW 1994, 2079, 2080.

des Tatzeitraums, eine genauere Benennung der weiteren Verdächtigen, eine detailliertere Beschreibung und Eingrenzung der zu durchsuchenden Räumlichkeiten sowie der zu suchenden Unterlagen als auch genauere Angaben zur Geeignetheit der zu beschlagnahmenden Gegenstände als Beweismittel hätten nicht erfolgen können.[190]

Im Hinblick auf die Anordnung der Durchsuchung sah das BVerfG keine Verletzung des Art. 13 GG. Auch verneinte es einen Verstoß gegen den Verhältnismäßigkeitsgrundsatz. Insbesondere sei ein Auskunftsersuchen aufgrund der Verdunkelungsgefahr nicht zumutbar gewesen.[191] Schließlich schloss es eine Verletzung der Berufsfreiheit der Dresdner Bank durch die Durchsuchung aus, weil sich die Maßnahme nicht gegen die Berufstätigkeit der Bank gerichtet habe. Die Bank sei lediglich genauso beeinträchtigt worden wie jede andere Person auch.[192]

Die Beschlüsse sind vor allem in der Literatur auf zum Teil heftige, aber berechtigte Kritik gestoßen.[193] Die kritischen Stimmen setzen insbesondere auf formeller Ebene bei den Anordnungsvoraussetzungen für die Durchsuchungen an.[194] Entgegen der Auffassung des BVerfG, es habe die durch frühere Entscheidungen[195] gebildeten Grundsätze lediglich angewendet und präzisiert, sieht die Literatur in den beiden Kammerbeschlüssen eine Abkehr von den strengen Anforderungen an die Bestimmtheit von Durchsuchungsbeschlüssen.[196]

Die Voraussetzungen für die Anordnung einer Durchsuchung wurden oben anhand der (früheren) verfassungsgerichtlichen Rechtsprechung[197] dargestellt. In der Tat ergibt die Lektüre der beiden Kammerbeschlüsse im Vergleich zu den bis dahin aufgestellten Grundsätzen zur Bestimmtheit von Durchsuchungsanordnung mancherlei Auffälligkeiten, die im Hinblick auf das Auffinden von Zufallsfunden einer näheren Erörterung bedürfen. Die vom BVerfG gebilligten Durchsuchungsbeschlüsse halten den oben dargestellten[198] Anforderungen, die das BVerfG in

---

190 BVerfG NJW 1994, 2079, 2080 f.

191 BVerfG NJW 1994, 2079, 2081.

192 BVerfG NJW 1994, 2079, 2081.

193 Vgl. *Leisner*, BB 1994, 1941 ff.; *ders.*, BB 1995, 525 ff.; *Papier/Dengler*, BB 1996, 2541 ff.; *Joecks*, WM Sonderbeilage Nr. 1 1998, 21f.; *ders.* in Franzen/Gast/Joecks, § 404 Rn. 89 a; *Seer* in Tipke/Kruse, § 208 Rn. 72; *Tipke*, PStR 2000, 143 ff. Dagegen uneingeschränkt zustimmend *Carl/Klos*, DStZ 1994, 391 ff.; auch fanden die Beschlüsse in Kreisen der Finanzverwaltung breite Zustimmung. So wissen *Streck/Mack*, BB 1995, 2137, 2142 von einem Steuerfahnder zu berichten, der zur Motivation den Beschluß des BVerfG lese.

194 Hierzu *Leisner*, BB 1994, 1941 ff.

195 Vgl. z. B. BVerfGE 20, 162 ff.; 42, 212 ff.

196 *Leisner*, BB 1994, 1941.

197 Vgl. insbesondere BVerfGE 20, 162 ff.; 42, 212 ff.; 59, 95 ff.

198 Siehe 1. Teil D 3.

früheren Entscheidungen aufgestellt hat, nicht stand. Sie weisen grundlegende Mängel auf, die auch mit der "Eigenart des Anfangsverdachts" nicht zu rechtfertigen sind.

Ausgangspunkt für eine Durchsuchung ist, dass der Anfangsverdacht einer Steuerstraftat gemäß den §§ 385 AO i. V. m. § 152 Abs. 2 StPO vorliegt. Das ist dann der Fall, wenn sich aus konkreten Tatsachen[199] nach kriminalistischer Erfahrung die Möglichkeit ergibt, dass eine verfolgbare Straftat vorliegt.[200] Diese Möglichkeit besteht nicht bereits bei bloßen Vermutungen.[201] Nach Ansicht des BVerfG begründeten die aus den anderen Verfahren gewonnenen Erkenntnisse den Verdacht, bei der Dresdner Bank sei systematisch Beihilfe zur Steuerhinterziehung geleistet worden.[202] Betrachtet man diese Erkenntnisse näher, fällt auf, dass in allen Fällen die namentlich bekannte Bankbedienstete[203] eine Rolle spielt. Im Rahmen des von der Staatsanwaltschaft Düsseldorf im Jahr 1991 betriebenen Steuerstrafverfahrens wurden Aussagen gemacht, nach denen Kundengelder durch eine Mitarbeiterin ohne Namensnennung, allein unter Angabe einer fünfstelligen Kontonummer, nach Luxemburg transferiert worden seien.[204] Bei der darauf folgenden Durchsuchung des Arbeitsplatzes dieser Mitarbeiterin fand die Staatsanwaltschaft eine Kladde, in der fünfstellige Ziffern und dahinter Namen ohne Adressen aufgeführt waren.[205]

Im Fall der Dresdner Bank richtete sich der Verdacht der Steuerhinterziehung und der Beihilfe dazu aufgrund der Erkenntnisse aus anderen Verfahren zunächst nur gegen die namentlich bekannte Bankmitarbeiterin und zwei Bankkunden. Ausschließlich auf dieser Grundlage wurde die Durchsuchungsanordnung wegen des Anfangsverdachts gegen zahlreiche unbekannte Bankmitarbeiter und Bankkunden erlassen. Das BVerfG hatte gegen diesen globalen Verdacht keine verfassungsrechtlichen Bedenken und berief sich wiederum auf die besondere Eigenart des Anfangsverdachts.[206] Ob allerdings die Eigenart des Anfangsverdachts als Rechtfertigung für das Außerachtlassen von jahrzehntelang durch die Rechtsprechung entwickelten Bestimmtheitserfordernissen dienen kann, mag bezweifelt werden.[207] Die Beschlüsse des BVerfG dürften in ihrer Weitläufigkeit dennoch Ausnahmecharakter haben. Die Rechtsmittelgerichte sind von den Anforderungen, die an Durchsuchungs- und Beschlagnahmebeschlüsse zu stellen sind, nicht abgerückt.

---

[199] *Joecks* in Franzen/Gast/Joecks, § 397 Rn. 40.
[200] BGH NJW 1989, 96, 97.
[201] *Meyer-Goßner*, § 152 Rn. 4.
[202] BVerfG NJW 1994, 2079.
[203] Vom BVerfG "Frau Q" genannt.
[204] BVerfG NJW 1994, 2079.
[205] BVerfG NJW 1994, 2079.
[206] BVerfG NJW 1994, 2079, 2080. Zur Kritik vgl. *Leissner*, BB 1994, 1941, 1945.
[207] Dazu *Leissner*, BB 1994, 1941 ff.

Sie geben sich insbesondere nicht mit pauschalen Beschlüssen zufrieden, sondern verlangen substantiierte Begründungen.[208]

6. Folgen fehlerhafter Durchsuchungsbeschlüsse

Die Beschlagnahme eines Gegenstandes als Zufallsfund setzt eine rechtmäßige Durchsuchung voraus.[209] Ist bereits die Durchsuchung rechtswidrig, schlägt diese Rechtswidrigkeit auf die Beschlagnahme nach § 108 StPO durch und kann unter Umständen ein Verwertungsverbot nach sich ziehen.[210] Zwar folgt nach der Rechtsprechung aus der Rechtswidrigkeit einer Beweiserhebung nicht ohne weiteres ein Beweisverwertungsverbot.[211] Das Rechtsstaatsprinzip erlaubt aber auch keine Wahrheitserforschung um jeden Preis.[212] Die Rechtsprechung vertritt überwiegend die sog. Abwägungslehre, nach der im Einzelfall die Interessen des Staates an der Tataufklärung gegen das Individualinteresse des Bürgers an der Bewahrung seiner Rechtsgüter abzuwägen sind.[213] Einzelheiten dazu würden den Rahmen dieser Arbeit sprengen. Es sei daher auf die weiterführende Literatur verwiesen.[214]

II. Gegenstände (beschlagnahmefähige Objekte)

Obwohl § 108 StPO das Beschlagnahme- und nicht das Durchsuchungsrecht erweitert, hängt es von der Bestimmtheit der Durchsuchungsanordnung ab, ob ein Gegenstand als Zufallsfund beschlagnahmt werden darf. Denn nur wenn das Ziel der Durchsuchung eindeutig bestimmbar ist, ist eine Abgrenzung gegenüber zufällig aufgefundenen Gegenständen möglich.

Ist schon die Durchsuchung selbst bzw. deren Anordnung rechtswidrig, schließt das auch eine vorläufige Beschlagnahme von Zufallsfunden aus.[215] Gleichfalls ist es unzulässig, eine Durchsuchung zum Anlass zu nehmen, gezielt nach Zufalls-

---

208 Vgl. LG Bielefeld PStR 1999, 44 f.; LG Nürnberg-Fürth PStR 2000, 4; LG Freiburg NStZ 1999, 582, 583; wistra 2000, 159 f.; LG Darmstadt wistra 2000, 238 f.

209 *Roxin*, StPO, § 35 Rn. 11; *Ronsdorf*, ArchKrim 1993, 42, 44; *Rüping*, FR 2000, 193; a. A. LG Wiesbaden NJW 1979, 175, m. abl. Anm. *Kühne*, NJW 1979, 1053.

210 OLG Koblenz NStZ 2002, 660 f.

211 BVerfG NJW 2000, 3557.

212 BGH StV 1992, 212, 213 ff.

213 Vgl. nur BVerfG StV 2002, 113, 114.

214 *Rüping*, StPO, Rn. 308; *Schäfer* in Löwe-Rosenberg, § 98 Rn. 81 f., Einl. Kap. 14. Zur Verwertbarkeit von Zufallsfunden vgl. insbesondere *Ronsdorf*, S. 147 ff.

215 *Roxin*, StPO, § 35 Rn. 11; *Ronsdorf*, ArchKrim 1993, 42, 44; *Rüping*, FR 2000, 193; a. A. LG Wiesbaden NJW 1979, 175, m. abl. Anm. *Kühne*, NJW 1979, 1053.

funden zu suchen.[216] Auch dürfen die Ermittlungsbeamten sich nicht über die in der Durchsuchungsanordnung gesetzten zeitlichen und räumlichen Grenzen hinaus nach anderen Gegenständen umschauen.[217] Schränkt beispielsweise die Anordnung die Suche nach Kontounterlagen auf bestimmte Jahre ein, sind von der Durchsuchung alle Unterlagen ausgenommen, die nicht in den fraglichen Zeitraum fallen. Ebenso verhält es sich mit den in der Durchsuchungsanordnung bezeichneten Räumlichkeiten, die durchsucht werden dürfen. Da eine darüber hinausgehende Suche nicht mehr von dem ursprünglichen Durchsuchungsbeschluss gedeckt ist, scheidet auch eine Beschlagnahme als Zufallsfund aus, auf die sich die Strafverfolgungsorgane in dieser Situation häufig berufen.[218] Schließlich ist der Durchsuchungszweck erfüllt, wenn der von der Durchsuchung Betroffene die gesuchten Gegenstände freiwillig herausgibt. Eine weitergehende Suche nach Zufallsfunden ist dann unzulässig.[219]

Welche Gegenstände beschlagnahmefähig nach § 108 StPO sind, richtet sich nach den §§ 94 ff. StPO. Danach können alle Gegenstände beschlagnahmt werden, die für die strafrechtliche Untersuchung im Hinblick auf eine andere Straftat zumindest potenziell von Bedeutung sind.[220] Die Beweiseignung muss sich nicht aus dem Gegenstand selbst ergeben. Es genügt auch, dass die Umstände, unter denen der Gegenstand aufgefunden wurde, auf eine andere Straftat hindeuten.[221] An die Beweiseignung sind keine besonders hohen Anforderungen zu stellen, da berücksichtigt werden muss, dass es erst der Einschätzung des Staatsanwalts bedarf, ob der Gegenstand als Beweismittel für ein anderes oder ein neu einzuleitendes Verfahren in Betracht kommt.[222] Die Beschlagnahme eines Gegenstandes erfolgt beim Gewahrsamsinhaber.

Für den hier interessierenden Bereich, das Auffinden von Gegenständen, die auf eine (andere) Steuerstraftat hindeuten, sind als Beweismittel insbesondere Geschäftsunterlagen wie Buchungsbelege, Kontounterlagen, Bilanzen, Geschäftskorrespondenz, EDV-Speichermedien (Disketten, Festplatten, CD-ROM, Magnet-

---

[216] *Amelung* in Alternativ Kommentar/StPO, § 108 Rn. 9; *Meyer-Goßner*, § 108 Rn. 1; *Nack* in Karlsruher Kommentar, § 108 Rn. 1; *Schäfer* in Löwe-Rosenberg, § 108 Rn. 3; *Rudolphi* in Systematischer Kommentar/StPO, § 108 Rn. 1; LG Bonn NJW 1981, 292 ff.; LG Bremen wistra 1984, 241 f.; LG Arnsberg ZIP 1984, 889 ff.; LG Bremen StV 1984, 505 f.; LG Berlin StV 1987, 97 ff.; LG Baden-Baden wistra 1990, 118 f.; LG Freiburg NStZ 1999, 582 f.; *Ronsdorf*, S. 89; *Rüping*, Zufallsfunde, S. 267, 282. Für ein Verwertungsverbot in diesen Fällen *Wecker*, S. 198 f.
[217] Siehe oben 1. Teil D I 3.
[218] Vgl. etwa LG Freiburg NStZ 1999, 582 f.
[219] *Stypmann*, wistra 1982, 11, 12.
[220] *Schäfer* in Löwe-Rosenberg, § 108 Rn. 8.
[221] *Schäfer* in Löwe-Rosenberg, § 108 Rn. 8; *Müller* in KMR, § 108 Rn. 5; *Meyer-Goßner*, § 108 Rn. 2.
[222] *Ronsdorf*, S. 91 m. w. N.

bänder) usw. von Bedeutung.[223] Als Beweismittel können aber auch Wertgegenstände (wertvoller Schmuck, Goldbarren, Wertpapiere usw.), soweit sie der Feststellung eines ungeklärten Vermögenszuwachses dienen können und der Wert nicht zugleich festgestellt werden kann, in Frage kommen.[224]

III. Hindeuten

Voraussetzung für die Beschlagnahme von Beweismitteln nach § 108 StPO ist, dass sie auf eine andere Straftat "hindeuten". Bevor nun dieses Merkmal näher untersucht wird, sollen zunächst noch einmal die Anlässe, bei denen die Ermittlungsbeamten auf Zufallsfunde stoßen können, dargestellt werden. Hier sind vier Varianten zu nennen: (1) Die Strafverfolgungsorgane durchsuchen aufgrund einer Nicht-Steuerstraftat und finden Beweismittel für eine andere Nicht-Steuerstraftat. Diese Konstellation soll mangels steuer(straf)rechtlichen Bezuges nicht weiter vertieft werden.[225] (2) Die Strafverfolgungsorgane durchsuchen aufgrund einer Nicht-Steuerstraftat und finden Unterlagen, die auf eine Steuerstraftat hindeuten. (3) Die Strafverfolgungsorgane, namentlich die Steuerfahndung, durchsuchen bereits wegen einer Steuerstraftat und finden verdächtige Unterlagen im Hinblick auf eine andere Steuerstraftat. (4) Die Steuerfahndung durchsucht wegen einer Steuerstraftat und findet Unterlagen/Gegenstände, die auf eine Nicht-Steuerstraftat hindeuten. Mit Ausnahme der ersten Konstellation wird in allen anderen Fällen das Steuergeheimnis (§ 30 AO) in jeweils unterschiedlicher Weise berührt. Ob sich dadurch unter Umständen ein Beschlagnahmeverbot ergibt, soll später untersucht werden. Nachfolgend stehen der Verdachtsgrad und der Tatbegriff im Mittelpunkt der Untersuchungen.

1. Verdachtsgrad

Die von § 108 StPO erfassten Gegenstände müssen „auf die Verübung einer anderen Straftat hindeuten“. Damit legt der Gesetzestext fest, dass ein bestimmter Verdachtsgrad vorliegen muss, um Gegenstände nach § 108 StPO beschlagnahmen zu können. Unklar bleibt, welche Intensität dieser Verdacht haben muss. In der Rechtsprechung und Literatur werden hierzu unterschiedliche Auffassungen vertreten.

---

[223] Dazu *Bär*, S. 179 ff.

[224] *Flore* in Flore/Dörn/Gillmeister, S. 112.

[225] Insoweit wird insbesondere auf die Arbeit von *Ronsdorf* verwiesen.

a) *Ungewisser Verdacht einer Straftat*

Teilweise wird der ungewisse Verdacht einer Straftat, mithin eine unterhalb des Anfangsverdachts liegende Intensität, für ausreichend erachtet.[226] Eine Begründung dafür wird von den Vertretern dieser Ansicht allerdings nicht geliefert.

b) *Anfangsverdacht im Sinne des § 152 Abs. 2 StPO*

Nach anderer Auffassung müssen zureichende tatsächliche Anhaltspunkte im Sinne des § 152 Abs. 2 StPO für das Vorliegen einer Straftat bestehen.[227] Voraussetzung ist danach, dass der aufgefundene Gegenstand oder die Art seines Auffindens es nach den kriminalistischen Erfahrungen als möglich erscheinen lassen, dass eine verfolgbare Straftat vorliegt.

c) *Stellungnahme*

Will man die einstweilige Beschlagnahme von Gegenständen schon bei einem bloß ungewissen Verdacht zulassen, so müsste der dadurch hervorgerufene Eingriff zumindest weniger schwer wiegen als bei vergleichbaren Eingriffen. Dazu ist zunächst ein Blick auf die unterschiedlichen Verdachtsgrade der StPO zu werfen.

aa) *Verdachtsgrade in der StPO*

Die StPO verwendet den Begriff des Verdachts an verschiedenen Stellen, jedoch nicht einheitlich. So können etwa die Staatsanwaltschaft und Polizei gemäß § 163 b Abs. 1 StPO die zur Feststellung der Identität erforderlichen Maßnahmen treffen, wenn "jemand einer Straftat verdächtig" ist. Letzteres soll dann der Fall sein, wenn der Schluss auf die Begehung der Straftat gerechtfertigt ist und Anhaltspunkte vorliegen, die die Täterschaft oder Teilnahme des Betroffenen als möglich erscheinen lassen.[228]

§ 152 Abs. 2 StPO verpflichtet die Staatsanwaltschaft, "wegen aller verfolgbaren Straftaten einzuschreiten, sofern zureichende tatsächliche Anhaltspunkte vorliegen". Damit bestimmt § 152 Abs. 2 StPO den Verdachtsgrad, ab dessen Vorliegen

---

[226] *Lemke* in Heidelberger Kommentar, § 108 Rn. 2; *Meyer-Goßner*, § 108 Rn. 2; *Schäfer* in Löwe-Rosenberg, § 108 Rn. 8; *App/Klos*, ZIP 1995, 1573, 1575; *Flore* in Flore/Dörn/Gillmeister, S. 105; *Klos*, INF 1995, 609, 610; *Vogelberg*, PStR 2002, 181, 182.

[227] *Amelung* in Alternativ Kommentar/StPO, § 108 Rn. 8; *Müller* in KMR, § 108 Rn. 5; *Rudolphi* in Systematischer Kommentar/StPO, § 108 Rn. 4; *Benfer*, Grundrechtseingriffe, Rn. 233 f.; *Blumers/Göggerle*, Rn. 520; *Carl/Klos*, wistra 1990, 41, 47; *Joecks*, WM Sonderbeilage Nr. 1 1998, 26; *ders.*, Steuerstrafrecht, S. 129 f.; *Ronsdorf*, ArchKrim 1993, 42, 45; *Rüping*, FR 2000, 193. Zum Begriff des Anfangsverdachts siehe oben 1. Teil D I 1 a aa.

[228] *Meyer-Goßner*, § 163 b Rn. 4 m. w. N.

nach dem Legalitätsprinzip eine Verfolgungspflicht besteht. Von dem "Verdacht einer Straftat" spricht § 160 Abs. 1 StPO und meint damit ebenfalls den Anfangsverdacht. Für die Annahme dieses sogenannten einfachen Anfangsverdachts muss es nach den kriminalistischen Erfahrungen als möglich erscheinen, dass eine verfolgbare Straftat vorliegt.[229] Dazu sollen auch entfernte Indizien für die Inkulpation, nicht jedoch bloße Vermutungen genügen.[230] Eine Abgrenzung erweist sich in der Praxis jedoch als schwierig. Es handelt sich daher eher um ein theoretisches Kriterium. Da der Begriff des Anfangsverdachts sehr vage ist und die von der Rechtsprechung gebildeten Definitionen eher Leerformeln denn exakte Maßstäbe sind, ist die Grenze zwischen der bloßen Vermutung und durch Tatsachen begründeten Anhaltspunkten schwer zu ziehen. Darum erstaunt es nicht, dass die Auffassungen, wann ein Anfangsverdacht der Steuerhinterziehung vorliegt, auseinandergehen.

Nach § 102 StPO ist bei dem, der "als Täter oder Teilnehmer einer Straftat oder der Begünstigung, Strafvereitelung oder Hehlerei verdächtig ist," eine Durchsuchung zulässig. Dazu müssen ebenfalls zureichende tatsächliche Anhaltspunkte vorliegen, dass eine bestimmte Straftat bereits begangen ist.[231]

Ein sogenannter hinreichender Tatverdacht im Sinne der §§ 170 Abs. 1, 203 StPO ist gegeben, wenn eine vorläufige Tatbewertung ergibt, dass die Verurteilung des Angeschuldigten wahrscheinlich ist.[232] Die Staatsanwaltschaft hat also bei Abschluss des Ermittlungsverfahrens eine Prognose zustellen, ob und inwieweit im weiteren Verfahrensverlauf mit der Überführung des Beschuldigten zu rechnen ist.[233]

Schließlich verwendet die StPO unter anderem in § 112 noch den Begriff des dringenden Tatverdachts. Dieser ist dem Grad nach intensiver als der hinreichende Tatverdacht und besteht, wenn die Wahrscheinlichkeit groß ist, dass der Beschuldigte Täter oder Teilnehmer einer Straftat ist.[234]

Zentrale Verdachtsgrade der StPO sind folglich der Anfangsverdacht, der dringende und der hinreichende Tatverdacht sowie der durch bestimmte Tatsachen begründete Verdacht. Unterster Verdachtsgrad ist der Anfangsverdacht im Sinne des § 152 Abs. 2 StPO. Er verpflichtet die Strafverfolgungsorgane, aber erlaubt

---

[229] Näher zu den Voraussetzungen des Anfangsverdachts siehe 1. Teil D I 1 a aa.

[230] *Roxin*, StPO, § 37 Rn. 13.

[231] Siehe oben 1. Teil D I 1 a aa.

[232] *Meyer-Goßner*, § 203 Rn. 2 m. w. N.

[233] *Schmid* in Karlsruher Kommentar, § 170 Rn. 3.

[234] *Boujong* in Karlsruher Kommentar, § 112 Rn. 4; *Hilger* in Löwe-Rosenberg, § 112 Rn. 17.

ihnen nach herrschender Meinung auch erst[235], Ermittlungen aufzunehmen. Die Einleitung eines Ermittlungsverfahrens und erst recht der Einsatz strafprozessualer Zwangsmaßnahmen setzen daher einen Anfangsverdacht voraus.[236]

bb) Vorfeldermittlungen

Daneben betreibt die polizeiliche Praxis sog. "Vorfeldermittlungen", die unterhalb des Anfangsverdachts, also im Vorfeld eines Ermittlungsverfahrens, ansetzen.[237] Darunter wird im Allgemeinen die Gewinnung oder Konkretisierung eines (vagen) Verdachts bzw. die Schaffung von Grundlagen, um einen Verdacht zu gewinnen, verstanden.[238] Es handelt sich hierbei um eine "Phase des Herumfragens"[239] in Fällen, in denen noch kein durch bestimmte Tatsachen begründeter Verdacht besteht, sondern lediglich ein untersuchungswürdiges Geschehen oder "suspekte Vorgänge", welche noch nicht unter eine der gesetzlichen Verdachtskategorien zu subsumieren sind, bekannt werden.[240] Insbesondere die Steuerfahndung nutzt über § 208 Abs. 1 Satz 1 Nr. 3 AO das Instrument der Vorfeldermittlungen, um Anhaltspunkte für Steuerverkürzungen zu gewinnen. Vorfeldermittlungen dienen der Aufklärung von Straftaten und sind daher dem repressiven Tätigwerden der Ermittlungsorgane zuzuordnen.[241] Ihr Ziel ist, dass sich die Ermittlungsorgane vor dem ersten Zugriff näheren Aufschluss darüber verschaffen, ob die Anhaltspunkte für einen Verdacht ausreichen oder wer als Beschuldigter in Betracht kommt.[242] Ein förmliches Ermittlungsverfahren im Sinne der StPO wird durch die Aufnahme von Vorfeldermittlungen noch nicht in Gang gesetzt. Grundrechtseingriffe im Rahmen von Vorfeldermittlungen sind mangels Eingriffsermächtigung rechtswidrig.[243]

---

[235] *Rieß* in Löwe-Rosenberg, § 152 Rn. 22 m. w. N.; a. A. *Lohner*, S. 143.

[236] *Benfer*, Grundrechtseingriffe, Kap. 1 Rn. 40.

[237] Zur Zulässigkeit von "Vorfeldermittlungen" siehe *Artzt*, S. 261 ff.; *Weßlau*, S. 202 f.; *Merten/Merten*, ZRP 1991, 213 ff.; *Hund*, ZRP 1991, 463 ff.; *Kniesel*, ZRP 1992, 164 ff.; *Lisken*, ZRP 1994, 264 ff.; dagegen *Müller*, Eingriffsbefugnis, S. 209 ff., der Vorfeldermittlungen aufgrund rechtsstaatlicher Bedenken gänzlich ablehnt.

[238] Zu weitgehend *Keller/Griesbaum*, NStZ 1990, 416, 417, die aus § 159 StPO (Leichenschau) eine allgemeine Pflicht der Staatsanwaltschaft herleiten, bei Bekanntwerden noch nicht zureichender Anhaltspunkte durch Vorermittlungen den Anfangsverdacht weiter aufzuklären; *Lohner*, S. 126; im einzelnen *Artzt*, S. 12 ff.

[239] *Meyer-Goßner*, § 163 Rn. 9.

[240] *Artzt*, S. 1.

[241] *Lohner*, S. 126.

[242] Vgl. BGH NStZ 1983, 86; BGHSt 38, 214, 227 f.; *Wache* in Karlsruher Kommentar, § 163 Rn. 8; *Meyer-Goßner*, § 163 Rn. 9; *Rieß* in Löwe-Rosenberg, § 152 Rn. 33 ff., § 163 Rn. 18; *Roxin*, StPO, § 37 Rn. 14; ausführlich *Artzt*, S. 11 ff.; *Weßlau*, S. 25 ff.; gegen deren generelle Zulässigkeit *Wulf*, S. 151 f.; *Müller*, Eingriffsbefugnis, S. 209 ff.

[243] *Lohner*, S. 140.

Wollte man nun einen ungewissen Verdacht für ausreichend erachten, müsste man eine Maßnahme nach § 108 StPO im Bereich der Vorfeldermittlungen ansiedeln. Dafür spricht, dass gemäß § 108 Abs. 1 Satz 2 StPO der Staatsanwalt von der einstweiligen Beschlagnahme in Kenntnis zu setzen ist, damit er, falls der Gegenstand nicht schon für ein bereits anhängiges Verfahren in Betracht kommt, ein neues Ermittlungsverfahren einleiten kann. Vergleichbar mit Vorfeldermittlungen würde anhand des aufgefundenen Gegenstandes geprüft, ob sich daraus Anhaltspunkte für einen Anfangsverdacht ergeben.

Dagegen spricht allerdings, dass eine Beschlagnahme nach § 108 StPO ebenso in die Grundrechte des Betroffenen eingreift wie eine Beschlagnahme nach den §§ 94, 98 StPO. Beide Maßnahmen greifen in die Verfügungsbefugnis des Betroffenen als Ausfluss des Art. 2 Abs. 1 GG und in das Eigentumsrecht aus Art. 14 GG ein.[244] In Grundrechte darf aber nicht unterhalb der Schwelle des Anfangsverdachts eingegriffen werden. Folglich erlauben bloße Vermutungen und damit eine Verdachtsintensität unterhalb des Anfangsverdachts nicht die Beschlagnahme von Gegenständen nach § 108 StPO. Außerdem ist die einstweilige Beschlagnahme an eine Durchsuchung gekoppelt, so dass der gleiche Verdachtsgrad vorliegen muss, der erforderlich wäre, wenn die Durchsuchung in einem selbstständigen Ermittlungsverfahren ausschließlich wegen des zufällig aufgefundenen Beweismittels erfolgen würde, mithin ein Anfangsverdacht im Sinne des § 152 Abs. 2 StPO. Ein geringerer Verdachtsgrad kann auch nicht etwa deshalb ausreichen, "weil die Beamten ja schon mal da sind".[245]

2. Ermittlungen bei Kreditinstituten

Im Bereich des Steuerstrafrechts spielen Ermittlungen bei Kreditinstituten eine zentrale Rolle. Bei ihren Ermittlungen gegen Bankkunden wegen des Verdachts der Steuerhinterziehung und gegen Bankbedienstete wegen Beihilfe zur Steuerhinterziehung ist die Steuerfahndung in ein Wespennest gestoßen. Anlässlich der Durchsuchung zahlreicher Banken sind die Fahnder nicht nur auf CpD-Konten und bankeigene Konten gestoßen, über die die Banken, entgegen den bankrechtlichen Vorschriften, Gelder ins Ausland transferiert haben sollen. Sie haben darüber hinaus Unterlagen über Tafelgeschäfte[246] entdeckt, die den Verdacht nährten,

---

[244] *Roxin*, StPO, § 29 Rn. 3; *Benfer*, Grundrechtseingriffe, Kap. 5 Rn. 1, der aber nur einen Eingriff in Art. 2 Abs. 1 GG für gegeben erachtet, nicht aber einen Eingriff in Art. 14 GG, hierbei aber verkennt, dass Art. 14 GG nicht nur den Bestand, sondern auch die Nutzung des Eigentums schützt, vgl. *Pieroth/ Schlink*, Rn. 1007. Vgl. auch *Müller* in KMR, § 94 Rn. 11, *Ronsdorf*, Zufallsfunde, S. 65.

[245] *Joecks*, WM Sonderbeilage Nr. 1 1998, 26.

[246] Tafelpapiere sind Wertpapiere, die der Anleger zu Hause oder in einem Bankschließfach aufbewahrt. Es existiert weder ein Depot noch ein Konto dazu. Da die Bank die Erträge nicht gutschreibt, bleibt der Anleger anonym. Bei Tafelgeschäften händigt die Bank dem Käufer am Schal-

Kunden hätten diese Art des anonymen Kapitaltransfers zum Zwecke der Hinterziehung von Steuern genutzt. Die Steuerfahndung hat im Zuge der Durchsuchungen in einer Vielzahl von Fällen alle Unterlagen beschlagnahmt, die in irgendeiner Form auf einen Kapitaltransfer ins benachbarte Ausland, namentlich nach Luxemburg, hindeuteten. Art und Umfang dieser Durchsuchungs- und Beschlagnahmeaktionen verdeutlichen die Brisanz. So ist bei der Durchsuchung einer mittelgroßen Bank von einer Durchsuchungsdauer von rund 10 Tagen auszugehen. In vielen Fällen darf allerdings daran gezweifelt werden, ob überhaupt die gesetzlichen Voraussetzungen für eine Beschlagnahme der Kontounterlagen einzelner Bankkunden gegeben waren.

Der Eifer der Steuerfahnder ist mit den Grenzen, die den Finanzbehörden im Besteuerungsverfahren gesetzt sind, zu erklären. Das Besteuerungsverfahren verbindet eine Aufklärung von Amts wegen (§ 88 AO) mit der Mitwirkungspflicht des Steuerpflichtigen (§ 90 AO). Eine Überprüfung der von dem Steuerpflichtigen gemachten Angaben findet in der Regel nur dann statt, wenn im konkreten Fall Zweifel an der Richtigkeit der Angaben des konkreten Steuerpflichtigen bestehen. Die Befugnisse der Finanzbehörde im Besteuerungsverfahren ergeben sich aus den §§ 93 ff. AO. Die Finanzbehörde hat unter anderem die Möglichkeit, Auskünfte bei Kreditinstituten einzuholen, wenn sie im Rahmen einer Prognoseentscheidung und vorweggenommener Beweiswürdigung nach pflichtgemäßem Ermessen zu dem Ergebnis gelangt, dass die Auskünfte zur Aufdeckung steuererheblicher Tatsachen führen können.[247] Diese Befugnis aus § 93 Abs. 1 AO erlaubt der Finanzbehörde jedoch nicht, Ermittlungen "ins Blaue hinein" oder Rasterfahndungen vorzunehmen.[248]

Die Finanzbehörden interessieren sich im Rahmen der Durchsuchung von Banken in erster Linie für die Kapitaleinkünfte des Steuerpflichtigen. Während im Inland auf Kapitaleinkünfte eine Quellensteuer erhoben wird, unterbleibt in einigen ausländischen Staaten, wie insbesondere in Luxemburg, die Besteuerung von Kapitaleinkünften mittels Zinsabschlagsteuer. Die Finanzbehörden haben keine Möglichkeit, in diesen Staaten unbekannte Steuerfälle zu ermitteln, da derartige Ermittlungen von Rechtshilfeabkommen nicht erfasst werden. Es bleibt ihnen daher

---

ter die gewünschten Wertpapiere gegen Barzahlung aus. Umgekehrt zahlt die Bank dem Anleger die Zinserträge oder die Gewinnanteile bei Aktien gegen Vorlage des Wertpapiers bzw. der jeweiligen Zins- und Dividendenscheine sofort bar aus. Geld und Wertpapiere werden über den Tisch (= die Tafel) geschoben. Dies wird häufig neben der Anlage von Schwarzgeld auch zur Hinterziehung sonstiger Steuern missbraucht. Bei Schenkungen oder im Erbschaftsfall können Tafelpapiere unter Umgehung der Erbschafts- und Schenkungssteuer weitergegeben werden, vgl. *Carl/Klos*, wistra 1990, 41, 46.

[247] BGH DStR 1997, 961, 964.

[248] BFHE 149, 404, 406 = BFH BStBl. II 1987, 484, 485 = NJW 1988, 2502, 2503; BFHE 192, 44, 52 = BFH BStBl. II 2000, 643, 646 = NJW 2000, 3157, 3159.

nur, den Weg des Kapitaltransfers vom inländischen zum ausländischen Kreditinstitut nachzuzeichnen. Ein diesbezüglicher Zugriff auf das umfangreiche Datenmaterial wird allerdings durch § 30 a AO beschränkt. Die Instrumente des Besteuerungsverfahrens führen somit weithin ins Leere.

Die Mittel des Strafverfahrens reichen in dieser Situation weiter. Unter Zugrundelegung eines Anfangsverdachts der Steuerhinterziehung können die Finanzbehörden strafprozessuale Zwangsmaßnahmen, namentlich Durchsuchungen und Beschlagnahmen, anwenden, um Erkenntnisse zu erlangen, die auch zu steuerlichen Zwecken verwendet werden dürfen.[249] Anlässlich dieser Durchsuchungen besteht die Möglichkeit, insbesondere aufgrund des umfangreichen Datenmaterials, auf Zufallsfunde zu stoßen.[250] Soweit die Voraussetzungen des § 108 StPO erfüllt sind, können die Ermittlungsbeamten die Unterlagen einstweilen in Beschlag nehmen. Dazu muss nach hier vertretener Ansicht der Anfangsverdacht einer Steuerstraftat gegeben sein. Ob bzw. wann das beim Auffinden von CpD-Unterlagen oder Unterlagen über Tafelgeschäfte der Fall ist, soll nachfolgend untersucht werden.

a) Anfangsverdacht bei Buchung über CpD- oder bankeigene Konten

aa) Ausgangslage

Mitte der achtziger Jahre stießen die Finanzbehörden im Rahmen steuerstrafrechtlicher Ermittlungen darauf, dass betrieblich nicht erfasste Einnahmen entgegen den Vorschriften des Anwendungserlasses zu § 154 AO[251] auf CpD-Konten gebucht wurden.[252] Seitdem wecken CpD-Konten immer wieder die Aufmerksamkeit der Steuerfahndung. So ging die Steuerfahndung bei ihren Ermittlungen wegen des Verdachts der Beihilfe zur Steuerhinterziehung, begangen von Bankbediensteten, zunächst davon aus, dass Kapital über CpD-Konten ins Ausland transferiert wurde, um den Transfer zu anonymisieren.[253] Schon bald hat sich herausgestellt, dass bei den Buchungen CpD-Konten der betroffenen Banken überhaupt nicht angesprochen wurden.[254] Vielmehr haben zumindest im Fall der Dresdner

---

[249] BFHE 140, 509, 512 = BFH BStBl. 1984 II, S. 563, 564 f., danach ist die Staatsanwaltschaft (gemäß § 30 Abs. 2 Nr. 1 a und b, Abs. 4 Nr. 1 AO) berechtigt, Unterlagen oder Fotokopien an die zuständigen Finanzbehörden weiterzugeben. Erforscht die Steuerfahndung Steuerstraftaten (§ 208 Abs. 1 Satz 1 Nr. 1 AO), ist sie gleichzeitig auch zur Ermittlung der Besteuerungsgrundlagen dieses Falls berufen (§ 208 Abs. 1 Satz 1 Nr. 2 AO).
[250] *Joecks*, WM Sonderbeilage Nr. 1 1998, 5.
[251] Anwendungserlass zur AO vom 15.7.1998, BStBl. I, S. 630; geändert durch BMF-Schreiben vom 10.1.2003. BStBl. I, S. 17.
[252] Vgl. LG Düsseldorf wistra 1985, 201 f; *Kniffka*, wistra 1987, 309 ff.
[253] Vgl. die Durchsuchungsbeschlüsse im "Dresdner Bank"-Fall, AG 1994, 119.
[254] Instruktiv *Hamacher*, DB 1995, 2284, 2285; *Kaligin*, WM 1996, 2267.

Bank Kunden dieser Bank Gelder auf ein bei der Dresdner Bank geführtes Konto einer ihrer Tochtergesellschaften eingezahlt. Bei diesem Konto handelt es sich um ein normales Kundenkonto und nicht um ein bankinternes Konto, wie die Steuerfahndung annahm.[255] Die Ermittlungsorgane ließen dennoch nicht locker und begründeten ihre Ermittlungsmaßnahmen mit dem Verdacht der systematischen Beihilfe durch Schaffung eines der Anonymisierung von Kapitaltransfers dienenden Überweisungssystems. Fraglich ist daher, wann konkret CpD-Konten einen Anfangsverdacht der Steuerhinterziehung begründen und somit eine einstweilige Beschlagnahme der Unterlagen erlaubt ist.

Ausgangslage dafür, dass die Ermittlungsbeamten mit CpD-Konten konfrontiert werden, kann der Verdacht der Steuerhinterziehung gegen einen konkreten Bankkunden sein. Findet im Zuge dieser Ermittlungen eine Durchsuchung bei dessen Bank statt, dürfen nur die diesen Kunden betreffenden Unterlagen beschlagnahmt werden. Das schließt allerdings erfahrungsgemäß die Durchsicht von Unterlagen über CpD-Konten nicht aus.[256] Denn aus buchungstechnischen Gesichtspunkten ist die Durchsicht dieser Konten regelmäßig und unvermeidbar mit der Kenntnisnahme weiterer Buchungsvorgänge bisher unbekannter Kunden verbunden, da in den CpD-Konten Geschäftsvorfälle wahllos hintereinander enthalten sein können. Das bedeutet jedoch nicht, dass es den Ermittlungsbeamten erlaubt ist, die andere Personen betreffenden Unterlagen zu beschlagnahmen, um gegebenenfalls weitere Strafverfahren einzuleiten. Die Rechtsprechung lehnt überwiegend eine einstweilige Beschlagnahme dieser Unterlagen als Zufallsfund mit der Begründung ab, § 108 StPO enthalte keine Rechtsgrundlage, planmäßig und systematisch nach Belegen zu suchen, die in keinem Zusammenhang zu dem konkreten Strafverfahren stünden.[257]

Das gilt aber nur für die Fälle, in denen die Strafverfolgungsorgane die Unterlagen nicht "bei Gelegenheit" einer in einem anderen Strafverfahren vorgenommenen Durchsuchung auffinden, sondern diese systematisch und planmäßig auswerten, um weitere Strafverfahren einleiten zu können. Stoßen die Strafverfolgungsorgane hingegen auf andere steuerstrafrechtlich relevante Buchungsvorgänge, ohne gezielt danach gesucht zu haben, was aus den oben beschriebenen buchungstechnischen Gesichtspunkten durchaus der Fall sein kann, so handelt es sich bei

---

[255] *Hamacher*, DB 1995, 2284, 2285; vgl. auch die Beschwerdebegründung der Dresdner Bank, AG 1994, 119, 121.

[256] Vgl. LG Arnsberg ZIP 1984, 889, 890 f.

[257] LG Bonn NJW 1981, 292 ff.; LG Arnsberg ZIP 1984, 889 ff.; LG Baden-Baden wistra 1990, 118; LG Freiburg NStZ 1999, 582 f.; a. A. LG Düsseldorf wistra 1985, 201 f.

diesen Unterlagen um Zufallsfunde im Sinne des § 108 StPO.[258] Voraussetzung für eine einstweilige Beschlagnahme dieser Unterlagen ist ein Anfangsverdacht gemäß § 152 Abs. 2 StPO.

bb) Anfangsverdacht

Es kommt also entscheidend darauf an, wann in Fällen des Auffindens von CpD-Kontounterlagen der Anfangsverdacht einer Steuerhinterziehung begründet ist.

(1) Anfangsverdacht durch Kapitaltransfer ins Ausland

(a) Meinungsstand

Nach einer sehr weiten Auffassung begründet schon die Kapitalanlage im Ausland, vornehmlich in solchen Ländern, die bekanntlich über ein effizientes Bankgeheimnis verfügen[259], den Verdacht der Steuerhinterziehung.[260] Diese Ansicht stützt sich im wesentlichen auf die seit Inkrafttreten des Zinsabschlaggesetzes zum 1.1.1993[261] eingesetzte Kapitalflucht ins Ausland, die sich nur damit erklären lasse, dass Vermögenswerte und die daraus resultierenden Erträge der inländischen Besteuerung entzogen werden sollen.[262] Ein anderer sachlicher Grund für eine Kapitalanlage im Ausland, insbesondere in Luxemburg, sei nicht ersichtlich. Vielmehr haben sich die Bankkunden das luxemburgische Bankgeheimnis, das im Vergleich zu hiesigen Regelungen erheblich ausgeprägter ist, und die Tatsache, dass es in Luxemburg keine Zinsabschlagsteuer gibt, zu Nutze gemacht.[263] Im Kampf um Kundengelder hätten verschiedene Kreditinstitute sogar das Bankgeheimnis in Luxemburg ausdrücklich hervorgehoben und um eine Geldanlage bei deren luxemburgischen Tochtergesellschaften geworben.[264]

---

[258] So kommt es nach LG Arnsberg ZIP 1984, 889, 891 nicht mehr darauf an, ob bestimmte Eintragungen in den CpD-Konten den Verdacht nahelegen, dass Gelder der Besteuerung entzogen worden seien. Vgl. auch *Carl/Klos*, wistra 1990, 41, 47; *Kniffka*, wistra 1987, 309, 312.

[259] Hier ist insbesondere Luxemburg zu nennen, wo zahlreiche deutsche Großbanken über Tochtergesellschaften verfügen. Zum Bankgeheimnis in Luxemburg vgl. *Carl/Klos*, StB 1994, 135 ff.; *dies.*, DStZ 1991, 577 ff.

[260] OLG Frankfurt wistra 1996, 159, 160; *Bilsdorfer*, INF 1994, 383, 384.

[261] BGBl. I 1992, S. 1853. Eine Neuregelung der Zinsbesteuerung war aufgrund des sog. Zinsbesteuerungsurteils des BVerfG, BVerfGE 84, 239 ff., notwendig geworden, weil das BVerfG im Bereich der Zinsbesteuerung ein Vollzugsdefizit erkannt hatte. Dem ist der Gesetzgeber durch das Gesetz zur Neuregelung der Zinsbesteuerung vom 9.11.1992 nachgekommen und hat einen Zinsabschlag eingeführt, gleichzeitig aber den Sparerfreibetrag deutlich erhöht.

[262] OLG Frankfurt wistra 1996, 159, 160.

[263] OLG Frankfurt wistra 1996, 159, 160.

[264] Vgl. dazu *Streck*, DStR 1993, 342, 344; *Bilsdorfer*, INF 1994, 383, 384.

Die Vertreter dieser weiten Ansicht stützen den Anfangsverdacht ferner auf die Erfahrungen aus vorangegangenen Ermittlungen gegen Kreditinstitute, bei denen festgestellt wurde, dass interne Konten sowie CpD-Konten dazu genutzt wurden, um unversteuerte Kundengelder an Tochtergesellschaften nach Luxemburg zu transferieren. Die Gesamtumstände rechtfertigten daher in diesen Fällen die Annahme eines Anfangsverdachts der Steuerhinterziehung.[265]

(b) Stellungnahme

Dieses sehr weite Verständnis vom Anfangsverdacht wird den, wenn auch vagen, definitorischen Vorgaben nicht gerecht. Ein Anfangsverdacht setzt zureichende tatsächliche Anhaltspunkte voraus, die es im konkreten Fall nach kriminalistischen Erfahrungen als möglich erscheinen lassen müssen, dass eine Steuerstraftat begangen wurde.[266] Die von den Vertretern der oben dargestellten Auffassung angeführten Argumente der massiven Kapitalflucht zur Ausnutzung des luxemburgischen Bankgeheimnisses und die allgemeinen Erkenntnisse aus anderen Verfahren lassen zwar vermuten, dass die betreffenden Bankkunden ihre im Ausland erzielten Erträge in Deutschland nicht versteuern. Bloße Vermutungen reichen aber gerade nicht, um den Anfangsverdacht einer Steuerhinterziehung zu begründen.[267] Die Vertreter dieser Auffassung leiten den Anfangsverdacht ausschließlich aus Vermutungen und kriminalistischen Erfahrungen her, hingegen nicht aus tatsächlichen Anhaltspunkten, die den konkreten Fall betreffen.

Gegen die Ansicht, der bloße Kapitaltransfer ins Ausland begründe den Anfangsverdacht der Steuerhinterziehung, spricht noch ein viel gewichtigeres Argument, nämlich der Verstoß gegen EG-Recht. Art. 56 EGV[268] gewährleistet das Recht des freien Kapital- und Zahlungsverkehrs und stellt damit eine der Grundfreiheiten des Vertrages zur Gründung der Europäischen Gemeinschaft dar. Nach dem Willen des EG-Gesetzgebers soll das Kapital im Binnenmarkt ohne Beschränkungen fließen können.[269] Die extensiven Ermittlungsmaßnahmen bei deutschen Banken sind als freiheitsbeschränkende Maßnahmen zu werten.[270] Denn das Recht des freien Kapital- und Zahlungsverkehrs wird nicht etwa nur durch das Verbot oder durch die Kontrolle des Devisentransfers beschränkt, sondern auch durch besondere Genehmigungs- oder Formvorschriften.[271] Letzteren stehen Maßnahmen mit gleicher Wirkung gleich. Gemäß der "Dassonville-Formel" ist jede Maßnahme

---

[265] Bilsdorfer, INF 1994, 383, 384.
[266] Zum Begriff des Anfangsverdachts siehe oben 1. Teil D I 1 a aa.
[267] Vgl. *Meyer-Goßner*, § 152 Rn. 4.
[268] Früher Art. 73 b EGV.
[269] Vgl. *Ditges/Graß*, BB 1998, 1390, 1393.
[270] *Ress/Ukrow*, S. 35; *Hamacher*, DB 1995, 2284, 2288.
[271] *Weber* in Lenz, Art. 73 b Rn. 10.

untersagt, die geeignet ist, den freien Kapital- oder Zahlungsverkehr unmittelbar oder mittelbar, tatsächlich oder potenziell zu behindern.[272] Die Durchsuchungen von Kreditinstituten zielten im wesentlichen[273] auf die Überprüfung des Kapitaltransfers von Deutschland nach Luxemburg oder umgekehrt ab. Die Auswertung der dabei beschlagnahmten Unterlagen führte neben der Einleitung weiterer Ermittlungsverfahren gegen Bankkunden und -mitarbeiter auch zu Kontrollmitteilungen an die zuständigen Finanzämter. Das hatte zur Folge, dass nahezu jeder Kunde, der durch seine Bank Kapital nach Luxemburg oder von dort nach Deutschland hatte transferieren lassen, unerheblich, ob verschleiert oder unter namentlicher Angabe, Nachricht von seinem Finanzamt erhalten hat.

Derartige Maßnahmen sind EG-rechtswidrig.[274] Sie verstoßen gegen die in Art. 56 EGV normierten Freiheiten des Kapital- und Zahlungsverkehrs zwischen den Mitgliedstaaten sowie zwischen den Mitgliedstaaten und dritten Ländern als eine der vier Grundfreiheiten des Vertrages zur Gründung der Europäischen Gemeinschaft. Diese Meinung hat sich nunmehr auch in Deutschland durchgesetzt.[275] Danach gehört der Kapitaltransfer in einen anderen Staat zu den banküblichen Auslandsgeschäften. Daraus den Verdacht einer Steuerhinterziehung herzuleiten würde aber eine willkürliche Diskriminierung gegenüber dem inländischen Kapital- und Zahlungsverkehr oder zumindest eine verschleierte Beschränkung des freien Kapital- und Zahlungsverkehrs im Sinne des Art. 58 Abs. 3 EG darstellen.[276]

Allein aus dem Kapitaltransfer ins Ausland ergibt sich somit kein Anfangsverdacht der Steuerhinterziehung.

(2) Anfangsverdacht durch unzulässige Buchung über CpD-Konten

Fraglich ist jedoch, ob ein Anfangsverdacht vorliegt, wenn Kapital in unzulässiger Weise über CpD-Konten gebucht wird. Nach § 154 Abs. 2 AO i. V. m. dem Anwendungserlass der obersten Finanzbehörden des Bundes und der Länder zur AO vom 15.7.1998[277] ist die Abwicklung von Geschäftsvorfällen über CpD-Konten

---

[272] EuGH, Rs. 8/74 Dassonville, Slg. 1974, 837, 847.
[273] Die Strafverfolgungsbehörden haben daneben auch Transfers von türkisch- und griechischstämmigen Bankkunden in ihre jeweilige Heimat ins Visier genommen, vgl. HAZ v. 24.09.2001.
[274] BFHE 194, 26, 36 = BFH BStBl. II 2001, 306, 307 = DStR 2001, 350, 354; vgl. ausführlich *Ditges/Graß*, BB 1998, 1390 ff.
[275] BFHE 194, 26, 36 = BFH BStBl. II 2001, 306, 307 = DStR 2001, 350, 354; vgl. ausführlich *Ress/Ukrow*, passim.; *Ditges/Graß*, BB 1998, 1390 ff.; *Hamacher*, DB 1995, 2284 ff.
[276] BFHE 194, 26, 36 = BFH BStBl. II 2001, 306, 307 = DStR 2001, 350, 354.
[277] Siehe Fn. 251.

verboten, wenn der Name des Beteiligten bekannt ist und für ihn bereits ein entsprechendes Konto geführt wird.[278]

Das LG Düsseldorf[279] und *Pütz*[280] leiten bereits aus dem Verstoß gegen das Verbot der Kontenwahrheit und gegen bankrechtliche Vorschriften bei der Buchung einer Barauszahlung betrieblich vereinnahmter Schecks eines Kunden einen Anfangsverdacht der Steuerhinterziehung her. Sobald der Betroffene bei der Bank bekannt sei und dort ein geeignetes Konto habe, bestehe auch aus buchungstechnischen Gesichtspunkten kein Anlass, Buchungen über ein CpD-Konto durchzuführen. Würden in einem solchen Fall dennoch derartige Buchungen getätigt, bestehe der Verdacht, dass dadurch beispielsweise Geschäftsumsätze nicht in voller Höhe deklariert werden sollen. Da aufgrund der Buchung über ein CpD-Konto die betreffenden Umsätze nicht auf dem betrieblichen Girokonto erfasst seien, liege es nahe, dass dies auch auf die Buchführung und die Steuererklärung durchschlage.[281] Nach dieser Ansicht läge somit ein Anfangsverdacht vor, sodass die entsprechenden Unterlagen gemäß § 108 StPO beschlagnahmt werden dürften.[282]

Dagegen ist einzuwenden, dass die Fälle, in denen es bei der Barauszahlung betrieblich vereinnahmter Schecks zu einer Buchung über CpD-Konten kommt, eng begrenzt sind. In Betracht zu ziehen sind ausschließlich Fallgestaltungen, in denen ein Scheck nicht bei der bezogenen Bank zur Einlösung vorgelegt wird.[283] Soweit der Einreicher Kunde des Kreditinstituts ist und er dort ein "entsprechendes Konto" hat, muss die Gutschrift des Scheckgegenwerts auf diesem Konto erfolgen.[284] Lediglich wenn das vorhandene Konto ungeeignet wäre, weil es sich z. B. um ein

---

[278] vgl. dazu *Carl/Klos*, wistra 1990, 41, 46; *Kniffka*, wistra 1987, 309, 310; *Trzaskalik* in Hübschmann/Hepp/Spitaler, § 154 Rn. 21; *Brandis* in Tipke/Kruse, § 154 Rn. 7.

[279] LG Düsseldorf wistra 1985, 201, 202.

[280] *Pütz*, ZIP 1990, 703, 704.

[281] LG Düsseldorf wistra 1985, 201, 202.

[282] Zu Unrecht hält diese Ansicht in Verkennung des Anwendungsbereichs des § 108 StPO den Rückgriff auf die Beschlagnahme als Zufallsfund für entbehrlich. Denn fördere die wegen Beihilfeverdacht der Steuerhinterziehung gegen Bankangestellte vorgenommene Durchsicht von CpD-Konten neue Erkenntnisse gegen bisher unbeteiligte Kunden zu Tage, bedürfe es zu der Beschlagnahme der Unterlagen nicht eines Rückgriffs auf § 108 StPO. Die Einbeziehung weiterer Kunden sei vielmehr das Ergebnis der konsequenten Weiterverfolgung des ursprünglichen durch die Erhebungen bei der betroffenen Bank erhärteten Beihilfeverdachts gegen deren Mitarbeiter. Diese Auffassung vermag nicht zu überzeugen, da die Durchsuchung in unzulässiger Weise ausgeweitet würde.

[283] Vgl. *Stützle*, ZIP 1990, 1316, 1317, der hinsichtlich der Barauszahlung von Schecks Konstellationen aufführt, bei denen es überhaupt nicht zu einer Verbuchung über CpD-Konten kommt wie beispielsweise die Einlösung eines Verrechnungsschecks.

[284] *Stützle*, ZIP 1990, 1316, 1317.

für den laufenden Geschäftsverkehr nicht zur Verfügung stehendes Sparbuch handelt, dürfte über ein CpD-Konto abgewickelt werden.[285]

Sodann ist danach zu differenzieren, ob sich der Verdacht gegen den Bankkunden oder gegen den Beihilfe leistenden Bankmitarbeiter richtet. Im ersten Fall begründet allein der Verstoß gegen das Gebot der Kontenwahrheit (§ 154 AO) und gegen bankrechtliche Vorschriften noch keinen Anfangsverdacht der Steuerhinterziehung. Nach § 370 Abs. 4 Satz 1 AO sind Steuern namentlich dann verkürzt, wenn sie nicht rechtzeitig oder nicht in voller Höhe festgesetzt werden. Zwar mag die bankrechtlich unzulässige Abwicklung über ein CpD-Konto ein gewichtiges Indiz für eine mögliche Steuerhinterziehung sein. Sie stellt aber keinen „zureichenden tatsächlichen Anhaltspunkt" dar; es handelt sich eher um eine bloße Vermutung.[286] Schließlich können Geschäftsvorfälle, die über ein CpD-Konto gebucht wurden, oder Barauszahlungen ordnungsgemäß versteuert worden sein.[287] Es gibt daher keine gesicherte Erkenntnis, dass die Barauszahlung von betrieblichen Schecks zur Steuerhinterziehung genutzt wird.[288] Ohne Prüfung der Steuerakten des Betroffenen werden daher regelmäßig keine Anhaltspunkte für den Anfangsverdacht einer Steuerhinterziehung gegeben sein.[289] Im zweiten Fall muss sich der Anfangsverdacht sowohl auf die Haupttat der Steuerhinterziehung als auch auf die Beihilfehandlung erstrecken.[290] Konkrete Anhaltspunkte für letztere können darin gesehen werden, dass z. B. der Bankangestellte dem Kunden Ratschläge gibt, welche Möglichkeiten es zur Steuerverkürzung gebe, oder dass er bei der Abwicklung von Bankgeschäften Formvorschriften wie beispielsweise § 154 AO oder den Anwendungserlass zur Abwicklung von Geschäftsvorfällen über CpD-Konten missachtet.[291]

Festzuhalten ist also, dass sich ein Anfangsverdacht der Steuerhinterziehung oder der Beihilfe dazu aus der unzulässigen Buchung über CpD-Konten nicht ergibt. Es ist vielmehr erst ein Blick in die Steuerakten des Betroffenen erforderlich, um feststellen zu können, ob die über CpD-Konten gebuchten Beträge ordnungsgemäß versteuert worden sind. Dies gilt aufgrund der Akzessorietät der Teilnahmehandlung auch für den Anfangsverdacht der Beihilfe zur Steuerhinterziehung. Da kaum anzunehmen ist, dass die Ermittlungsbeamten, die wegen einer anderen Straftat durchsuchen, bereits über Kenntnisse aus den Steuerakten der betroffenen

---

[285] Zu den Einzelheiten *Schebesta*, WM 1985, 1329, 1334.
[286] LG Köln StV 1983, 56; LG Baden-Baden wistra 1990, 118, 119.
[287] *Weyand*, wistra 1990, 294, 295.
[288] Vgl. *Stützle*, ZIP 1990, 1316, 1318.
[289] *Carl/Klos*, wistra 1990, 41, 47; *Kniffka*, wistra 1987, 309.
[290] *Kniffka*, wistra 1987, 309.
[291] *Kniffka*, wistra 1987, 309, 310; *Stützle*, ZIP 1990, 1316, 1318. Im Einzelnen ist jedoch umstritten, wann eine strafbare Beihilfehandlung vorliegt. Vgl. dazu AG Münster PStR 2001, 25; *Harzer/Vogt*, StrafFO 2000, 39 ff.; *Kaligin*, WM 1996, 2267, 2268 ff.; *Pütz*, ZIP 1990, 703, 704 f.

Bankkunden verfügen und zudem die Zuordnung von Buchungen über CpD-Konten zu bestimmten Bankkunden erst nach mühevoller Kleinarbeit möglich ist, ist ein Anfangsverdacht durch das Auffinden von CpD-Kontounterlagen grundsätzlich nicht gegeben.

b) Anfangsverdacht bei Tafelgeschäften

Fraglich ist, wann ein Anfangsverdacht beim Auffinden von Unterlagen über Tafelgeschäfte vorliegt. Nach nunmehr gefestigter Rechtsprechung begründet die bloße Inhaberschaft von Tafelpapieren verbunden mit der Einlieferung in ein Sammeldepot für sich allein noch keinen Anfangsverdacht einer Steuerstraftat.[292] Insbesondere wenn das Depotkonto legitimationsgeprüft ist, bestehen zunächst keine Verdachtsmomente.[293] Im Gegensatz zu Buchungen von Geldern über CpD-Konten, die schon bankrechtlich nur in begrenztem Umfang zulässig sind, handelt es sich beim Erwerb von Tafelpapieren und die Einlieferung in die Sammeldepotverwahrung um legale und übliche Geschäfte.[294] Denn Tafelpapiere gehören zu den normalen und nicht zu beanstandenden Dienstleistungen des Kreditgewerbes.[295] Selbst der Erwerb von Tafelpapieren ohne Legitimationsprüfung ist für sich mangels gesetzlichen Verbots oder bankrechtlicher Unzulässigkeit nicht geeignet, einen Anfangsverdacht der Steuerhinterziehung zu begründen.[296] Auch so genannte Geldverkehrsrechnungen sind für sich nicht geeignet, einen Anfangsverdacht zu begründen.[297] Vielmehr müssen auch hier weitere Anhaltspunkte hinzukommen, die eine Steuerverkürzung naheliegend erscheinen lassen. Diese Anhaltspunkte müssen bereits vorliegen, dürfen sich also nicht erst aufgrund weiterer Ermittlungen ergeben. Verdachtsbegründende Anhaltspunkte können beispielsweise darin liegen, dass gesicherte Erkenntnisse vorliegen, dass Tafelpapiere bei einem ausländischen Kreditinstitut zinsabschlagssteuerfrei eingelöst wurden.[298] Ein Anfangsverdacht liegt überdies dann vor, wenn Hinweise auf eine gezielte Anonymisierung vorliegen.[299] Da Tafelgeschäfte an sich schon begrifflich anonym sind, geht die Rechtsprechung dann von einer verdachtsbegründenden Anonymisierung aus, wenn die Tafelgeschäfte nicht über bei der beteiligten Bank ge-

---

[292] BVerfG NStZ 2002, 371; BFHE 192, 44, 55 = BFH BStBl. II 2000, 643, 648 = NJW 2000, 3157, 3160; BFHE 195, 40, 46 = BFH BStBl. II 2001, 624, 627 = NJW 2001, 2997, 2998.
[293] BFHE 192, 44, 55 = BFH BStBl. II 2000, 643, 648 = NJW 2000, 3157, 3160.
[294] BFHE 192, 44, 55 = BFH BStBl. II 2000, 643, 648 = NJW 2000, 3157, 3160.
[295] *Stützle*, ZIP 1990, 1316, 1318.
[296] *Deimel/Messner*, Rn. 12; *Deimel*, EWiR 1999, 295, 296.
[297] LG Freiburg StV 2001, 266; dazu *Krekeler*, PStR 2001, 164 f.
[298] LG Waldshut wistra 2000, 354 f.; LG Freiburg wistra 2000, 356; vgl. dazu *Leißing*, PStR 2001, 23.
[299] Vgl. LG Detmold wistra 1999, 434, 435, das aber zu unrecht auch einen Anfangsverdacht bei Verwendung des Namens bejaht mit der Begründung, dass der Zusammenhang zwischen dem Erwerb der Tafelpapiere und der Einführung der Zinsabschlagsteuer offensichtlich sei.

führte Konten oder Depots getätigt werden, sondern durch Barabhebungen und Bareinzahlungen von und auf diese Konten.[300] Denn wer Konten und Depots bei einem Kreditinstitut führt, seine Wertpapiergeschäfte aber gleichwohl durch Bareinzahlungen und Barabhebungen tätigt, so dass sie anhand der über diese Konten und Depots geführten Unterlagen nicht als Wertpapiergeschäfte ersichtlich sind, müsse sich nicht nur die Frage gefallen lassen, warum er dies tut, sondern müsse auch den Anfangsverdacht ertragen, er hätte mit dieser Art der Geschäftsabwicklung möglicherweise die Weiche für eine nachfolgende Steuerverkürzung oder Steuerhinterziehung stellen wollen.[301]

Finden die Ermittlungsbeamten also anlässlich einer Durchsuchung eines Kreditinstitutes wegen einer anderen Tat Unterlagen über Tafelgeschäfte, aus denen sich Anhaltspunkte dafür ergeben, dass die Tafelgeschäfte in der aufgezeigten Form anonym abgewickelt worden sind, können sie diese Unterlagen als Zufallsfund vorläufig beschlagnahmen.

IV. Andere Straftat

Eine Beschlagnahme nach § 108 StPO setzt weiter voraus, dass die aufgefundenen Gegenstände auf eine andere Straftat hindeuten.[302] Mit einer anderen Straftat meint § 108 StPO eine solche, die nicht Gegenstand der stattfindenden Durchsuchung ist.[303] Die Abgrenzung erfolgt anhand des prozessualen Tatbegriffs.[304] Es muss daher eine andere selbstständige prozessuale Tat vorliegen. Nur dann ist eine Beschlagnahme nach §108 StPO zulässig. Unerheblich ist dabei, ob die Tat noch unbekannt oder bereits Gegenstand eines anderen Ermittlungsverfahrens ist.[305]

1. Bedeutung des Tatbegriffs für § 108 StPO

Bedeutung erlangt der Tatbegriff im Zusammenhang mit dem zufälligen Auffinden von Beweisgegenständen vor allem dann, wenn es um die Abgrenzung zwischen der Tat, wegen der durchsucht wird, und einer vermeintlich anderen Tat geht, auf die die Beweisgegenstände hindeuten, und die daher vorläufig beschlag-

---

[300] BFHE 195, 40, 46 f. = BFH BStBl. II 2001, 624, 627 = NJW 2001, 2997, 2999; LG Itzehoe wistra 1999, 432, 433.

[301] BFHE 195, 40, 46 f. = BFH BStBl. II 2001, 624, 627 = NJW 2001, 2997, 2999.

[302] Ausgeklammert werden damit (Steuer-) Ordnungswidrigkeiten, vgl. *Benfer*, Haussuchung, S. 258 Fn. 84.

[303] *Amelung* in Alternativ Kommentar/StPO, § 108 Rn. 6; *Schäfer* in Löwe-Rosenberg, § 108 Rn. 8; *Müller* in KMR, § 108 Rn. 4; *Rudolphi* in Systematischer Kommentar/StPO, § 108 Rn. 4.

[304] *Rüping*, FR 2000, 193; *Ronsdorf*, S. 95.

[305] *Amelung* in Alternativ Kommentar/StPO, § 108 Rn. 6; *Müller* in KMR, § 108 Rn. 4; *Schäfer* in Löwe-Rosenberg, § 108 Rn. 8.

nahmt werden sollen. Eine Beschlagnahme nach § 108 StPO darf dann nicht erfolgen, wenn sich herausstellt, dass es sich nicht um mehrere unterschiedliche Taten im prozessualen Sinne handelt. § 108 StPO erfasst nämlich nicht die Fälle, in denen zufällig vom Durchsuchungsbeschluss nicht erfasste Gegenstände gefunden werden, die als Beweismittel für das Verfahren von Bedeutung sind, in dem die Durchsuchung stattfindet. Hier finden ausschließlich die §§ 94, 98 StPO Anwendung.[306] Die Staatsanwaltschaft und ihre Hilfsbeamten haben in diesen Fällen nur die Befugnis zur Beschlagnahme wegen Gefahr im Verzug nach den §§ 94, 98 Abs. 1 Satz 1 2. Alt. StPO, soweit die erforderlichen Voraussetzungen gegeben sind[307], oder sie müssen während der Durchsuchung eine ergänzende richterliche Beschlagnahmeanordnung einholen.

In der Praxis hat das zweierlei Folgen: Während zum einen bei einer Beschlagnahme nach § 108 StPO die Zuständigkeitsregeln des § 98 Abs. 1 Satz 1 StPO nicht gelten, die Beschlagnahmeanordnung somit auch durch einen Polizisten, der nicht Hilfsbeamter im Sinne des § 152 Abs. 1 GVG ist[308], ergehen kann, ist bei einer Beschlagnahme nach § 94 StPO gemäß § 98 Abs. 1 Satz 1 1. Alt. StPO primär der Richter zuständig. Liegt Gefahr im Verzug vor, dürfen auch die Staatsanwaltschaft und ihre Hilfsbeamten die Beschlagnahme anordnen. Eine Beschlagnahme nach § 108 StPO kann indes ohne Vorliegen von Gefahr im Verzug erfolgen.[309] Umso mehr kommt es bei der Frage, welche Art der Beschlagnahme - §§ 94, 98 Abs. 1 StPO oder § 108 StPO - zulässig ist, auf das Vorliegen unterschiedlicher Taten und somit auf die Ausgestaltung der prozessualen Tat an. Denn unter den engen Voraussetzungen, nach denen Gefahr im Verzug gegeben ist, wird bei einer prozessualen Tat regelmäßig nur die Einholung einer richterlichen Beschlagnahmeanordnung verbleiben.

Neben der Art der Beschlagnahme hat der Umfang der prozessualen Tat auch Auswirkungen auf Verfahrenshindernisse.[310] Steht nämlich fest, dass Ermittlun-

---

306 *Amelung* in Alternativ Kommentar/StPO, § 108 Rn. 10; *Nack* in Karlsruher Kommentar, § 108 Rn. 7; *Rudolphi* in Systematischer Kommentar/StPO, § 108 Rn. 2; *Schäfer* in Löwe-Rosenberg, § 108 Rn. 7.

307 Siehe dazu oben unter 1. Teil D I 2 b.

308 Zu den Hilfsbeamten bei der Polizei zählen nach im Wesentlichen übereinstimmenden Verordnungen der Länder in der Regel das Eingangsamt des mittleren Dienstes (Polizei- bzw. Kriminalhauptwachtmeister) bis zum ersten Beförderungsamt des gehobenen Dienstes (Erster Polizei- bzw. Kriminalhauptkommissar), vgl. für Niedersachsen VO vom 02.10.1997 (GVBl. S. 423, ber. 1998 S. 485). Im Steuerstrafverfahren sind die Behörden der Zoll- und Steuerfahndung kraft Gesetzes Hilfsbeamte (§§ 404, 399 Abs. 2 Satz 2 AO).

309 Vgl. zur Klarstellung BGHSt 19, 374, 376.

310 Verfahrens (Prozeß-) -hindernisse sind Umstände, die es ausschließen, dass von einem bestimmten Zeitpunkt an über einen bestimmten Prozeßgegenstand mit bestimmten Prozeßbeteiligten mit dem Ziel einer Sachentscheidung verhandelt werden darf, *Rieß* in Löwe-Rosenberg, § 206

gen wegen der neuen Straftat nicht zulässig sind, weil sie nicht verfolgt werden darf, so ist auch die vorläufige Beschlagnahme unzulässig.[311] Hierbei ist jedoch zwischen behebbaren (z. B. das Fehlen eines wirksamen Strafantrages) und nicht behebbaren Verfahrenshindernissen (z. B. Eintritt der Verfolgungsverjährung, Verbrauch der Strafklage - Grundsatz Ne bis in idem -) zu unterscheiden.[312] Lediglich nicht behebbare Verfahrenshindernisse stehen der Aufnahme von Ermittlungen entgegen und hindern die vorläufige Beschlagnahme.[313] Handelt es sich hingegen um dieselbe Tat, wegen der durchsucht wird, kann die Verfolgungsverjährung bereits unterbrochen sein (§ 78 c StGB)[314] oder die Strafklage für diese Tat ist noch nicht verbraucht.

Im Bereich des Steuerstrafverfahrens ist die Frage, ob eine andere Straftat vorliegt, ebenfalls von erheblicher Relevanz und hat über die o. g. Folgen hinaus weitere Auswirkungen unter anderem auf die Verfolgungskompetenz der Finanzbehörden (§ 386 AO), die Verjährung der Tat (verjährungsunterbrechende Wirkung von Durchsuchungsbeschlüssen sowie Einleitung und Bekanntgabe des Strafverfahrens), das Auskunftsverweigerungsrecht (§ 393 AO) und das Selbstanzeigerecht (§ 371 AO).

a) Auswirkungen auf die Verfolgungskompetenz der Finanzbehörden

Bereits zu Beginn dieser Arbeit[315] wurde auf die Ermittlungskompetenz der Finanzbehörde als steuerstrafrechtliche Sondervorschrift hingewiesen. Danach gilt, dass gemäß § 386 Abs. 1 AO grundsätzlich die Finanzbehörde beim Verdacht einer Steuerstraftat den Sachverhalt ermittelt. Zu den Steuerstraftaten zählen neben den in § 369 Abs. 1 Nr. 2 - 4 AO aufgeführten Vergehen nach der Legaldefinition des § 369 Abs. 1 Nr. 1 AO "Taten, die nach den Steuergesetzen strafbar sind". Sofern die Voraussetzungen des § 386 Abs. 2 AO vorliegen, führt die Finanzbehörde die Ermittlungen selbstständig. Ihr stehen in diesem Fall gemäß § 399 Abs. 1 AO die Befugnisse der Staatsanwaltschaft im Ermittlungsverfahren zu. Liegen die Voraussetzungen des § 386 Abs. 2 AO nicht vor, ermittelt die Fi-

---

a Rn. 22 ff. Sie müssen so schwer wiegen, dass von ihrem Vorhanden- oder Nichtvorhandensein die Zulässigkeit des gesamten Verfahrens abhängig gemacht werden muss, BGHSt 32, 345, 350; 36, 294, 295.

[311] *Amelung* in Alternativ Kommentar/StPO, § 108 Rn. 6.

[312] *Amelung* in Alternativ Kommentar/StPO, § 108 Rn. 6; *Müller* in KMR, § 108 Rn. 4; zu § 94 *Meyer-Goßner*, § 94 Rn. 7.

[313] Zu § 94: *Nack* in Karlsruher Kommentar, § 94 Rn. 10; *Rudolphi* in Systematischer Kommentar/StPO, § 94 Rn. 10.

[314] Zur Unterbrechung der Verfolgungsverjährung im Steuerstrafverfahren durch einen Durchsuchungsbeschluß vgl. BGH wistra, 2000, 219, 221 f.

[315] Siehe oben unter 1. Teil C I.

nanzbehörde gem. §§ 386 Abs. 1, 402 AO unselbstständig als Hilfsorgan der das Verfahren führenden Staatsanwaltschaft.

Obgleich es sich hierbei lediglich um Kompetenzverteilungen handelt, sind die Auswirkungen erheblich. Zeugen und Sachverständige sind zum Erscheinen und zur Aussage vor der Finanzbehörde verpflichtet (§ 161 a StPO), und die Finanzbehörde kann Personen zwangsweise vorführen lassen (§§ 161 a Abs. 2, 55 Abs. 1 StPO). Daneben kann die Finanzbehörde richterliche Anordnungen wie z. B. Durchsuchungs- und Beschlagnahmebeschlüsse beantragen. Auch nach Abschluss der Ermittlungen steht der Finanzbehörde ein umfangreicher Kompetenzkatalog zur Seite. Sie darf Strafbefehle (§ 400 AO) oder Nebenfolgen wie Verfall oder Einziehung (§ 401 AO) beantragen. Weiterhin kann sie das Verfahren nach § 170 Abs. 2 StPO oder wegen Geringfügigkeit gemäß §§ 153, 153 a StPO, 398 AO einstellen.

Der Finanzbehörde steht die Befugnis, das Ermittlungsverfahren selbstständig zu führen, dann zu, wenn die Tat ausschließlich eine Steuerstraftat darstellt (§ 386 Abs. 2 Nr. 1 AO), die Steuerstraftat in Zusammenhang mit einem sog. Abgabenbetrug[316] steht (§ 386 Abs. 2 Nr. 2 AO)[317] oder eine Tat vorliegt, die wie eine Steuerstraftat zu behandeln ist.[318] Ob die Tat eine Steuerstraftat darstellt, bestimmt sich nach dem prozessualen Tatbegriff.[319] Für den Fall, dass die selbstständig wegen einer Steuerstraftat ermittelnde Finanzbehörde anlässlich einer Durchsuchung auf einen Zufallsfund stößt, der auf eine Nicht-Steuerstraftat hindeutet, hängt die Zuständigkeit der Finanzbehörde für das weitere Verfahren davon ab, ob die Nicht-Steuerstraftat mit der Steuerstraftat eine prozessuale Tat bildet oder ob mehrere Taten vorliegen.[320]

---

[316] Hierbei handelt es sich um die Verletzung von Kirchensteuern oder anderen öffentlichrechtlichen Abgaben, wie etwa Beiträge zur Industrie- und Handelskammer (vgl. § 3 Abs. 3 i. V. m. § 4 Nr. 4 IHKG) oder Handwerkskammern (§§ 106 Abs. 1 Nr. 4, 113 HandwO), die an Besteuerungsgrundlagen, Steuermessbeträge oder Steuerbeträge anknüpfen. Zur Ermittlungskompetenz bei der Hinterziehung von Kirchensteuern und damit zusammenhängenden Rechtsproblemen vgl. *Rüping* in Hübschmann/Hepp/Spitaler, § 386 Rn. 19 ff. sowie *Kohlmann*, § 386 Rn. 16.

[317] Die Finanzbehörde ist hier auch zur Untersuchung der bezeichneten Nicht-Steuerstraftat befugt, wenn diese mit einer Steuerstraftat zu einer Tat im prozessualen Sinne verbunden ist, *Joecks* in Franzen/Gast/Joecks, § 386 Rn. 20 f.; jetzt auch *Kohlmann*, § 386 Rn. 15; *Rüping* in Hübschmann/Hepp/Spitaler, § 386 Rn. 18; a. A. allerdings *Kretzschmar*, DStR 1983, 641, 643 f., der hier den materiell-rechtlichen Tatbegriff angewendet wissen will.

[318] Sog. gleichgestellte Straftaten wie etwa Subventionsbetrug (§ 264 StGB) in Bezug auf betriebliche Investitionszulagen (§ 20 BerlinFG, § 5 a InvZulG) oder Betrug (§ 263 StGB) im Hinblick auf die Eigenheimzulage (§ 15 Abs. 2 EigZulG), weitere Beispiele bei *Kohlmann*, § 386 Rn. 18.

[319] *Gast-de Haan* in Klein, § 386 Anm. 3; *Joecks* in Franzen/Gast/Joecks, § 386 Rn. 13; *Kohlmann*, § 386 Rn. 14; *Rüping* in Hübschmann/Hepp/Spitaler, § 386 Rn. 17; *Scheuermann-Kettner* in Koch/Scholtz, § 386 Rn. 13, 20; *Gramich*, wistra 1988, 251.

[320] Zu den Einzelheiten siehe unten 1. Teil G I.

b) *Auswirkungen auf die Verjährung bzw. auf verjährungsunterbrechende Maßnahmen*

Insbesondere für die Verjährung spielt der Tatbegriff eine entscheidende Rolle und zwar sowohl für die Frage, inwieweit die "andere Tat" bereits verjährt ist - dann nämlich hätte eine einstweilige Beschlagnahme zu unterbleiben -, als auch für die in der Praxis bedeutsamere Frage, was von einer die Verjährung unterbrechenden Maßnahme (vgl. § 78 c StGB) erfasst wird.

c) *Auswirkungen auf den Ausschluss einer strafbefreienden Selbstanzeige*

Nicht weniger bedeutsam ist der Tatbegriff für die strafbefreiende Selbstanzeige, die bei Erscheinen des Amtsträgers zur Ermittlung einer Steuerstraftat (§ 371 Abs. 2 Nr. 1 a AO), bei bekanntgegebener Eröffnung eines Ermittlungsverfahrens wegen der Tat (§ 371 Abs. 2 Nr. 1 b AO), aber auch bei bekannter Tatentdeckung (§ 371 Abs. 2 Nr. 2 AO) ausgeschlossen ist. In all diesen Fällen stellt sich die Frage, ob und inwieweit der prozessuale Tatbegriff des § 264 StPO Anwendung findet.[321] Denn je weiter der Tatbegriff gefasst ist, umso größer ist auch der Umfang der Sperrwirkung mit der Folge, dass der Betroffene keine strafbefreiende Selbstanzeige mehr erstatten kann.

d) *Auswirkungen auf das Auskunftsverweigerungsrecht*

§ 393 Abs. 1 Satz 2 AO schützt den Steuerpflichtigen vor der Gefahr, sich aufgrund seiner Mitwirkungspflichten selbst belasten zu müssen. Die Gefahr der Selbstbelastung ist dann gegeben, wenn eine Erfüllung der Mitwirkungspflicht einen Anfangsverdacht für die Verfolgung der Straftat begründen könnte.[322] Die Gefahr der Verfolgung muss sich auf eine bestimmte Steuerstraftat beziehen. Es hängt also von dem Umfang der prozessualen Tat ab, wann der Steuerpflichtige von seiner Mitwirkungspflicht suspendiert wird und sich auf sein Aussage- und Mitwirkungsverweigerungsrecht berufen kann.

2. Der prozessuale Tatbegriff im allgemeinen Strafverfahren

Es bedarf daher einer möglichst exakten Abgrenzung der Taten. Dazu soll in einem ersten Schritt der prozessuale Tatbegriff im allgemeinen Strafverfahren bestimmt werden. In einem weiteren Schritt wird dann zu überprüfen sein, ob dieser Tatbegriff auch im Steuerstrafrecht verwendet werden kann.

---

[321] Siehe dazu unter 3. Teil B 2 b.

[322] *Meyer-Goßner*, § 55 Rn. 7.

Die StPO verwendet den Begriff der (Straf-) Tat in zwei zentralen Normen, nämlich in den §§ 155 und 264. Weitere Vorschriften knüpfen daran an.[323] Sein verfassungsrechtliches Pendant findet der prozessuale Tatbegriff in Art. 103 Abs. 3 GG.[324] Der sog. ne bis in idem-Grundsatz bestimmt, dass niemand wegen derselben Tat mehrfach bestraft (bzw. verfolgt[325]) werden kann.[326] Der verfahrensrechtliche Tatbegriff ist dabei eigenständig und unterscheidet sich von dem Begriff der Handlung im Sinne von Tateinheit und Tatmehrheit des materiellen Rechts (§§ 52, 53 StGB).[327] Während letztere das materiell-rechtliche Konkurrenzverhältnis betrifft, hat der prozessuale Tatbegriff die Aufgabe, den Prozessgegenstand im Strafverfahren festzulegen. Dem Tatbegriff werden dabei drei Funktionen[328] zugesprochen: Er bestimmt und begrenzt den Gegenstand der angeklagten Tat[329]; er bestimmt den Umfang und die Grenzen der gerichtlichen Aufklärung und der gerichtlichen Entscheidung[330]; er bestimmt mit dem Eintritt der Rechtskraft den Umfang der Sperrwirkung für ein neues Verfahren.[331]

Vereinzelt wird in Rechtsprechung[332] und Literatur[333] unter Hinweis auf die unterschiedlichen Funktionen des Tatbegriffs in den jeweiligen Verfahrensabschnitten ein dynamischer, sich von der Anklageerhebung bis zur rechtskräftigen Entscheidung verengender Tatbegriff befürwortet. *Peters* als Hauptvertreter eines solchen dynamischen Tatbegriffs begründet seine Auffassung damit, dass die Ermittlungen sich mit dem Fortgang der Untersuchung in ihrer Richtung und in ihrem Charakter änderten.[334] Das ist abzulehnen. Mit der ganz überwiegenden Meinung in Rechtsprechung[335] und im Schrifttum[336] ist der Begriff der prozessualen Tat für

---

[323] So z. B. §§ 114 Abs. 2 Nr. 2, 136 Abs. 1 Satz 1, 146, 154, 154 c, 200 Abs. 1 Satz 1, 207 Abs. 2 Nr. 1 und 3.

[324] Vgl. BVerfGE 45, 434, 435; BGHSt 32, 146, 150.

[325] BVerfGE 23, 191, 202.

[326] Dieser Grundsatz ist zwar einfachgesetzlich nicht positiv geregelt, aber seit Inkrafttreten der StPO als Wirkung der Rechtskraft grundsätzlich anerkannt. In Art. 103 Abs. 3 GG hat er seine verfassungsrechtliche Gewährleistung gefunden.

[327] RGSt 70, 396, 398; BVerfGE 45, 434, 435; BGHSt 29, 288, 292; 35, 60, 61.

[328] Zu den Funktionen der prozessualen Tat vgl. auch *Wolter*, GA 1986, 143, 151 ff.

[329] Vgl. §§ 155 Abs. 1, 200 Abs. 1 StPO.

[330] Vgl. §§ 264, 265, 266 StPO.

[331] Ne bis in idem-Grundsatz.

[332] BVerfGE 56, 22, 35 f. und BGHSt 29, 288 ff. für den Sonderfall des § 129 StGB und BGHSt 23, 141 ff. für den Fall des minderschweren Dauerdelikts.

[333] *Bauer*, NStZ 2003, 174, 178; *Baumann*, S. 174; ansatzweise *Henkel*, S. 389; *Peters*, S. 280 ff.

[334] *Peters*, S. 280.

[335] Etwa BGHSt 32, 146, 150; BGH NJW 1955, 1240; OLG Celle VRS 1969, 352, 353; OLG Hamm StV 1984, 15 16.

[336] *Engelhardt* in Karlsruher Kommentar, § 264 Rn. 2; *Meyer-Goßner*, § 264 Rn. 1; *Loos* in Alternativ Kommentar/StPO, § 264 Rn. 27; *Rieß* in Löwe-Rosenberg, Einl. J Rn. 62; *Beulke*, Tatbegriff,

alle Verfahrenskomplexe einheitlich zu bestimmen. Nur ein in allen Verfahrensstadien einheitlicher Tatbegriff gibt dem Beschuldigten die ihm über Art. 103 Abs. 3 GG gewährte Rechtssicherheit. Denn der Beschuldigte muss zu seiner ordnungsgemäßen Verteidigung wissen, welche Tat ihm zur Last gelegt wird.

Allerdings wird erst mit Erhebung der Anklage festgelegt, welche prozessuale Tat Gegenstand der gerichtlichen Untersuchung und Urteilsfindung sein soll. Der von der Rechtsprechung und Literatur konzipierte prozessuale Tatbegriff bestimmt damit den Prozessgegenstand und gilt somit grundsätzlich nur für die Verfahrensstadien ab Anklageerhebung. Ob und in welcher Form der Tatbegriff auch für das Ermittlungsverfahren gilt, wird von der Literatur überwiegend nicht weiter problematisiert, sondern offenbar stillschweigend vorausgesetzt.[337]

a) Der Tatbegriff im Ermittlungsverfahren

Ausgehend von seinen o. g. Funktionen kann der prozessuale Tatbegriff den Gegenstand des Ermittlungsverfahrens als solchen grundsätzlich nicht begrenzen.[338] Denn erst das Ermittlungsverfahren bestimmt und konkretisiert, was Gegenstand der Anklage sein soll. Aufgabe der Strafverfolgungsorgane ist, auf der Grundlage eines Anfangsverdachts den fraglichen Sachverhalt zu erforschen. Diese Tätigkeit wird durch einen der prozessualen Tat vergleichbaren Prozessgegenstand nicht begrenzt. So kann es vorkommen, dass es in diesem Stadium noch keinen konkreten Beschuldigten gibt und die Ermittlungen noch in die verschiedensten Richtungen gehen. Das heißt allerdings nicht, dass der prozessuale Tatbegriff im Ermittlungsverfahren gänzlich ohne Bedeutung ist. Im Ermittlungsverfahren wird dann auf den prozessualen Tatbegriff abgestellt, wenn gegen einen Beschuldigten (oder einen Dritten) Zwangsmaßnahmen eingesetzt werden.[339] Denn der mit dem Einsatz des Zwangsmittels verbundene Grundrechtseingriff muss messbar und kontrollierbar sein.[340] Dies kann nur dann gewährleistet werden, wenn sich aus der Anordnung der Zwangsmaßnahme ergibt, welcher bestimmten Tat, die sich in einem bestimmten Lebenssachverhalt konkretisiert, der Beschuldigte in einem bestimmten Grad verdächtig ist.

Am deutlichsten lässt sich diese Funktion des Tatbegriffs im Ermittlungsverfahren anhand des Haftrechts darstellen: Der strafrechtliche Vorwurf, der die Untersuchungshaft rechtfertigen soll, ist hier in ähnlicher Weise wie in der Anklageschrift

---

S. 782; *ders.*, StPO, Rn. 512; *Bindokat*, GA 1967, 362, 370; *Jung*, JZ 1984, 535; *Roxin*, StPO, § 20 Rn. 1; *Wolter*, GA, 1986, 154.

[337] So z. B. *Rüping*, FR 2000, 193; ausführlich hingegen *Labe*, S. 83 ff.

[338] *Peters*, S. 278 f.; *Rieß* in Löwe-Rosenberg, Einl. J Rn. 68.

[339] *Rieß* in Löwe-Rosenberg, Einl. J Rn. 68; *Labe*, S. 86.

[340] BVerfGE 20, 162, 227.

(§ 200 Abs. 1 Satz 1 StPO) zu bezeichnen.[341] Voraussetzung für eine wirksame Haftanordnung ist also, dass der Tatvorgang als solcher in seinen konkreten Erscheinungsformen mitgeteilt wird.[342] Dazu ist die Tat, derer der Beschuldigte dringend verdächtig ist, so anzugeben, dass er anhand des mitgeteilten Lebensvorganges den Vorwurf und seine Begrenzung genau erkennen kann.[343] Ferner sind Ort und Zeit des Tatgeschehens anzugeben; im Falle der Verjährung müssen die Handlungen, die die Verjährung unterbrochen haben, genannt werden.[344] Ebenso setzt eine Festnahme zur Identitätsfeststellung als wesentliche Förmlichkeit gem. § 163 b Abs. 1 Satz 1 Halbsatz 2 i. V. m. § 163 a Abs. 4 Satz 1 StPO voraus, dass dem Betroffenen bei Beginn der Maßnahme eröffnet wird, welcher Tat im prozessualen Sinne er verdächtig erscheint.[345] Einschränkungen bestehen lediglich dann, wenn die Belehrung den Vollstreckungszweck gefährden würde oder der Grund für die Identitätsfeststellung auf der Hand liegt.[346] Diese Beispiele zeigen, dass der prozessuale Tatbegriff nicht nur für die Verfahrensstadien ab Anklageerhebung gilt, sondern bereits im Ermittlungsverfahren beim Einsatz von Zwangsmitteln. Die Funktion der prozessualen Tat liegt hier darin, die Reichweite des eingesetzten Zwangsmittels zu begrenzen, um eine ausufernde Anwendung zu unterbinden.

Zuzugeben ist, dass die strafrechtliche Beurteilung gerade zu Beginn der Ermittlungen eher deskriptive und erst später zunehmend normative Züge trägt. Auch wenn in Rechnung zu stellen sein mag, dass die strafrechtliche Untersuchung sich am Anfang mit Wahrscheinlichkeitsgraden zufrieden geben muss, während sie erst später zu einer gesicherten richterlichen Überzeugung führen muss, folgt daraus aber nicht, dass der Tatbegriff im Ermittlungsverfahren ein anderer, insbesondere ein weiterer ist als am Ende der richterlichen Untersuchung. Für einen für alle Verfahrensstadien identischen Tatbegriff hat das zur Konsequenz, dass er sowohl tat- und täterbezogene als auch deskriptive und normative Merkmale umfassen und überdies dem anfänglich hypothetischen Charakter der strafrechtlichen Untersuchung gerecht werden muss.

Zugeständnisse können im Ermittlungsverfahren lediglich insofern gemacht werden, als die formalen Anforderungen wie die Bezeichnung der prozessualen Tat in einem den Zwangsmitteleinsatz rechtfertigenden Beschluss dann geringer sein

---

[341] LG Bochum StV 1996, 551; *Paeffgen* in Systematischer Kommentar/StPO, § 114 Rn. 6; *Schlothauer/Weider*, Rn. 313 ff.

[342] OLG Stuttgart GA 1980, 191, 193; NJW 1982, 1296.

[343] OLG Düsseldorf StV 1996, 440, 441; LG Bochum StV 1996, 551.

[344] *Hilger* in Leipziger Kommentar, § 114 Rn. 9; *Meyer-Goßner*, § 114 Rn. 7.

[345] KG NJW 2002, 3789, 3790; OLG Düsseldorf NJW 1991, 580; OLG Köln StV 1982, 359, 360; KG StV 2001, 260, 261; *Achenbach* in Alternativ Kommentar/StPO, § 163 b Rn. 18; *Wolter* in Systematischer Kommentar/StPO, § 163 b Rn. 29.

[346] OLG Hamm NStZ 1982, 76, 77; KG StV 2001, 260, 261; KG NJW 2002, 3789, 3790.

können als in Anklage und Urteil, wenn eine Gefährdung des Ermittlungszwecks zu befürchten ist. Diese Zugeständnisse an die Effektivität der Strafrechtspflege haben auf den Umfang der prozessualen Tat jedoch keine Auswirkungen. Denn Ausgangspunkt für die Bestimmung der prozessualen Tat ist das in dem die Zwangsmittelanwendung erlaubenden Beschluss umschriebene Geschehen.[347] Dazu kommt aber noch das gesamte damit zusammenhängende Verhalten des Beschuldigten, soweit es mit dem durch den Beschluss bezeichneten geschichtlichen Vorkommnis nach der Auffassung des Lebens einen einheitlichen Vorgang bildet, auch wenn es in dem Beschluss nicht ausdrücklich erwähnt wird.[348] Auf den Verfolgungswillen der Staatsanwaltschaft kommt es hierbei ebenso wenig an.[349]

Damit steht fest, dass der prozessuale Tatbegriff auch für den hier interessierenden Bereich der Zufallsfunde anlässlich einer Durchsuchung Anwendung findet. Denn nur eine exakte Abgrenzung der einen von der anderen Tat erlaubt, einen Fund als Zufallsfund im Sinne des § 108 StPO einzuordnen. Diese Abgrenzung kann nur vorgenommen werden, wenn die Tat, wegen der die Durchsuchung stattfindet, hinreichend beschrieben ist. Dazu muss der Durchsuchungsbeschluss die aufzuklärende Straftat so genau umschreiben, wie es nach den Umständen des einzelnen Falls möglich ist, da sonst in der Schwebe bleibt, welcher Tatsachenbereich durch die Durchsuchung geklärt werden soll.[350] Ebenso wie in den vorgenannten Beispielen muss daher auch die Durchsuchungsanordnung die Straftat bezeichnen, deren Begehung Anlass der Durchsuchung ist. Aufgrund der hohen Eingriffsintensität sind daneben grundsätzlich auch tatsächliche Angaben über den Inhalt des Tatvorwurfs erforderlich.[351]

Ob ein auf eine Straftat hindeutender Gegenstand ein Zufallsfund ist, hängt davon ab, wie weit der Tatbegriff gefasst wird.[352] Bei einem weiten Tatbegriff ist der Rahmen des ursprünglichen Durchsuchungsbeschlusses größer, sodass es einer Beschlagnahme nach § 108 StPO nicht bedarf. Ein enger Tatbegriff begrenzt hingegen den Anwendungsbereich des Durchsuchungsbeschlusses, sodass Gegenstände, die auf die andere Tat hindeuten, als Zufallsfunde beschlagnahmt werden müssten. Vor diesem Hintergrund sollen nachfolgend die von der Rechtsprechung

---

347 Für die Anklage vgl. BGH NStZ 1995, 46, 47.

348 Vgl. BGHSt 16, 200, 202; BGH NStZ 1995, 46 f. jeweils für die Anklage. Die dazu entwickelten Grundsätze können nach dem oben Gesagten m. E. aber auch auf Beschlüsse im Ermittlungsverfahren, die einen Zwangsmitteleinsatz erlauben, angewendet werden.

349 *Gollwitzer* in Löwe-Rosenberg, § 264 Rn. 15.

350 „Spiegel"-Urteil BVerfGE 20, 162, 224.

351 BVerfGE 42, 212, 220 f.; 44, 353, 371; BVerfG StV 1990, 483; NStZ 1992, 91, 92; NJW 1994, 3281, 3282; LG Mönchengladbach StV 1986, 246; weitergehend *Baur*, wistra 1983, 99 ff.

352 Zu den jeweiligen Auswirkungen auf Rechtshängigkeit und Rechtskraft bei Verwendung eines weiten bzw. engen Tatbegriffs vgl. *Wolter*, GA 1986, 143, 152 f.

und Literatur geäußerten Auffassungen zum prozessualen Tatbegriff näher betrachtet werden.

b) Der prozessuale Tatbegriff in Rechtsprechung und Literatur

Nach einer von der Rechtsprechung[353] entwickelten allgemeingültigen, aber wenig aussagekräftigen Formel[354], die in der Literatur überwiegend anerkannt wird[355], stellt das gesamte von Anklage und Eröffnungsbeschluss umschriebene Verhalten des Täters eine Tat dar, soweit es nach natürlicher Auffassung einen einheitlichen geschichtlichen Lebensvorgang bildet. Das soll dann der Fall sein, wenn mehrere Handlungen unmittelbar und dergestalt miteinander verknüpft sind, dass ihre getrennte Verfolgung und Aburteilung als unnatürliche Aufspaltung eines natürlichen Lebensvorganges empfunden würde.[356] Das tatsächliche Geschehen muss objektiv auch für einen Dritten als Teil eines einheitlichen, vom Geschehensablauf her nicht sinnvoll getrennt zu beurteilenden Lebenssachverhalts erscheinen.[357] Über die Frage, wann von einem solchen geschichtlichen Vorgang auszugehen ist, konnte bislang allerdings keine Einigkeit erzielt werden.[358] Abzustellen sei in erster Linie auf ein sogenanntes Tatbild, das im Wesentlichen auf dem Tatort, der Tatzeit, dem Tatobjekt und dem Täterverhalten, insbesondere der dem Täterverhalten zugrunde liegenden Angriffsrichtung, beruht.[359] Dabei genüge aber für sich weder ein bloßer Gesamtplan bzw. ein fortwirkendes Motiv[360] noch die bloße zeitliche bzw. örtliche Aufeinanderfolge einzelner Vorgänge[361] oder die Verletzung des gleichen Rechtsguts.[362] Es komme vielmehr auf eine funktionale Gesamtbetrachtung der fraglichen Sachverhalte als Teil eines zusammengehörenden individuellen Lebensvorganges an.[363] Danach können auch unterschiedliche Verhaltensweisen eine einheitliche prozessuale Tat darstellen, sofern zwischen den einzelnen Verhaltensweisen eine innere Verknüpfung dergestalt besteht, dass

---

[353] So etwa BGHSt 23, 141, 145; 32, 215, 216; 35, 14, 17; 35, 60, 62; 41, 292, 297 f.; vgl. auch BVerfGE 23, 191, 202 f.

[354] So führt der BGH NStZ 1984, 469 aus, dass es keine Begriffsbestimmung gebe, die eine zweifelsfreie Anwendung in jedem Fall ermögliche.

[355] *Gollwitzer* in Löwe-Rosenberg, § 264 Rn. 4 ff.; *Engelhardt* in Karlsruher Kommentar, § 264 Rn. 3; *Meyer-Goßner*, § 264 Rn. 2; *Sax* in KMR, Einl. XIII Rn. 31.; *Beulke*, Tatbegriff, S. 782; *Roxin*, StPO, § 20 Rn. 5; *Rüping*, StPO, Rn. 560.

[356] So bereits das RG in RGSt 9, 420; vgl. u. a. weiter BGHSt 6, 92, 96; 8, 92, 94 f.; 13, 320, 321; 23, 141, 145; 32, 215, 216; 35, 14, 17; 35, 60, 61; 41, 292, 298; 41, 385, 388; 43, 252, 255.

[357] *Gollwitzer* in Löwe-Rosenberg, § 264 Rn. 5.

[358] Zu den unterschiedlichen Auffassungen vgl. *Roxin*, StPO, § 50 Rn. 13 ff. m. w. N.

[359] *Beulke*, Tatbegriff, S. 783; *Rieß* in Löwe-Rosenberg, Einl. J Rn. 69.

[360] Vgl. *Rüping*, StPO, Rn. 561.

[361] Vgl. BGHSt 23, 270, 273 f.; BayObLGSt 1984, 78 f.

[362] Vgl. *Engelhardt* in Karlsruher Kommentar, § 264 Rn. 6; *Schlüchter* in Systematischer Kommentar/StPO, § 264 Rn. 13.

[363] *Gollwitzer* in Löwe-Rosenberg, § 264 Rn. 6:

ihre getrennte Aburteilung als unnatürliche Aufspaltung eines einheitlichen Lebensvorganges empfunden würde.[364] Neben dem Tatbild wird die innere Verknüpfung zur näheren Konkretisierung eines einheitlichen Vorganges herangezogen. Aber auch dies verschafft noch nicht die nötige Klarheit.

Ausgehend von einer normativ-faktischen Betrachtung muss nach überwiegender Auffassung in Rechtsprechung und Literatur auch die strafrechtliche Bedeutung des Geschehens bei der Bestimmung der prozessualen Tat mit berücksichtigt werden, um es von allen anderen damit zusammentreffenden örtlichen und zeitlichen Handlungsverläufen abzugrenzen.[365] Das führt beim Vorliegen einer engen räumlichen, zeitlichen und sachlichen Verbindung sowie eines vergleichbaren Unrechtsgehalts dazu, dass sich die prozessuale Tat im Regelfall an den Kriterien des materiellen Rechts orientiert, allerdings ohne mit diesem eine Einheit zu bilden. Danach begründet Idealkonkurrenz regelmäßig zugleich das Vorliegen einer prozessualen Tat, während bei Realkonkurrenz im Regelfall auch von mehreren prozessualen Taten auszugehen ist.[366] Aber auch mit dieser Prämisse wird Rechtsklarheit nicht hergestellt.

Denn diese im Sinne einer Normativierung des Tatbegriffs gebildeten Grundsätze werden im Einzelfall durchbrochen. Die Rechtsprechung, allen voran der BGH, nimmt in einigen Fallgestaltungen trotz Realkonkurrenz prozessuale Tateinheit an.[367] Auch in umgekehrter Konstellation weicht sie vom oben aufgezeigten Grundsatz ab und spaltet eine materiell-rechtliche Handlungseinheit vereinzelt in mehrere prozessuale Taten auf.[368] In neuerer Zeit wendet sich die Rechtsprechung von der Aufspaltung jedoch insbesondere beim Zusammentreffen eines Dauerdelikts mit einem Zustandsdelikt wieder ab und ermöglicht die Bestrafung wegen eines mit einem bereits abgeurteilten Dauerdelikt zusammentreffenden Zustandsdelikts über eine materiell-rechtliche Lösung.[369] Trifft das Dauerdelikt mit dem

---

[364] BGHSt 41, 385, 388 f.

[365] BGHSt 32, 215, 216 ff.; *Roxin*, JR 1984, 346, 347 f.; *ders.*, StPO, § 20 Rn. 5; *Rüping*, StPO, Rn. 561; grundlegend *Wolter*, GA 1986, 143, 145, 175.

[366] *Beulke*, Tatbegriff, S. 783; *Rieß* in Löwe-Rosenberg, Einl. J Rn. 72; *Rüping*, StPO, Rn. 561; *Roxin*, StPO, § 20 Rn. 11.

[367] Z. B. bei Körperverletzung und späterer unterlassener Hilfeleistung, BGHSt 16, 200, 202; bei Zusammentreffen einer Straßenverkehrsgefährdung und eines sich anschließenden unerlaubten Entfernens vom Unfallort, BGHSt 23, 141, 147; 23, 270, 273; 24, 185, 186.

[368] Z. B. Zusammentreffen eines Dauerdelikts mit einem Zustandsdelikt, zum Verhältnis § 129 StGB zu § 211 StGB, BGHSt 29, 288, 292; zum Verhältnis unerlaubter Waffenbesitz und (versuchte) Tötung (OLG Hamm JR 1986, 203 ff.; zur Kritik *Werle*, NJW 1980, 2671 ff.; *Gillmeister*, NStZ 1989, 1 ff., jeweils m. w. N.; *Roxin*, StPO, § 20 Rn. 9.

[369] BGHSt 36, 151, 154; BGH NStZ-RR 1996, 203; BGH NStZ 1997, 508; BGH StV 1999, 643, 644; zur Kritik *Beulke*, Tatbegriff, S. 803ff..

Zustandsdelikt zusammen[370], soll eine Zäsur eintreten mit der Folge materiell-rechtlicher Tatmehrheit. Entsprechend dem o. g. Grundsatz liegen dann auch prozessual mehrere Taten vor.[371] Lediglich dann, wenn ausnahmsweise eine Gesamtschau von Tatbild, Tatobjekt, Tatzeit und Tatort ergebe, dass bei natürlicher Betrachtungsweise das Verhalten einen einheitlichen geschichtlichen Geschehensablauf darstellt, könne bei materiell-rechtlicher Tatmehrheit eine einheitliche Tat im prozessualen Sinne in Betracht kommen.[372] Darüber hinaus müssten die einzelnen Handlungen unter Berücksichtigung ihrer strafrechtlichen Bedeutung aber auch innerlich derart miteinander verknüpft sein, dass der Unrechts- und Schuldgehalt der einen nicht ohne die Umstände, die zu der anderen Handlung geführt haben, richtig gewürdigt werden könnten und ihre getrennte Würdigung und Aburteilung als unnatürliche Aufspaltung eines einheitlichen Lebensvorganges erscheinen würden.[373]

Der BGH durchbricht den Grundsatz der Kongruenz von materieller und prozessualer Tat ferner bei den Organisationsdelikten der §§ 129, 129 a StGB, § 20 Abs. 1 Nr. 1 VereinsG.[374] Nach gefestigter Rechtsprechung[375] stehen nach den §§ 129, 129 a StGB, § 20 Abs. 1 Nr. 1 VereinsG strafbare Verhaltensweisen materiell-rechtlich in Tateinheit zu den Straftaten, die der Täter als Mitglied der Vereinigung bzw. des Vereins oder in Verfolgung von deren Zielen begangen hat.[376] Unabhängig von der materiell-rechtlichen Bewertung nimmt die Rechtsprechung bei einem Zusammentreffen von Organisationsdelikt mit einer anderen Straftat mehrere Taten im prozessualen Sinne an.[377] Gegenüber dem Organisationsdelikt schwerere Straftaten sollen dann von der Rechtskraft eines wegen mitgliedschaft-

---

[370] So z. B. beim Fahren ohne Fahrerlaubnis (§ 21 StVG), bei einer Trunkenheitsfahrt (§ 316 StGB), beim unerlaubten Besitzen und Führen von Waffen (§ 53 WaffG) oder beim Verstoß gegen eine Aufenthaltsbeschränkung (§ 85 AsylVfG).

[371] BGHSt 36, 151, 154.

[372] Vgl. BGHSt 35, 60, 64 f.

[373] BGHSt 23, 141, 145 ff.; 24, 185, 186; BGH NJW 1981, 997 m. w N.; OLG Hamburg NStZ-RR 1999, 247 f.; *Engelhardt* in Karlsruher Kommentar, § 264 Rn. 5; *Gollwitzer* in Löwe-Rosenberg, § 264 Rn. 7.

[374] BGHSt 29, 288, 292 f.; bestätigt durch BVerfGE 56, 22, 28 ff.; krit. dazu *Gössel*, JR 1982, 111 ff.; vgl. auch BGHSt 43, 312, 315 f. und BGH NJW 2001, 2643, 2645 f. für das Organisationsdelikt des § 20 Abs. 1 Nr. 1VereinsG, für das hinsichtlich der Konkurrenzen dieselben Grundsätze gelten wie für die §§ 129, 129 a StGB.

[375] BGHSt 29, 288, 292 f.; bestätigt durch BVerfGE 56, 22, 28 ff.; BGHSt 43, 312, 315 f.; BGH NJW 2001, 2643, 2645 f.

[376] Diese Auffassung ist überwiegend im Schrifttum auf erhebliche Kritik gestoßen: Vgl. zur neueren Diskussion *Paeffgen*, NStZ 2002, 281 ff.; sowie i. ü. *v. Bubnoff* in Leipziger Kommentar, § 129 Rn. 87 ff.; *Lenckner* in Schönke/Schröder, § 129 Rn. 27; *Tröndle/Fischer*, § 129 Rn. 49 f; *Fleischer*, NJW 1979, 248, 249; *Gössel*, JR 1982, 111, 112 f.; ausführlich *Grünwald*, FS f. Bockelmann, S. 737 ff.; *Ostendorf*, JA 1980, 499 ff.; *Werle*, JR 1979, 93 ff.

[377] BGHSt 29, 288, 293; BGH NJW 2001, 1734, 1736; 2643, 2645.

licher Beteiligung ergangenen Urteils ausgenommen sein, wenn sie tatsächlich nicht Gegenstand der früheren Anklage und gerichtlichen Untersuchung waren.[378] Das wird einerseits mit den unterschiedlichen Funktionen begründet, die materiell-rechtliche Tateinheit und prozessuale Tatidentität haben.[379] Andererseits wird zur Begründung auf das Gebot der materiellen Gerechtigkeit[380] und auf den Charakter der Organisationsdelikte verwiesen.[381]

Insgesamt handelt es sich bei den dargestellten Fallgestaltungen um Ausnahmefälle. Grundsätzlich orientiert sich die prozessuale Tat an den materiell-rechtlichen Konkurrenzen. Danach begründet Idealkonkurrenz auch eine Tat im prozessualen Sinne, während bei Realkonkurrenz auch mehrere prozessuale Taten vorliegen. Ausgehend von der materiell-rechtlichen Konkurrenzlage ist daher zur Bestimmung der prozessualen Tat im Einzelfall zu prüfen, ob anhand einer Gesamtschau der Tatumstände und unter Berücksichtigung der strafrechtlichen Bedeutung der einzelnen Handlungen im Hinblick auf eine unnatürliche Aufspaltung eines einheitlichen Lebensvorganges Anlass besteht, die prozessuale Tat von der materiell-rechtlichen zu lösen. Nur dann weicht die Tat im prozessualen Sinne von der materiell-rechtlichen Tat ab. In allen anderen Fällen bleibt es bei einer Kongruenz beider Tatbegriffe.

Neben den sich an der Rechtsprechung orientierenden Auffassungen[382] sind in der Literatur zahlreiche Versuche unternommen worden, einen eigenständigen Tatbegriff zu entwickeln. Keiner dieser Tatbegriffe hat sich allerdings durchgesetzt.[383] Zu nennen sind hier *Barthel*[384], *Bertel*[385], *Henkel*[386] und *Hruschka*[387], die den Tatbegriff vollständig von der anzuwendenden Norm des materiellen Rechts ab-

---

[378] BGHSt 29, 288, 293 f.; BGH NJW 2001, 1734, 1736; 2643, 2645.

[379] Vgl. BVerfGE 56, 22, 31; BGHSt 43, 252, 256; vgl. dazu auch BGH NJW 1999, 1413, 1414. Die sachlich-rechtlichen Regelungen des § 52 StGB bilden die Voraussetzung für ein funktionierendes Strafrahmensystem; zur Ermittlung des Gegenstandes der Urteilsfindung, das heißt zur Bestimmung des der gerichtlichen Untersuchung unterliegenden Lebenssachverhaltes, sind sie nicht konzipiert, vgl. BGH NJW 2001, 2643, 2645.

[380] Zum Spannungsverhältnis bei den einzelnen Funktionen der prozessualen Tat, *Wolter*, GA 1986, 143, 149 ff.

[381] Vgl. BGHSt 29, 288, 293 f.; zur Kritik dazu *Werle*, NJW 1980, 2671, 2673.

[382] Dazu zählen u. a. *Engelhardt* in Karlsruher Kommentar, § 264 Rn. 3; *Gollwitzer* in Löwe-Rosenberg, § 264 Rn. 3 ff.; *Meyer-Goßner*, § 264 Rn. 6; *Stuckenberg* in KMR, § 264 Rn. 15 ff.; *Achenbach*, ZStW 1975, 74, 92 f.; *Grünwald*, JZ 1970, 330 f.; *Kröpil*, JuS 1986, 211 ff.; *Puppe*, NStZ 1982, 230 ff.; *Roxin*, StPO, § 20 Rn. 5 ff.; *Rüping*, StPO, Rn. 560 ff.; *Schlüchter*, Rn. 363, 604 ff.

[383] Vgl. *Wolter*, GA 1986, 143.

[384] *Barthel*, S. 55.

[385] *Bertel*, passim.

[386] *Henkel*, S. 387 ff.

[387] *Hruschka*, JZ 1966, 700 ff.

hängig machen. Maßgebend für eine einheitliche Tat sei die Identität der Rechtsgutverletzung. Dabei spalten die Vertreter dieses Tatbegriffs jede Einzelhandlung im engsten Sinne auf und verneinen Tatidentität bei einer wesentlichen Veränderung des Unrechtsgehalts der Tat in ihrer neuen Form.[388] Diesem Tatbegriff ist entgegenzuhalten, dass er durch das Abstellen auf den Wertungsgesichtspunkt der Einheitlichkeit der Rechtsgutverletzung zu sehr von unklaren und unbestimmten Kriterien abhängig ist, die im Einzelfall selbst bei kleinsten Abweichungen eine neue prozessuale Tat ergeben können. Daneben ergäben sich bei konsequenter Umsetzung dieser Theorie im Falle des Vorliegens ungleichartiger Rechtsgutverletzungen, verursacht durch ein und dieselbe Handlung, zwei prozessuale Taten.[389] Ein derartiges Ergebnis vermag trotz Wahrung materieller Gerechtigkeit nicht zu überzeugen.[390]

Ein weiterer Tatbegriff ergibt sich aus den sog. Unvereinbarkeits- und Alternativitätstheorien.[391] Danach soll der Tatbegriff im Hinblick auf die Umgestaltung und den Verbrauch der Strafklage alle Handlungen umfassen, die im Verhältnis faktischer Alternativität zueinander stehen. Auch diese Theorie weist Schwächen auf. Denn sie bezieht auch zeitlich weit auseinanderliegende Vorgänge in den prozessualen Tatbegriff ein, so dass der ursprünglichen Anklage aufgrund der nach dieser Theorie zulässigen Umgestaltung ein völlig neues Geschehen[392] zugrunde läge.[393] § 266 StPO wäre nach dieser Theorie weitgehend überflüssig. Zu unvertretbaren Ergebnissen kommt die Alternativitätstheorie ferner bei der Reichweite der Rechtskraft. Diese würde sich bei einem rechtskräftigen Freispruch wegen der ursprünglich angeklagten Tat auch auf den neuen Vorgang erstrecken, sofern die Handlungen in einem Alternativitätverhältnis stehen.[394]

Nach einer vornehmlich von *Herzberg*[395] vertretenen Theorie ist der prozessuale Tatbegriff mit der materiell-rechtlichen Tateinheit i. S. d. § 52 StGB gleichzuset-

---

388 Sog. Bewertungstheorie.

389 Vgl. *Bertel*, S. 170 f.; zur Kritik *Bindokat*, GA 1967, 362, 363 f.; *Herzberg*, JuS 1972, 113, 116 f.

390 Weitergehende Kritik bei *Wolter*, GA 1986, 143, 159 f.

391 Maßgeblich entwickelt von *Schöneborn*, MDR 1974, 529 ff.; vgl. auch OLG Köln GA 1968, 24; OLG Düsseldorf JR 1980, 470.

392 Beispielsweise für den Fall, dass sich bei einem ursprünglich angeklagten Verkehrsdelikt später herausstellt, dass der angeklagte Fahrer überhaupt nicht der Fahrzeuglenker war, er aber den wahren Fahrer decken wollte (§§ 145 d, 164 StGB), vgl. *Wolter*, GA 1986, 143, 161.

393 Vgl. BGHSt 32, 146, 148 f.; 32, 215, 220 f; BGH NJW 1955, 1240; *Fuchs*, NJW 1968, 2390, 2391; *Roxin*, StPO, § 50 Rn. 18; *Schröder*, NJW 1985, 780, 782; *Stein*, JR 1980, 444, 448.

394 Im vorgenannten Beispiel (Fn. 392) wäre bei rechtskräftigem Freispruch wegen des Verkehrsdelikts eine Anklage und Verurteilung aufgrund der Tat nach den §§ 145 d, 164 StGB nicht mehr möglich.

395 *Herzberg*, JuS 1972, 113 ff. Ähnlich *Oehler*, Gedächtnisschrift für Schröder, S. 439, 450, der aber nicht von einer vollständigen Deckungsgleichheit ausgeht.

zen.[396] Dagegen wird eingewendet, dass dieser Tatbegriff zu eng sei, mit der Folge, dass bei geringsten Überschreitungen einer materiell-rechtlichen Handlungseinheit das Verfahren wieder aufgegriffen werden könnte.[397] Es bestehe zudem die Gefahr, dass ein natürlicher Lebensvorgang aufgrund der materiell-rechtlichen Regelungen in einzelne selbstständige prozessuale Taten zerlegt werde. Der Beschuldigte sähe sich dann trotz rechtskräftiger und schon weitreichender Abhandlung des Prozessstoffs mit der erneuten strafrechtlichen Verfolgung konfrontiert.[398] Gegen eine Gleichstellung des prozessualen Tatbegriffs mit der materiell-rechtlichen Tateinheit sprechen im Übrigen die unterschiedlichen Funktionen der beiden Tatbegriffe.[399] Zuzugeben ist hingegen, dass dieser Tatbegriff klare Konturen aufweist und frei von subjektiven Wertungen wie dem "einheitlichen geschichtlichen Lebensvorgang" oder der "unnatürlichen Aufspaltung eines natürlichen Lebensvorganges" ist.

c) *Zwischenergebnis*

Der prozessuale Tatbegriff und die materiell-rechtlichen Konkurrenzen haben sich - trotz dogmatischer Verschiedenheit - in jüngster Zeit einander angenähert.[400] Bei genauerer Betrachtung ähneln sich daher im Ergebnis der von der herrschenden Meinung vertretene prozessuale Tatbegriff und die Tateinheitstheorie von *Herzberg* und *Oehler*. Denn auch nach der herrschenden Meinung begründet Tateinheit im materiellen Recht grundsätzlich eine Tat im prozessualen Sinne, und bei materiell-rechtlicher Tatmehrheit liegen grundsätzlich auch mehrere prozessuale Taten vor. Abweichungen ergeben sich lediglich in den genannten Ausnahmefällen.

Als Zwischenergebnis kann somit festgehalten werden, dass eine "andere Straftat" i. S. d. § 108 StPO eine andere prozessuale Tat sein muss. Die Kriterien für die Bestimmung des prozessualen Tatbegriffs sind in der Regel dem materiellen Recht zu entnehmen. Danach korrespondiert der Umfang der prozessualen Tat grundsätzlich mit dem materiell-rechtlichen Konkurrenzverhältnis. Nur ausnahmsweise kommen unter Einbeziehung der Einheitlichkeit des Lebensvorganges im Rahmen einer natürlichen Betrachtungsweise Abweichungen in Betracht. Anhand dieser Maßgaben ist im Einzelfall zu prüfen, ob eine andere Straftat vor-

---

[396] Zustimmend *Behrendt*, ZStW 1982, 888, 910 ff.

[397] *Wolter*, GA 1986, 143, 157 f., der diesen Tatbegriff überdies in Konflikt mit den Prozesszielen der Rechtsfriedenschaffung, des Beschuldigtenschutzes, der gerechten Strafzumessung und der Prozessökonomie sieht.

[398] *Wolter*, GA 1986, 143, 157; *Roxin*, StPO, § 50 Rn. 16.

[399] Vgl. Fn. 328-331.

[400] Vgl. *Roxin*, StPO, § 20 Rn. 8, 11; *Rüping*, StPO, Rn. 561; vgl. dazu in der neueren Rechtsprechung etwa BGH NJW 2001, 2642, 2645.

liegt. Ausgehend von diesem Zwischenergebnis soll nun der Tatbegriff im Steuerstrafrecht näher betrachtet werden.

3. Der prozessuale Tatbegriff im Steuerstrafverfahren

Das Steuerstrafrecht stellt sich als Verknüpfung von Strafrecht und Steuerrecht dar. Nach überwiegender Meinung in der Rechtsprechung und Literatur wird der Straftatbestand der Steuerhinterziehung als Blankettnorm verstanden.[401] § 370 Abs. 1 AO müsse durch die Normen des materiellen Steuerrechts ausgefüllt werden, damit festgestellt werden könne, ob und in welcher Höhe der zur Strafbarkeit vorausgesetzte Erfolg der Steuerverkürzung eingetreten ist und ob der Täter z.B. pflichtwidrig gehandelt hat.[402] Dagegen wird eingewendet, die Begriffe "unrichtige Angaben", "steuerlich erhebliche Tatsachen" und "Steuerverkürzung" seien als normative Tatbestandsmerkmale zu verstehen, so dass dem Tatbestand der Steuerhinterziehung eine Blanketteigenschaft nicht zukomme.[403] Für das Strafverfahren wegen einer Steuerstraftat gelten gemäß § 385 Abs. 1 AO die Vorschriften der StPO, soweit die AO keine abweichenden Vorschriften enthält. Danach müsste auch im Steuerstrafrecht der oben dargestellte Tatbegriff des allgemeinen Strafrechts gelten. Dagegen werden insbesondere in der Literatur[404] Bedenken erhoben, die mit den Besonderheiten des Steuerstrafrechts begründet werden.

Zum einen wird dazu auf die Deliktstruktur des Tatbestandes der Steuerhinterziehung verwiesen.[405] § 370 Abs. 1 Nr. 1 AO setzt voraus, dass jemand über steuerlich erhebliche Tatsachen unrichtige oder unvollständige Angaben gegenüber den Finanzbehörden oder anderen Behörden macht. Die unrichtigen oder unvollständigen Angaben erfolgen insbesondere in der Steuererklärung. Das tatbestandsrelevante Handeln liegt somit erst in der Abgabe einer unrichtigen Steuererklärung. Hingegen sind die konkreten Manipulationen, durch die Steuern verkürzt werden sollen, wie etwa die Aufstellung unrichtiger Bilanzen oder die Buchung fingierter Betriebsausgaben, lediglich straflose Vorbereitungshandlungen einer Steuerhinterziehung.[406] Durch die Einheitlichkeit der (Vorbereitungs-) Handlungen wird daher, entgegen dem allgemeinen Strafrecht, eine einheitliche prozessuale Tat nicht begründet.

---

[401] BFHE 191, 240, 243 f. = BFH BStBl. II 2000, 378, 379 = wistra 2001, 26, 27; BGH HFR 1995, 754; *Scheuermann-Kettner* in Koch/Scholtz, § 370 Rn. 18; *Gast-de Haan* in Klein, § 370 Rn. 2; *Blumers/Göggerle*, Rn. 3.

[402] *Scheuermann-Kettner* in Koch/Scholtz, § 370 Rn. 18.

[403] Etwa *Hellmann* in Hübschmann/Hepp/Spitaler, § 370 Rn. 47; *Rüping*, NStZ 1984, 450, 451, der die Steuerhinterziehung als eine "unselbständige Strafnorm" bezeichnet; *Wulf*, wistra 2001, 41, 44.

[404] Vgl. u. a. *Bauer*, wistra 1991,56 ff.; *Behrendt*, ZStW 1982, 888 ff.; *Blumers/Göggerle*, Rn. 16 ff.; *Neuhaus*, wistra 1988, 57 ff.; *Schweyer*, passim; *Volk*, wistra 1998, 281 ff.

[405] *Bauer*, wistra 1991, 56 f.

[406] Vgl. RGSt 76, 283, 284 f.; BGHSt 31, 225, 226; 33, 163, 166.

Zum anderen werden die im Vergleich zum allgemeinen Strafrecht umfangreicheren Abgrenzungsaufgaben angeführt, die der Tatbegriff im Steuerstrafrecht zu meistern hat. In diesem Zusammenhang sind u. a. die Zuständigkeit der Finanzbehörde (§ 386 Abs. 2 Nr. 1AO)[407], das Verhältnis des Strafverfahrens zum Besteuerungsverfahren (§ 393 Abs. 1 AO)[408] sowie der Ausschluss einer Selbstanzeige (§ 371 Abs. 2 AO)[409] zu nennen. Um diese Aufgaben erfüllen zu können, muss der Tatbegriff im Steuerstrafrecht die unterschiedlichen Interessen berücksichtigen.

Ähnlich wie die Vertreter des dynamischen Tatbegriffs vertritt *Volk*[410] einen differenzierten Tatbegriff, der sich am jeweiligen Verfahrensstadium orientiert, und verweist zur Begründung auf die Abstraktheit des Tatbegriffes im Steuerstrafrecht. Im allgemeinen Strafrecht sei der prozessuale Begriff der Tat weiter als der des Tatbestandes; im Steuerstrafrecht bestehe ein umgekehrtes Verhältnis. Hier bestimme das aus vielen einzelnen abgegrenzten Lebenssachverhalten in Gestalt von Geschäftsvorfällen zusammengefasste Geschehen den Tatbestand.[411] Während *Volk* für die Bestimmung der Tat im gerichtlichen Verfahren und für den Umfang der Rechtskraft den weiten abstrakten Tatbegriff anwenden will, müsse zur Wahrung der Bestimmtheit von Durchsuchungsbeschlüssen auf den konkreten Geschäftsvorfall abgestellt werden.[412] *Volk* ist insoweit zuzustimmen, als sich die Bezeichnung der Tat nicht darin erschöpfen kann, dass mitgeteilt wird, es bestehe der Verdacht, im Jahr X seien Steuern hinterzogen worden.[413] Der Tatvorwurf ist vielmehr konkret zu benennen durch Angaben zur Steuerart, zum Zeitraum und

---

[407] § 386 Abs. 2 Nr. 1 AO: "Die Finanzbehörde führt das Ermittlungsverfahren [...], wenn die Tat ausschließlich eine Steuerstraftat darstellt [...].

[408] § 393 Abs. 1 Satz 2, 3 AO: "Im Besteuerungsverfahren sind jedoch Zwangsmittel (§ 328) gegen den Steuerpflichtigen unzulässig, wenn er dadurch gezwungen würde, sich selbst wegen einer von ihm begangenen Steuerstraftat [...] zu belasten. Dies gilt stets, soweit gegen ihn wegen einer solchen Tat das Strafverfahren eingeleitet worden ist."

[409] § 371 Abs. 2 AO: "Straffreiheit tritt nicht ein, wenn 1. vor Berichtigung, Ergänzung oder Nachholung a) ein Amtsträger der Finanzbehörde [...] zur Ermittlung einer Steuerstraftat [...] erschienen ist oder b) dem Täter [...] die Einleitung des Strafverfahrens [...] wegen der Tat bekanntgegeben worden ist oder 2. die Tat im Zeitpunkt der Berichtigung, Ergänzung oder Nachholung [...] bereits entdeckt war [...]. Zu dem hier verwendeten Tatbegriff siehe unter 3. Teil B I b.

[410] Wistra 1998, 281 ff.

[411] *Volk*, wistra 1998, 281, 282 f.

[412] *Volk*, wistra 1998, 281, 283, der hierbei nicht verkennt, dass als Konsequenz dieser Auffassung "die Tat" nicht immer einheitlich verjährt, diesen "Systembruch" aber zugunsten ansonsten unbestimmter Durchsuchungsbeschlüsse hinnimmt. *Kohlmann*, § 370 Rn. 319.4 hält dem zutreffend entgegen, dass es sich hierbei nicht um einen Systembruch, sondern um eine Folge des verfassungsrechtlichen Bestimmtheitsgrundsatzes, der bei der Verjährung besondere Bedeutung entfaltet, handele.

[413] Vgl. BVerfG StV 1990, 483; NJW 2002, 1941 f.; LG Oldenburg wistra 1987, 38; *Baur*, wistra 1983, 99 ff.; *Teske*, wistra 1988, 287, 288.

zur Tathandlung, auf die sich der Hinterziehungsverdacht bezieht.[414] Dies ist allerdings nicht eine Frage des Umfangs der prozessualen Tat, sondern der Bestimmtheit von Durchsuchungsbeschlüssen.[415] Die prozessuale Tat ist während des gesamten Verfahrens vom Beginn der Ermittlungen bis zur Rechtskraft identisch.

Auch die Finanzverwaltung geht nicht von einem einheitlichen Tatbegriff aus. Allerdings stellt sie nicht auf einen dynamischen Tatbegriff ab; sie verfährt bei der Auslegung der unterschiedlichen Vorschriften, in denen der Tatbegriff eine Rolle spielt, uneinheitlich nach Gesichtspunkten der Praktikabilität. Während die Finanzverwaltung vor allem bei der Selbstanzeige (§ 371 Abs. 2 Nr. 1 b AO) und der Verjährung einen weiten Tatbegriff vertritt, beruft sie sich für die Einleitung des Strafverfahrens und damit für die Grenzen, in denen der Beschuldigte bei der Aufklärung nicht mehr mitwirken muss, sondern nur noch den Regeln der StPO unterworfen ist, auf einen engen Tatbegriff.[416] Dadurch will sie die Selbstanzeige wegen jeder Steuerhinterziehung auch durch andere Tathandlungen durch die Eröffnung eines Ermittlungsverfahrens für die umfassten Steuerarten und Veranlagungszeiträume ausschließen, die diese Steuerarten und Veranlagungszeiträume betreffen, sofern die unzutreffenden Erklärungen in derselben Steuererklärung erfolgt sind.[417] Ein entsprechend weiter Tatbegriff soll nach dem Willen der Finanzverwaltung auch für die Unterbrechung der Verjährung gelten. Für das Verhältnis des Steuerstrafverfahrens zum Besteuerungsverfahren (§ 393 Abs. 1 AO) hingegen stellt die Finanzverwaltung auf einen engen Tatbegriff mit der Begründung ab, dass besonders bei dem Verdacht einer Steuerstraftat im Rahmen einer Betriebsprüfung kein Raum mehr für eine Fortführung der Betriebsprüfung bliebe.[418] Der Betriebsprüfer müsste die Prüfung insgesamt aussetzen und hätte das Verfahren der Straf- und Bußgeldsachenstelle vorzulegen.[419]

Selbst wenn in Rechnung zu stellen ist, dass ein zu weiter Tatbegriff die Tätigkeit des Betriebsprüfers aufgrund der Regelung des § 393 Abs. 1 AO bei dem Verdacht einer Steuerstraftat lähmen kann, darf dies dennoch nicht dazu führen, dass unterschiedliche Tatbegriffe verwendet werden. Wie bereits erwähnt[420], kann der prozessuale Tatbegriff - unabhängig davon, ob nun ein weiter oder enger Tatbeg-

---

[414] Bdb. VerfG NStZ-RR 1998, 366 f.; *Blumers/Göggerle*, Rn. 660; *Schoreit*, NStZ 1999, 173; *Seer* in Tipke/Kruse, § 208 Rn. 63.

[415] Siehe dazu oben unter 1. Teil D I 3; vgl. auch *Kohlmann*, § 370 Rn. 319.4. Ein unbestimmter Durchsuchungsbeschluß kann die Verjährung nicht unterbrechen.

[416] Zum von der Finanzverwaltung verwendeten Tatbegriff vgl. die Ausführungen bei *Blumers/Göggerle*, Rn. 17; *Wannemacher*, Rn. 654.

[417] Vgl. *Blumers/Göggerle*, Rn. 17.

[418] Vgl. dazu *Lohmeyer*, DStZ 1972, 321 ff.

[419] §§ 9, 10 BpO.

[420] Siehe oben unter 1. Teil D IV 2.

riff verwendet wird - im Straf- und somit auch im Steuerstrafverfahren nur einheitlich bestimmt werden.[421] Es gilt daher, einen Tatbegriff zu finden, der allen Ansprüchen, die an ihn, unter Berücksichtigung steuerstrafrechtlicher Besonderheiten, gestellt werden, gerecht wird. In Rechtsprechung und Literatur wurden dazu unterschiedlich weite bzw. enge Tatbegriffe entwickelt. Während einige dieser Auffassungen auch im Steuerstrafrecht den für das allgemeine Strafverfahren entwickelten prozessualen Tatbegriff verwenden, halten andere Stimmen für das Steuerstrafverfahren einen eigenständigen Tatbegriff für erforderlich, um die hier über das allgemeine Strafverfahren hinausgehenden Aufgaben[422] erfüllen zu können. Die verschiedenen Meinungen werden nachfolgend dargestellt und einer kritischen Würdigung unterzogen.

a) Meinungsstand zum Tatbegriff im Steuerstrafverfahren

aa) Weiter Tatbegriff

Die überwiegende Rechtsprechung wendet auch im Steuerstrafverfahren den für das allgemeine Strafverfahren entwickelten weiten prozessualen Tatbegriff an. Tat im Sinne des § 264 StPO sei somit - unabhängig von dem materiell-rechtlichen Konkurrenzverhältnis - das gesamte von Anklage und Eröffnungsbeschluss betroffene Verhalten des Täters, soweit es nach natürlicher Auffassung einen einheitlichen Lebensvorgang darstellt. Das sei dann der Fall, wenn mehrere Handlungen unmittelbar und dergestalt innerlich verknüpft seien, dass ihre getrennte Verfolgung und Aburteilung als unnatürliche Aufspaltung einer natürlichen Einheit empfunden würden.[423] Die konkreten Manipulationen im Vorfeld der beabsichtigten Steuerhinterziehung wertet die Rechtsprechung als bloße Vorbereitungshandlungen.[424] Die Steuerhinterziehung werde erst durch Abgabe einer falschen Steuererklärung verwirklicht.[425] Die Einheitlichkeit der Vorbereitungshandlungen sei daher ebenso wenig geeignet eine prozessuale Tatidentität zu begründen wie der von vornherein gefasste Gesamtplan.[426]

---

[421] Vgl. etwa BGHSt 32, 146, 150; OLG Celle VRS 1969, 352, 353; OLG Hamm StV 1984, 15, 16.

[421] Vgl. *Rieß* in Löwe-Rosenberg, Einl. J Rn. 62; *Engelhardt* in Karlsruher Kommentar, § 264 Rn. 2; *Loos* in Alternativ Kommentar/StPO, § 264 Rn. 27; *Meyer-Goßner*, § 264 Rn. 1; *Beulke*, Tatbegriff, S. 782; *ders.*, StPO, Rn. 512; *Bindokat*, GA 1967, 362, 370; *Jung*, JZ 1984, 535 f.; *Roxin*, StPO, § 20 Rn. 1; *Wolter*, GA, 1986, 154.

[422] U. a. die Abgrenzung der Zuständigkeit der Finanzbehörde (§ 386 Abs. 2 AO), Klärung des Verhältnisses des Strafverfahrens zum Besteuerungsverfahren (§ 393 Abs. 1 AO) oder die Bestimmung der Tat beim Ausschluss der Selbstanzeige (§ 371 Abs. 2 AO).

[423] Nachweise siehe Fn. 356.

[424] BGHSt 35, 14, 18.

[425] BGHSt 31, 225, 226; 33, 163, 165.

[426] BGHSt 35, 14, 18.

Die Rechtsprechung geht allerdings auch im Steuerstrafrecht von dem Grundsatz aus, dass in der Regel materiell-rechtliche Tateinheit eine prozessuale Tat begründet und bei materiell-rechtlicher Tatmehrheit auch mehrere prozessuale Taten vorliegen. Danach ist die Abgabe jeder einzelnen unrichtigen Steuererklärung für jeden Besteuerungszeitraum grundsätzlich eine selbstständige Tat. Gleiches gilt bei der Hinterziehung verschiedener Steuerarten durch mehrere unrichtige bzw. unterlassene Steuererklärungen.[427] Etwas anderes soll nach der Rechtsprechung nur dann gelten, wenn bei der Verkürzung verschiedener Steuern die Hinterziehungen durch dieselbe Erklärung bewirkt werden oder durch Erklärung in gleichzeitig abgegebenen Formblättern. Entscheidend komme es darauf an, dass die Abgabe mehrerer Steuererklärungen im äußeren Vorgang zusammenfalle und überdies in den Erklärungen - zumindest teilweise übereinstimmende - unrichtige Angaben enthalten seien.[428]

Damit ist der BGH wieder zu einer einheitlichen Auffassung innerhalb der einzelnen Strafsenate zurückgekehrt. Während der 2. Senat[429] und der 3. Senat[430] der Ansicht waren, bei der Hinterziehung verschiedener Steuern sei Tateinheit schon dann gegeben, wenn der Täter mit der zuerst eingereichten Steuererklärung Angaben mache, die - entsprechend seiner Vorstellung und seinem Willen - nach Wiederholung in einer später abgegebenen Erklärung für eine andere Steuer dem Finanzamt auch als Grundlage für die Feststellung dieser Steuer dienen sollten. Bei derartigen Sachverhalten münde die Hinterziehung der ersten Steuer "zwangsläufig" in die Verkürzung der zweiten Steuer ein. Dieser Umstand verknüpfe beide Steuerhinterziehungen zu einer Tat im Rechtssinne. Demgegenüber nahm der 1. Senat[431] unter Berufung auf das Reichsgericht und die frühere Rechtsprechung des BGH Tateinheit dann an, wenn die Hinterziehung durch dieselbe Erklärung bewirkt wird oder durch Erklärungen in gleichzeitig abgegebenen Formblättern, sofern die Abgabe mehrerer Steuererklärungen im äußeren Vorgang zusammenfällt und zudem in den Erklärungen übereinstimmende unrichtige Erklärungen enthalten sind.[432] Die Auffassung des 2. und 3. Senates hat sich jedoch nicht durchgesetzt. Beide Senate haben ihre Rechtsprechung aufgegeben.[433] Wiederholt hat der BGH daneben betont, dass die Gleichzeitigkeit oder die Identität von Vorbereitungshandlungen nicht geeignet seien, materiell-rechtlich tatmehrheitlich

---

[427] BGH BB 1980, 1032; StV 1981, 222 f.; wistra 1982, 226, 227; BGH bei Holtz, MDR 1979, 279 f.; OLG Hamm BB 1963, 459;

[428] BGHSt 33, 163; BGH wistra 1993, 222 f.; wistra 1995, 21, 22; wistra 1996, 62.

[429] BGH wistra 1983, 187; wistra 1984, 177; wistra 1985, 20; wistra 1985, 103.

[430] BGH wistra 1985, 74, 75.

[431] BGHSt 33, 163.

[432] Vgl. dazu auch RG JW 1936, 1677, 1678; BGH BB 1967, 948; NStZ 1983, 29.

[433] BGHSt 33, 163, 166. Zur Kritik an dieser Änderung der Rechtsprechung *Hamm*, NStZ 1986, 68, 69 f.; *Kniffka*, wistra 1986, 88, 90.

zueinander stehende Handlungen als einheitliche prozessuale Tat erscheinen zu lassen.[434]

Der BGH stellt damit klar, dass abweichend vom Tatbegriff im allgemeinen Strafrecht nicht allein eine einheitliche Ausführungshandlung in Form der zeitgleichen Einreichung der Steuererklärungen für Tatidentität sowohl im formellen als auch im materiellen Sinne genügt. Hinzukommen muss ferner eine zumindest teilweise Fehleridentität der Angaben in den Erklärungen.[435] Damit berücksichtigt der BGH die der Tat der Steuerhinterziehung innewohnenden normativen Merkmale des formellen und materiellen Steuerrechts. Dieser Tatbegriff hat zur Folge, dass die Steuererklärung den Umfang des Lebenssachverhaltes bestimmt und nicht, wie es im allgemeinen Strafverfahren der Fall ist und den tatsächlichen Verhältnissen entspricht, der Lebensvorgang in verschiedenen Steuererklärungen zum Ausdruck kommt.[436] Die den Tatbestand der Steuerhinterziehung ausfüllenden normativen Elemente des formellen und materiellen Steuerrechts, namentlich Steuerart und Besteuerungszeitraum, verschaffen dem Tatbegriff im Steuerstrafrecht die nötige Klarheit und Rechtssicherheit, die der prozessuale Tatbegriff im allgemeinen Strafrecht vermissen lässt. Ob allerdings die Gleichzeitigkeit der Einreichung der Steuererklärungen ein geeignetes Kriterium ist, Tateinheit herzustellen, mag bezweifelt werden.[437] Jedenfalls handelt es sich bei diesem Kriterium lediglich um einen äußeren Vorgang, der für die Verwirklichung des Tatbestandes der Steuerhinterziehung ohne Bedeutung und überdies in hohem Maße vom Zufall abhängig ist.

Blumers/Göggerle[438] stellen im Einklang mit den zum prozessualen Tatbegriff im allgemeinen Strafverfahren entwickelten Grundsätzen auf die Einheitlichkeit des Lebensvorganges ab und befürworten ebenfalls einen weiten Tatbegriff. Ein einheitlicher Lebensvorgang könne prozessual nicht deshalb getrennt werden, weil er in verschiedenen Steuererklärungen Eingang findet.[439] Aus diesem Grund beinhalte die prozessuale Tat alle steuerlichen Vorgänge, die zwangsläufig ineinander münden. Alle übrigen steuerlichen Vorgänge, die neben den zwangsläufig verbundenen Teilbereichen in den jeweiligen Steuererklärungen enthalten sind, sol-

---

[434] BGHSt 35, 14, 18, für den Fall der durch illegale Beschäftigung begangenen Taten der Lohnsteuerhinterziehung und des Vorenthaltens von Sozialversicherungsbeiträgen; BGH bei Holtz MDR 1985, 92; vgl. auch BGHSt 13, 21, 25 f.; 23, 141, 145; BGH NJW 1981, 997; NStZ 1983, 87; BayObLG NStZ 1986, 173 f.; OLG Köln wistra 1986, 273 ff.; m. Anm. dazu *Neuhaus*, wistra 1988, 57 ff.; OLG Stuttgart MDR 1986, 693; dagegen OLG Zweibrücken NJW 1975, 128, 129.
[435] Kritisch *Joecks* in Franzen/Gast/Joecks, § 370 Rn. 307; *Kohlmann*, § 370 Rn. 289.
[436] Vgl. *Blumers/Göggerle*, Rn. 25.
[437] So zumindest für die bloße Gleichzeitigkeit auch *Schweyer*, S. 16; vgl. auch Behrendt, ZStW 1982, 888, 895.
[438] *Blumers/Göggerle*, Rn. 26.
[439] *Blumers/Göggerle*, Rn. 26.

len nach dieser Auffassung ebenfalls zum steuerlichen Tatbegriff gehören. Zur Begründung dafür verweisen *Blumers/Göggerle* darauf, dass der Steuerpflichtige mit seiner Steuererklärung dem Finanzamt alle steuerlichen Vorgänge bewusst zur einheitlichen Überprüfung und als Grundlage für den einheitlichen Steuerbescheid vorlege. Den Ermittlungsbehörden obliege die Aufgabe, die für den jeweiligen Besteuerungszeitraum vorhandenen Steuererklärungen insgesamt auf ihre strafrechtliche Relevanz hin zu überprüfen.[440] Diesen überaus weiten Tatbegriff schränken *Blumers/Göggerle* allerdings in Übereinstimmung mit der überwiegenden Rechtsprechung dahingehend ein, dass der Tatbegriff nur diejenigen Steuererklärungen umfassen soll, die jeweils zumindest eine übereinstimmende Unrichtigkeit aufweisen.[441] Danach würden z. B. im Falle nicht gebuchter Geschäftsvorfälle aus gewerblicher Tätigkeit die Einkommen-, Umsatz- und Lohnsteuererklärungen in die prozessuale Tat einbezogen, sofern die Unrichtigkeit in allen Steuererklärungen zum Ausdruck kommt. Gleiches gelte dann auch für die übrigen Bestandteile der jeweiligen Steuererklärungen.[442]

bb) Enger Tatbegriff

Vereinzelt wird in der Rechtsprechung ein erheblich engerer Tatbegriff vertreten, indem auf den einzelnen Geschäftsvorfall als "Tat" abgestellt wird.[443] Das OLG Frankfurt a. M. meint zwar, sich im Einklang mit der Rechtsprechung des BGH zum Umfang der prozessualen Tat zu befinden, verwendet tatsächlich aber einen engeren Tatbegriff. Denn es stellt tatsächlich auf den einzelnen Geschäftsvorfall als "Tat" ab, unabhängig vom materiellen Steuerrecht, den sich daraus ergebenden Besteuerungszeiträumen sowie den handelsrechtlichen Vorschriften (§§ 238 ff. HGB) und lässt damit jegliches normative Merkmal des Tatbestandes der Steuerhinterziehung außer Acht. Nach Ansicht des OLG Frankfurt a. M. ist Tat in diesem Sinne der geschichtliche - und damit zeitlich und sachverhaltlich begrenzte - Vorgang, auf welchen Anklage und Eröffnungsbeschluss hinweisen und innerhalb dessen der Angeklagte als Täter oder Teilnehmer einen Straftatbestand verwirklicht habe. Die Untersuchungspflicht umfasse dabei nicht nur den von der zugelassenen Anklage umschriebenen Vorgang, sondern das gesamte Verhalten eines Angeklagten, soweit es mit dem durch die Anklage bezeichneten geschichtlichen Vorgang nach der Auffassung des Lebens eine Einheit darstelle, deren Aburteilung in getrennten Verfahren zu einer unnatürlichen Aufspaltung eines zusammengehörenden Geschehens führen würde.[444]

---

[440] *Blumers/Göggerle*, Rn. 27.

[441] *Blumers/Göggerle*, Rn. 27.

[442] *Blumers/Göggerle*, Rn. 27.

[443] OLG Frankfurt a. M. NStZ-RR 2001, 141, 142.

[444] Dem vom OLG Frankfurt a. M. entschiedenen Fall lag folgender Sachverhalt zugrunde: Der Angeklagte, ein bilanzierender Freiberufler, vereinbarte mit seiner Auftraggeberin im Jahr 1992

Insoweit gibt das OLG die Floskeln der überwiegenden Auffassung zum prozessualen Tatbegriff wieder. Bei der konkreten Anwendung der zur prozessualen Tat entwickelten Grundsätze weicht es jedoch von der oben skizzierten Rechtsprechung ab. Nach Ansicht des OLG ist der Vorwurf der Steuerhinterziehung unabhängig von den abgegebenen Steuererklärungen und Tatzeiten durch das konkret bezeichnete Geschäft hinreichend individualisiert.[445] Abzustellen sei somit auf das die Steuerpflicht auslösende Verhalten. Der prozessuale Tatbegriff umfasse daher alle Taten der Steuerhinterziehung im Zusammenhang mit dem die Steuerpflicht auslösenden Verhalten. Ob, wann und wie die Einnahmen nach materiellem Steuerrecht zu versteuern seien, bleibe ohne Einfluss auf den prozessualen Tatbegriff. Maßgeblich sei ausschließlich das Geschäft.[446]

Dieser Einschätzung des OLG kann nicht gefolgt werden. Das OLG verkennt die Ausgestaltung des Tatbestandes der Steuerhinterziehung als Blanketttatbestand. Das heißt die einzelnen Tatbestandsmerkmale werden nicht erschöpfend beschrieben, weil Steuerverkürzungen nur anhand aller im Einzelfall einschlägigen Vorschriften des formellen und materiellen Steuerrechts festgestellt werden können. Nach der zum prozessualen Tatbegriff überwiegend vertretenen normativ-faktischen Betrachtungsweise[447] findet in die Bewertung der Tat auch die strafrechtliche Bedeutung des Geschehens Eingang. Da eine Steuerverkürzung nur mit Rückgriff auf das formelle und materielle Steuerrecht festgestellt werden kann, müssen diese normativen Elemente in die prozessuale Tat einfließen. Wenn das materielle Steuerrecht daher eine Abschnittsbesteuerung[448] vorsieht, hat das zwin-

---

für erbrachte Leistungen ein Honorar von insgesamt 2 Mio. DM. Den Betrag erhielt er per Scheck in den Jahren 1993, 1994 und 1995. Für 1992 gab er keine Steuererklärung ab, woraufhin das Finanzamt eine Schätzung vornahm. Die Zahlungen erfaßte er auch nicht in seinen Einkommensteuerklärungen für 1993 bis 1995, noch führte er Umsatzsteuer ab. Die Staatsanwaltschaft erhob Anklage wegen Steuerhinterziehung in den Jahren 1993 bis 1995. Das AG hat den Angeklagten freigesprochen, weil ihm für die Jahre 1993 bis 1995 eine Steuerhinterziehung nicht vorzuwerfen sei. Da der Angeklagte bilanziere, wäre er verpflichtet gewesen, den Betrag von 2 Mio. DM im Jahr 1992 zu versteuern, nicht aber den späteren tatsächlichen Geldfluß. Eine Steuerhinterziehung in 1992 sei aber nicht angeklagt. Der besondere Deliktscharakter der Steuerhinterziehung gebiete es aber, nur die exakt angeklagten Taten in die richterliche Untersuchung einzubeziehen.

[445] Unter Berufung auf BGH NJW 2000, 3293, 3294.

[446] OLG Frankfurt a. M. NStZ-RR 2001, 141, 142.

[447] Siehe oben unter 1. Teil D IV 2 b.

[448] Zu unterscheiden ist zwischen Fälligkeitsteuern und Vorauszahlungen darauf, bei denen die Fälligkeit zu gesetzlich bestimmten, regelmäßig wiederkehrenden Terminen eintritt, sei es aufgrund eines besonderen Bescheids, z. B. über die ESt-Vorauszahlung (§ 37 Abs. 3 EStG), sei es aufgrund einer pflichtgemäßen Selbstberechnung des Steuerpflichtigen, z. B. bei USt-Vorauszahlungen (§ 18 Abs. 2 Satz 1 UStG). Dagegen erfordern Veranlagungsteuern eine Tätigkeit des Finanzamtes, die darauf abzielt, aufgrund der vom Steuerpflichtigen erklärten oder von Amts wegen ermittelten Besteuerungsgrundlagen die gesetzlich geschuldete Steuer durch förmli-

gend zur Folge, dass ein verschwiegener Geschäftsvorfall eine Strafbarkeit wegen Steuerhinterziehung nur für den jeweiligen Steuerabschnitt begründet. Daran hat sich auch die prozessuale Tat zu orientieren. Hat der Steuerpflichtige also in 1992 einen Geschäftsvorfall verschwiegen und dadurch den Tatbestand der Steuerhinterziehung im Hinblick auf die betroffene Steuerart für das Jahr 1992 verwirklicht, bildet dies die prozessuale Tat. Eine Individualisierung des einzelnen Geschäftsvorfalls ohne Rückgriff auf das formelle und materielle Steuerrecht kann die prozessuale Tat nicht festlegen.[449]

Ein vergleichbar enger ("punktueller") Tatbegriff wird teilweise auch in der Literatur vertreten, die sich ebenfalls an den einzelnen Vorbereitungshandlungen bzw. den einzelnen steuerlichen Mitwirkungspflichten orientiert.[450] Da die Steuererklärung eine Vielzahl von Sachverhalten zusammenfasse, sei nicht auf die Erklärung im Ganzen, sondern auf die einzelnen unrichtigen Tatsachen abzustellen. Nach Auffassung *Bauers*[451] führt es zu untragbaren Ergebnissen, wenn bei Bestimmung der prozessualen Tat allein auf die für die Tatbestandsvollendung maßgebliche Steuererklärung abgestellt werde. Das darin liegende Absehen von dem tatsächlichen Geschehen, das die unrichtige Steuererklärung zwingend vorbereite, führe zu einer Normativierung des Tatbegriffs, die mit dessen rein faktischer Konzeption nur schwer vereinbar sei. Zur Konkretisierung des Tatbegriffs müsse daher auf Vorbereitungshandlungen zurückgegriffen werden, um völlig lebensfremde und unpraktikable Ergebnisse zu vermeiden. Da § 370 AO derart von der konkreten faktischen Begehungsweise abstrahiere und die tatsächlichen Manipulationen des Täters in den Bereich der Vorbereitungshandlung verweise, hält *Bauer* eine faktische Begrenzung des prozessualen Tatbegriffs für zwingend geboten. *Bauer* entwickelt daraus die allgemeine These, je konkreter der materiell-rechtliche Tatbeg-

---

chen Steuerbescheid festzusetzen. Veranlagungsteuern sind im Wesentlichen die EStG, LSt, KöSt, KiSt, VSt,GewSt, USt, GrESt; vgl. *Seer* in Tipke/Lang, § 23 Rn. 30 ff.

[449] Insoweit geht auch der Rückgriff auf BGH NJW 2001, 3293 fehl, da im Steuerstrafrecht die Steuererklärung den Umfang des Lebenssachverhalts bestimmt und gerade nicht der einzelne Geschäftsvorfall.

[450] *Bauer*, wistra 1991, 56 ff.; ähnlich *Frotscher*, BB 1978, 705, 708; *Lohmeyer*, DStR 1979, 131, 133; zustimmend auch *Kohlmann*, § 370 Rn. 319.4. Vgl. auch *Pfaff*, DStZ 1982, 361, 363, der auf die einzelne Mitwirkungspflicht i. S. v. § 90 AO abstellt. Verdachtsgegenstand bei § 370 AO seien nicht die Abgabe einer falschen Steuererklärung oder die pflichtwidrige unterlassene Abgabe der Steuererklärung, sondern die Nichterfüllung bestimmter steuerlicher Mitwirkungspflichten des Steuerpflichtigen und die dadurch bewirkte Steuerverkürzung. Der Begriff der prozessualen Tat müsse auf die materiellen Mitwirkungspflichten abstellen. Der einheitliche Lebenssachverhalt werde nicht durch die formale Zusammenfassung der Erfüllung einer Vielzahl von Mitwirkungspflichten in einer Steuererklärung gebildet, sondern von der Erfüllung oder Nichterfüllung der einzelnen Pflichten. Tat im Sinne des Steuerstrafrechts sei demnach die Nichterfüllung bestimmter konkreter Mitwirkungspflichten hinsichtlich einzelner Besteuerungsgrundlagen, die zu einer Steuerverkürzung führt.

[451] Wistra 1991, 56, 58.

riff die missbilligte Tat beschreibe, desto enger könne sich der prozessuale Tatbegriff hieran anlehnen. Im Umkehrschluss müssten zwingend zusätzliche Begrenzungen - auch faktischer Art- herangezogen werden, wenn der zugrunde liegende materiell-rechtliche Tatbegriff hochgradig abstrakt sei.

Auch die Vertreter dieses engen Tatbegriffes müssen sich entgegenhalten lassen, dass sie die dem Tatbestand der Steuerhinterziehung zugrunde liegenden Vorschriften des formellen und materiellen Steuerrechts außer Acht lassen. Der Tatbestand ist für sich zwar hochgradig abstrakt. Er wird aber durch die steuerlichen Vorschriften ausgefüllt und gewinnt dadurch eine Konkretheit, wie sie die Tatbestände des allgemeinen Strafrechts nicht kennen. Dadurch lässt sich die Tat hinreichend genau bestimmen, ohne auf weitere faktische Begrenzungen zurückgreifen zu müssen. Ein Abstellen auf den einzelnen Geschäftsvorfall oder auf die Verletzung einer bestimmten Mitwirkungspflicht hätte zudem eine Aufspaltung einer materiell-rechtlichen Tatbestandseinheit[452] in mehrere prozessuale Taten zur Folge. Außerdem würden in einer einheitlichen Steuererklärung so viele Steuerhinterziehungen begangen, wie die Erklärung falsche Einzelangaben enthält. Dadurch würde aber ein einheitlicher geschichtlicher Vorgang unnatürlich aufgespalten.[453]

cc) Tateinheitstheorie

Zurückgehend auf die oben dargestellte Tateinheitstheorie[454] stellt *Behrendt*[455] den prozessualen Tatbegriff mit der materiell-rechtlichen Tateinheit des § 52 StGB gleich.[456] Materiell-rechtlich und somit auch prozessual sei in der Abgabe jeder einzelnen unrichtigen Steuererklärung für jeden Besteuerungszeitraum eine selbstständige Tat zu sehen, wobei der Tatbestand der Steuerhinterziehung allerdings nur einmal verwirklicht werde, wenn in derselben Erklärung verschiedene unrichtige Angaben zusammentreffen.[457] Auch bei der Abgabe mehrerer Steuererklärungen zu verschiedenen Steuerarten lägen regelmäßig mehrere selbstständige Taten vor.[458] Sofern in den unterschiedlichen Steuererklärungen ein identischer Fehler vorhanden sei, führe dies zur Tateinheit; nur teilweise übereinstimmende Unrichtigkeiten bei mehreren verschiedenen Steuererklärungen zu unterschiedlichen Steuerarten sollen nur dann Tateinheit begründen, wenn die Berichtigung einer Erklärung auch zur Korrektur der anderen Erklärung führt.[459]

---

[452] Vgl. *Kohlmann*, Einl. B Rn. 146.2
[453] *Wannemacher*, Rn. 655.
[454] vgl. oben 1. Teil D IV 2 b, vertreten von *Herzberg*, JuS 1972, 113 ff.; *Oehler*, Gedächtnisschrift für Schröder, S. 439 ff.
[455] ZStW 1982, 888 ff.
[456] Ebenso *Schweyer*, passim.
[457] *Behrendt*, ZStW 1982, 888, 892.
[458] *Behrendt*, ZStW 1982, 888, 893.
[459] *Behrendt*, ZStW 1982, 888, 989; *Schweyer*, S. 17 ff.

Wie bereits bei der Bewertung der Tateinheitstheorie zum prozessualen Tatbegriff[460] im allgemeinen Strafverfahren ist dieser Auffassung auch hier entgegenzuhalten, dass sie die unterschiedlichen Zwecke von prozessualer Tat und materiell-rechtlicher Konkurrenz außer Acht lässt. Durch die materiell-rechtlichen Konkurrenzen soll verhindert werden, dass bei dem Zusammentreffen mehrerer Gesetzesverletzungen die Addition aller in Betracht kommenden Freiheitsstrafen das Maß der Schuld des Täters übersteigt.[461] Dagegen besteht die Funktion der prozessualen Tat u. a. darin, die materielle Rechtskraft festzulegen.[462] Eine Gleichsetzung von materiell-rechtlicher Tateinheit und prozessualer Tat begründet die Gefahr, dass die unterschiedlichen Funktionen miteinander vermengt werden und damit die Bewertung materiell-rechtlicher Tateinheit von prozessualen Erwägungen abhängig gemacht wird und umgekehrt.[463]

b) Stellungnahme

Wie die Darstellung der unterschiedlichen Meinungen zeigt, wird der prozessuale Tatbegriff im Steuerstrafrecht unterschiedlich weit bzw. eng verstanden. Dies kann im Einzelfall erhebliche Konsequenzen haben. So hat ein besonders enger Tatbegriff zur Folge, dass im Bereich des § 393 Abs. 1 AO der Betriebsprüfer im Rahmen einer Prüfung bei Auffinden einer Unrichtigkeit innerhalb der Gewinn- und Verlustrechnung zur Ermittlung des Gewinns aus Gewerbebetrieb die Prüfung im übrigen, das heißt lediglich unter Ausschluss dieses einen Geschäftsvorfalls, hinsichtlich der gleichen Einkommensart fortsetzen dürfte. Für den Steuerpflichtigen hätte das zur Folge, dass er weiterhin zur Mitwirkung verpflichtet wäre; man würde ihn ins offene Messer laufen lassen.[464]

Auch für die Bestimmung der materiellen Rechtskraft vermag ein allzu enger (punktueller) Tatbegriff nicht zu überzeugen. Ein Abstellen auf die einzelne Unrichtigkeit würde dazu führen, dass sich der Steuerpflichtige wiederholt der strafrechtlichen Verfolgung wegen der Hinterziehung von Steuern einer bestimmten Steuerart innerhalb eines Besteuerungszeitraums ausgesetzt sehen würde. Ist der Steuerpflichtige z. B. wegen Einkommensteuerhinterziehung für das Jahr 2002 verurteilt worden, weil er einen Geschäftsvorfall verschwiegen hat, so wäre eine erneute Verfolgung und Aburteilung wegen Einkommensteuerhinterziehung in 2002 möglich, wenn sich später herausstellt, dass er einen weiteren Geschäftsvorfall oder Zinseinnahmen nicht angegeben hat. Dieses Ergebnis steht in einem eklatanten Widerspruch zur materiell-rechtlichen Einordnung der Verkürzungshand-

---

[460] Siehe oben 1. Teil D IV 2 b.
[461] BVerfGE 56, 22, 30.
[462] BVerfGE 56, 22, 31.
[463] Vgl. *Blumers/Göggerle*, Rn. 24.
[464] Vgl. *Schweyer*, 101 f., 105.

lung. Denn unabhängig davon, ob der Steuerpflichtige nur einen oder mehrere Geschäftsvorfälle in seiner Steuererklärung für eine bestimmte Steuerart und für einen bestimmten Besteuerungszeitraum verschweigt, verwirklicht er den Tatbestand des § 370 AO nur ein einziges Mal. Mehrere falsche Teilerklärungen in einer Steuererklärung stellen daher nur eine Handlung im Rechtssinne dar und nicht etwa mehrere in Tateinheit begangene Handlungen.[465] Es liegt mithin Tatbestandseinheit vor.[466] Schließlich begeht der Täter auch nur einen Totschlag, unabhängig davon ob er das Opfer mit einem oder mit 20 Messerstichen niederstreckt.

Aber auch ein zu weiter Tatbegriff führt zu unvertretbaren Ergebnissen: So wäre durch die Einleitung eines strafrechtlichen Ermittlungsverfahrens aufgrund der Vorschrift des § 393 AO die Fortsetzung der Betriebsprüfung vollständig blockiert und der Steuerpflichtige von seiner weiteren Mitwirkungspflicht insgesamt entbunden, wenn schon die Gleichzeitigkeit der Abgabe der einzelnen Steuererklärungen diese zu einer einheitlichen Tat verknüpfen würde. Für den Bereich der strafbefreienden Selbstanzeige würde - sofern man hier überhaupt auf den prozessualen Tatbegriff abstellt[467] - ein zu weiter Tatbegriff dazu führen, dass dem Steuerpflichtigen kaum noch Gelegenheit bliebe, von diesem Rechtsinstitut Gebrauch zu machen, wenn gegen ihn bereits wegen Steuerhinterziehung ermittelt wird. Das ist jedoch rechtspolitisch nicht gewollt.[468]

Die Schwierigkeit, den Umfang der prozessualen Tat im Steuerstrafverfahren zu bestimmen, besteht nach alledem darin, dass ein zu enger Tatbegriff teils die Finanzbehörde (§§ 386, 393 AO) und teils den Steuerpflichten (§ 371 AO) begünstigt sowie umgekehrt ein sehr weiter Tatbegriff den Steuerpflichtigen bei der Anwendung der §§ 386, 393 AO und die Finanzbehörde bei § 371 AO privilegiert. Überzeugen kann daher nur ein Tatbegriff, der einen Mittelweg beschreitet und den Funktionen der prozessualen Tat im Steuerstrafrecht gerecht wird.

Zur Bestimmung der prozessualen Tat soll daher auf den zum Tatbegriff im allgemeinen Strafverfahren entwickelten Umfang zurückgegriffen werden. Danach orientiert sich der Tatbegriff im prozessualen Sinne an den materiell-rechtlichen Konkurrenzen. Materiell-rechtliche Tateinheit begründet in der Regel auch eine prozessuale Tat und Tatmehrheit im materiellen Recht stellt regelmäßig auch mehrere prozessuale Taten dar. Nur dann, wenn diese Betrachtung zu einer unna-

---

[465] Vgl. BGH NJW 1980, 2591; *Samson* in Franzen/Gast/Samson, 3. Aufl., § 370 Rn. 226; krit. aber *Franzen*, DStR 1964, 382 f. Die Anzahl der verschwiegenen Geschäftsvorfälle und damit die Höhe der verkürzten Steuern hat jedoch Auswirkungen auf das Strafmaß.

[466] *Kohlmann*, Einl. B Rn. 146.2.

[467] Siehe dazu unter 3. Teil B I 2 b.

[468] Hier spielen die fiskalischen Erwägungen, mit denen das Selbstanzeigerecht gerechtfertigt wird, eine Rolle. Siehe dazu unten 3. Teil A.

türlichen Aufspaltung eines einheitlichen Vorganges führen würde, ist eine Abweichung geboten. Die Bestimmung des Tatbegriffs vollzieht sich somit in zwei Schritten: Es ist zunächst das materiell-rechtliche Konkurrenzverhältnis festzustellen. Sodann ist zu prüfen, ob ein einheitlicher Vorgang unnatürlich aufgespalten würde.

aa) Die Konkurrenzen im Steuerstrafrecht

Für das Verhältnis mehrerer Steuerhinterziehungen zueinander oder das Zusammentreffen von Steuerstraftat mit einer Nicht-Steuerstraftat gelten auf Konkurrenzebene die allgemeinen Vorschriften des StGB, namentlich die §§ 52, 53 StGB.

Keine Frage von Ideal- oder Realkonkurrenz ist indes das Verhältnis mehrerer unrichtiger Teilerklärungen innerhalb einer Steuererklärung. Zwar enthält eine Steuererklärung eine Vielzahl von Angaben zu unterschiedlichen Einkunftsarten, Werbungskosten, Sonderausgaben, außergewöhnlichen Belastungen usw. Folglich können in einer Steuererklärung mehrere unrichtige Angaben zusammentreffen.[469] Im natürlichen Sinne liegen hier mehrere verschiedene Handlungen und Unterlassungen vor. Da § 370 AO aber von unrichtigen und unvollständigen Angaben über steuerlich erhebliche Tatsachen in der Mehrzahl spricht, fasst der Tatbestand verschiedene unrichtige oder fehlende Angaben in einer Steuererklärung zu einer einzigen Handlung im Sinne einer tatbestandlichen Handlungseinheit zusammen.[470] Der Täter verwirklicht den Tatbestand der Steuerhinterziehung in diesem Fall also nur ein einziges Mal.

(1) Tateinheit (§ 52 StGB)

Tateinheit liegt vor, wenn der Täter durch dieselbe Handlung mehrere Strafvorschriften bzw. denselben Straftatbestand mehrfach verletzt. Das ist dann der Fall,

---

[469] Z. B. verschwiegene Geschäftsvorfälle bei der Angabe zu den Einkünften aus Gewerbebetrieb, verschwiegene Zinseinkünfte und überhöhte Werbungskosten.

[470] BGH NJW 1980, 2591; *Kohlmann*, Teil B Rn. 146.2, § 370 Rn. 292; *Samson* in Franzen/Gast/Samson, 3. Aufl., § 370 Rn. 226; *Giemulla* INF 1979, 292, 294; kritisch dagegen *Franzen*, DStR 1964, 380, 382, der in der Abgabe einer Steuererklärung lediglich die Erfüllung einer Vielzahl von Mitwirkungspflichten sieht, die als eigenständige Handlungen oder Unterlassungen zu werten seien, dabei aber übersieht, dass die Zusammenfassung in einer Erklärung zwingend notwendig ist, um die Festsetzung der Steuer für einen bestimmten Besteuerungszeitraum unter Berücksichtigung aller in Betracht kommenden Besteuerungsgrundlagen gewährleisten zu können. Überdies läßt sich auch die Frage der Höhe der Steuerverkürzung nur beantworten, wenn alle Besteuerungsgrundlagen des betreffenden Besteuerungszeitraums mit einbezogen werden.

wenn dieselbe Handlung zugleich mindestens eines der Tatbestandsmerkmale der verschiedenen Strafvorschriften ausfüllt.[471]

(a) Gleichartige Tateinheit

Da die Abgabe jeder einzelnen Steuererklärung in der Regel eine selbstständige Tat begründet, kommt Tateinheit nur in seltenen Fällen in Betracht. Ausnahmsweise kann die Hinterziehung verschiedener Steuern Tateinheit begründen, wenn durch dieselbe unrichtige Steuererklärung mehrere Steuerarten[472] verkürzt werden.[473]
Ferner nimmt die Rechtsprechung Tateinheit bei der Verkürzung verschiedener Steuern dann an, wenn die Hinterziehungen durch mehrere gleichzeitig abgegebene Steuererklärungen bewirkt werden. Entscheidend sei dabei, dass die Abgabe mehrerer Steuererklärungen im äußeren Vorgang zusammenfällt und überdies in den Erklärungen zumindest teilweise übereinstimmende unrichtige Angaben über die Besteuerungsgrundlagen enthalten sind.[474]

Die Auffassung der Rechtsprechung vermag jedoch nicht vollends zu überzeugen. Indem sie auf die Gleichzeitigkeit der Abgabe der Steuererklärungen abstellt, macht sie die Abgrenzung von Tateinheit zur Tatmehrheit von äußeren Umständen abhängig, die zwar im allgemeinen Strafrecht geeignet sein können, Tateinheit zu begründen, für den hoch normativen Tatbestand der Steuerhinterziehung aber unbrauchbar sind. Hier stellt sich schon die Frage, wann überhaupt das Merkmal der Gleichzeitigkeit erfüllt sein soll. Es ist etwa nicht klar, ob die Steuererklärungen körperlich zusammen, also in einem Umschlag abgegeben werden müssen oder ob bereits das gleichzeitige Einwerfen der Erklärungen in den Briefkasten genügt. Letztlich kann es für die Beurteilung aber keinen Unterschied ma-

---

[471] *Tröndle/Fischer*, Vor § 52 Rn. 3 m. w. N.

[472] So z. B. bei der Abgabe einer unrichtigen Steuererklärung für die Verkürzung von ESt und die davon abhängige KiSt, sofern diese als Steuerhinterziehung strafbar ist, dazu *Kohlmann*, § 370 Rn. 10 und § 386 Rn. 16, oder durch unrichtige Angaben in der ESt-Jahreserklärung, die neben einer Hinterziehung der Einkommenjahressteuer tateinheitlich auch eine Hinterziehung von ESt-Vorauszahlungen für den nachfolgenden Veranlagungszeitraum begründet, BGH NJW 1997, 2543 f.

[473] *Kohlmann*, § 370 Rn. 288.

[474] BGHSt 33, 163 ff.; BGH wistra 1993, 222; wistra 1995, 22; wistra 1996, 62; kritisch *Joecks* in Franzen/Gast/Joecks § 370 Rn. 307; *Behrendt*, ZStW 1994, 888, 893 ff.; *Schweyer*, S. 12 ff. Zu der abweichenden, aber zwischenzeitlich aufgegebenen Auffassung des 2. und 3. Strafsenats, die eine bloße Übereinstimmung der Angaben in mehreren Steuererklärungen ausreichen ließen, siehe oben unter 1. Teil D IV 3 a aa.

chen, wann und wie die Steuererklärungen mit identischen Unrichtigkeiten bei der Finanzbehörde eingegangen sind.[475]

Maßgebend kann ausschließlich der gleiche Fehler sein, der sich in allen Steuererklärungen für einen bestimmten Besteuerungszeitraum fortsetzt. Aber auch hier weist die Rechtsprechung Unschärfen auf, da der Umfang der Fehlerübereinstimmungen nicht hinreichend deutlich zum Ausdruck kommt. Soweit die Rechtsprechung davon spricht, die dasselbe Strafgesetz mehrfach verletzenden Ausführungshandlungen müssten in einem für sämtliche Tatbestandsverwirklichungen notwendigen Teil "zumindest teilweise identisch" sein[476], bleibt offen, wie zu verfahren ist, wenn neben den übereinstimmenden Unrichtigkeiten noch weitere Fehler vorhanden sind. Um eine eindeutige Abgrenzung vornehmen zu können bietet sich ein Rückgriff auf die Unterlassungsstruktur des Tatbestandes der Steuerhinterziehung (§ 370 Abs. 1 Nr. 2 AO) an.[477] Danach kann bei mehreren verschiedenen Steuererklärungen mit teilweise übereinstimmenden Unrichtigkeiten Tateinheit nur dann angenommen werden, wenn die Berichtigung einer Erklärung auch zur Richtigstellung der anderen Erklärungen führen würde.[478] Enthält eine der Steuererklärungen daneben noch einen weiteren Fehler, steht diese Steuerhinterziehung zu den anderen Taten im Verhältnis der Tatmehrheit. Die in diesem Sinne verstandene Tateinheit korrespondiert auch mit dem Umfang der Wirkung einer strafbefreienden Selbstanzeige. Die Nachholung der fehlerhaften Angabe hat Wirkung auf alle Steuererklärungen, in denen dieser Fehler enthalten ist, und führt somit zur Straffreiheit hinsichtlich dieser Steuerarten.[479]

Die Rechtsprechung nimmt Tateinheit auch bei gleichzeitiger Hinterziehung mehrerer Veranlagungssteuern in der Variante des Unterlassens an, wenn die erforderlichen Angaben, die der Täter pflichtwidrig unterlassen hat, durch dieselbe Hand-

---

[475] A. A. *Joecks*, Steuerstrafrecht, S. 62 f., der ausschließlich auf den äußeren Umstand einer gleichzeitigen Abgabe in einem Umschlag abstellt und das Erfordernis der (Teil-) Identität als Überbleibsel einer zwischenzeitlich überholten Rechtsprechung sieht. Nach *Joecks* ist nicht Verzahnung der Daten entscheidend, sondern lediglich eine von einem Willensimpuls getragene Körperbewegung. Zur Begründung verweist er auf den Fall, in dem durch eine einzige Körperbewegung etwa mittels einer Bombe eine Vielzahl von Menschen getötet werden, Tateinheit auch dann vorliegt, wenn diese Menschen nicht miteinander verwandt sind. Dabei verkennt er jedoch, dass dieser Fall nicht vergleichbar mit der Steuerhinterziehung ist. Während der Tötung zahlreicher Menschen mittels einer Bombe nur eine Tathandlung zugrunde liegt, setzt § 370 Abs. 1 Nr. 1 AO als Tathandlung voraus, dass der Täter über steuerlich erhebliche Tatsachen unrichtige oder unvollständige Angaben macht. Eine Tateinheit begründende Handlung kann daher nur in einer identischen unrichtigen oder unvollständigen Angabe in mehreren Steuererklärungen gesehen werden.
[476] BGHSt 33, 163, 165.
[477] Vgl. *Behrendt*, ZStW 1982, 888, 898.
[478] *Behrendt*, ZStW 1982, 888, 898.
[479] *Suhr/Naumann/Bilsdorfer*, § 371 Rn. 495.

lung zu machen gewesen wären[480], wobei allein der einheitliche Entschluss, keine der für die jeweiligen Steuerarten erforderlichen Angaben zu machen, nicht ausreicht.[481] Diese Fallgestaltung dürfte aber eher selten vorliegen.[482]

(b) Ungleichartige Tateinheit

Auch zwischen einer Steuerstraftat und einer Nicht-Steuerstraftat kann durch eine Handlung Tateinheit herbeigeführt werden. Zu den typischen Begleittaten einer Steuerhinterziehung, die tateinheitlich zueinander stehen, können etwa Unterschlagung (§ 246 StGB)[483], Betrug (§ 263 StGB), wenn außer der Erlangung von Steuervorteilen noch weitere Vorteile erstrebt werden[484], Untreue (§ 266 StGB)[485] oder Urkundenfälschung (§ 267 StGB) durch das Vorlegen falscher Rechnungen bei der Finanzbehörde[486] gehören.

(2) Tatmehrheit (§ 53 StGB)

Tatmehrheit liegt vor, wenn der Täter durch mehrere selbstständige strafbare Handlungen oder Unterlassungen entweder dasselbe Gesetz mehrmals (gleichartige Tatmehrheit) oder mehrere verschiedene Gesetze (ungleichartige Tatmehrheit) verletzt.[487]

---

480 BGH bei *Holtz*, MDR 1979, 987.

481 BGH NJW 1985, 1719 f.; BayObLG MDR 1993, 75; vgl. auch *Gribbohm/Utech*, NStZ 1990, 209, 212 f.

482 So sind z. B. ESt und GewSt getrennt auf verschiedenen Vordrucken zu erklären. Tateinheit könnte bei Unterlassung beider Erklärungen nur angenommen werden, wenn die unterlassenen Erklärungen zusammen abzugeben gewesen, also durch ein und dieselbe Handlung zu erfüllen gewesen wären, BayObLG MDR 1993, 75. Danach ändere sich an dieser Beurteilung auch dadurch nichts, dass bei Verkürzung verschiedener Steuern Tateinheit dann anzunehmen sei, wenn die Hinterziehung durch übereinstimmende unrichtige Angaben über die Steuergrundlagen in gleichzeitig abgegebenen verschiedenen Formblättern bewirkt werde. Diese Möglichkeit der Fallgestaltung sei aus der Natur der Sache heraus auf Fälle aktiven Handelns beschränkt, BayObLG MDR 1993, 75 f.

483 So für den Fall, dass der Steuerberater die von seinem Mandanten erhaltenen Geldbeträge oder Schecks zum Zwecke der Einzahlung bei der Finanzkasse unterschlägt und keine bzw. unzutreffende USt-Voranmeldungen für ihn abgibt, vgl. BGHSt 16, 354, 358; OLG Hamm BB 1960, 1234.

484 Vgl. BGH MDR 1975, 947.

485 BGH wistra 1992, 140, 141.

486 BGH BB 1954, 152, OLG Neustadt NJW 1963, 2180, 2181 f.

487 *Tröndle/Fischer*, Vor § 52 Rn. 10.

(a) Gleichartige Tatmehrheit

Die Abgabe jeder einzelnen unrichtigen Steuererklärung ist grundsätzlich eine selbstständige Tat i. S. des § 53 StGB.[488] Bei der Hinterziehung verschiedener Steuern liegen in der Regel mehrere selbstständige Taten vor, die im Verhältnis der Tatmehrheit zueinander stehen.[489] Tatmehrheit besteht sowohl dann, wenn der Täter mehrere falsche Erklärungen zu den einzelnen Steuerarten abgibt[490], als auch dann, wenn er es entgegen seinen Pflichten unterlässt, die erforderlichen Erklärungen für die jeweilige Steuer[491] abzugeben.[492] Das gilt unabhängig davon, ob sich die falschen Angaben oder Unterlassungen auf den gleichen Veranlagungszeitraum beziehen, auf einem einheitlichen Tatentschluss beruhen oder in den Erklärungen teilweise die gleichen Angaben zu machen gewesen wären.[493]

(b) Ungleichartige Tatmehrheit

Weitaus häufiger als tateinheitlich treffen Nicht-Steuerdelikte tatmehrheitlich mit einer Steuerstraftat zusammen. So stehen Bankrott (§ 283 StGB)[494], Bestechlich-

---

[488] Das gilt auch für das Verhältnis von USt-Jahreserklärung und USt-Voranmeldungen. USt-Voranmeldeverfahren und USt-Jahresverfahren sind in steuerrechtlicher Hinsicht selbstständig zu beurteilen. Auch in strafrechtlicher Hinsicht stellen die Abgabe falscher bzw. das Unterlassen der Voranmeldungen und der Jahreserklärung mehrere natürliche Handlungen dar. Der Abgabe einer falschen USt-Jahreserklärung (§ 18 Abs. 3 UStG) kommt im Verhältnis zu den vorangegangenen unzutreffenden monatlichen USt-Voranmeldungen in demselben Kalenderjahr (§ 18 Abs. 1 UStG) ein selbstständiger Unrechtsgehalt zu. Während die Abgabe falscher monatlicher Voranmeldungen zur Verkürzung von Vorauszahlungen führt - mithin zu einer Steuerverkürzung auf Zeit -, bewirkt die Abgabe der falschen Jahreserklärung die endgültige Steuerverkürzung, BGHSt 38, 165, 171; BGH wistra 1996, 105 f.; a. A. dagegen *Kohlmann*, Teil B Rn. 162, § 370 Rn. 146.3, Rn. 302, Rn. 315, der eine mitbestrafte Nachtat annimmt, da keine weitere Steuerverkürzung eintrete; so auch *Bittmann/Dreier*, NStZ 1995, 105, 106; gegen den BGH auch *Joecks* in Franzen/Gast/Joecks, § 370 Rn. 308, der sich trotz Abschaffung der fortgesetzten Tat (vgl. BGH NJW 1994, 1663 ff.) für die Beibehaltung dieser Rechtsfigur ausspricht, dabei allerdings nicht berücksichtigt, dass sich der BGH gerade im Hinblick auf die Abschaffung des Fortsetzungszusammenhanges auch mit USt-Hinterziehungen durch unzutreffende USt-Voranmeldungen und USt-Jahreserklärungen zu befassen hatte (vgl. BGH NJW 1994, 2368 f.).

[489] BGH wistra 1982, 226, 227; BGH BB 1980, 1032; BGH StV 1981, 222 f; OLG Hamm BB 1963, 459; *Joecks* in Franzen/Gast/Joecks, § 370 Rn. 307; *Senge* in Erbs/Kohlhaas, § 370 Rn. 99

[490] RGSt 64, 229, 239; BGH bei *Herlan*, GA 1965, 289; BGH bei *Holtz*, MDR 1979, 279 f.; OLG Köln MDR 1952, 121; *Senge* in Erbs/Kohlhaas, § 370 Rn. 99.

[491] BGH wistra 1982, 226, 227; BGH bei *Holtz*, MDR 1979, 987; BGH NJW 1985, 1719.

[492] So Z.B., wenn GewSt und ESt oder USt und ESt durch Nichtabgabe von Steuererklärung hinterzogen werden. Weitere Bsp. für Tatmehrheit: Unterlassen von LSt-Anmeldungen und USt-Voranmeldungen, LSt-Hinterziehung und gleichzeitige USt-Hinterziehung (BGH wistra 1988, 23).

[493] BayObLG wistra 1992, 314 f.

[494] BGH wistra 1987, 29.

keit (§§ 331 ff. StGB)[495], Hehlerei (§ 259 StGB)[496], Vorenthalten von Beitragsanteilen zur Sozialversicherung (§ 266 a StGB)[497] und auch Untreue (§ 266 StGB)[498] in der Regel im Verhältnis der Tatmehrheit zur Steuerhinterziehung.

bb) Abweichung von der materiell-rechtlichen Konkurrenzlage

Im zweiten Schritt ist nun zu prüfen, ob die nach den Kriterien des materiellen Rechts bestimmte Tat nach natürlicher Auffassung einen einheitlichen Lebensvorgang darstellt. Das ist dann der Fall, wenn mehrere Handlungen unmittelbar und dergestalt innerlich verknüpft sind, dass ihre getrennte Verfolgung und Aburteilung als unnatürliche Aufspaltung einer natürlichen Einheit empfunden würde.[499] Der der prozessualen Tat zugrunde liegende einheitliche Lebensvorgang stimmt mit der für das materielle Recht entscheidenden Handlung grundsätzlich überein. Aus den oben genannten Gründen besteht kein Anlass, die prozessuale Tat auf den einzelnen Geschäftsvorfall zu fokussieren. Denn gerade dies hätte eine Aufspaltung eines einheitlichen Lebensvorganges zur Folge, was jedoch durch die Ausgestaltung der prozessualen Tat vermieden werden soll. Die prozessuale Tat ist aber auch nicht auf weitere Sachverhalte auszudehnen, als es die Kriterien der materiell-rechtlichen Tateinheit nach der hier vertretenen Auffassung vorsehen. Dadurch würden die durch die normativen Merkmale der Steuerhinterziehung gesetzten Grenzen überschritten.

4. Zwischenergebnis

Es lässt sich festhalten, dass die einstweilige Beschlagnahme eines Beweisgegenstands grundsätzlich ausgeschlossen ist, wenn die Delikte tateinheitlich zueinander stehen. In diesem Fall bleibt den Strafverfolgungsorganen nur die Befugnis zur Beschlagnahme bei Gefahr im Verzug oder die Einholung einer ergänzenden richterlichen Beschlagnahmeanordnung während der Durchsuchung. Soweit die Taten im Verhältnis der Tatmehrheit zueinander stehen, liegt eine andere Straftat im Sinne des § 108 StPO vor, so dass die vorläufige Beschlagnahme des Beweisgegenstands nach dieser Vorschrift möglich ist.

---

[495] BGHSt 7, 149, 151 f.
[496] BGH wistra 1992, 140.
[497] BGHSt 35, 14, 18 f.; 38, 285, 286; BayObLG NJW 1989, 2142, 2143.
[498] So der BGH wistra 1996, 184, 186 für den Fall der KöSt-Hinterziehung eines GmbH-Gesellschaftergeschäftsführers durch Vornahme einer verdeckten Gewinnausschüttung und Untreue zum Nachteil der GmbH.
[499] Nachweise vgl. oben Fn. 356.

V. Verhältnismäßigkeit

Alle Maßnahmen der staatlichen Verfolgungsorgane unterliegen dem Grundsatz der Verhältnismäßigkeit.[500] Jede Maßnahme muss daher unter Würdigung aller persönlichen und tatsächlichen Umstände des Einzelfalls zur Erreichung des angestrebten Zwecks geeignet und erforderlich sein. Der mit der Maßnahme verbundene Eingriff darf daneben nicht außer Verhältnis zur Bedeutung der Sache und zur Stärke des bestehenden Tatverdachts stehen.[501] Dieser Grundsatz ist auch bei der vorläufigen Beschlagnahme nach § 108 StPO zu beachten.[502]

VI. Ausschluss der Beschlagnahme

§ 108 StPO selbst enthält bereits in Abs. 1 Satz 3 einen Ausschlusstatbestand. Danach ist eine Beschlagnahme von Zufallsfunden unzulässig, wenn die nach § 103 Abs. 1 Satz 2 StPO durchgeführte Gebäudedurchsuchung ausschließlich der Ergreifung eines Beschuldigten, der einer in § 129 a StGB genannten Straftaten dringend verdächtig ist, dient. Eine einstweilige Beschlagnahme von zufällig aufgefundenen Gegenständen ist ferner dann unzulässig, wenn diese Gegenstände einem Beschlagnahmeverbot unterliegen.[503] Beschlagnahmeverbote können sich insbesondere aus § 97 StPO, § 30 AO und dem allgemeinen Verhältnismäßigkeitsgrundsatz ergeben.

1. § 108 Abs. 1 Satz 3 StPO

§ 108 Abs. 1 Satz 3 StPO verbietet die einstweilige Beschlagnahme von anlässlich einer Durchsuchung nach § 103 Abs. 1 Satz 2 StPO aufgefundenen Beweismitteln, die eine andere Straftat betreffen, wegen der die Gebäudedurchsuchung angeordnet worden ist. Die praktische Bedeutung dieser Vorschrift ist gering.[504] Denn davon unberührt bleiben die allgemeinen Befugnisse zur Beschlagnahme nach den §§ 94, 98 StPO und damit insbesondere eine Beschlagnahme aufgrund

---

[500] Grundlegend zum Verhältnismäßigkeitsgrundsatz BVerfGE 19, 342, 348 f.; 20, 162, 189; 23, 127, 133; 28, 264, 280; 32, 373, 379. Vgl. auch *Müller* in KMR, Vorb. § 94 Rn. 11; *Pfeiffer* in Karlsruher Kommentar, Einl. Rn. 30 f.

[501] *Müller* in KMR, Vorb. § 94 Rn. 12 ff.

[502] Zur Verhältnismäßigkeit von Steuerfahndungsmaßnahmen, insbesondere Durchsuchungen und Beschlagnahmen bei Banken vgl. *Papier/Dengler*, BB 1996, 2593 ff., die auch auf die betroffenen Rechte der Bank und ihrer Kunden bei Durchsuchung und Beschlagnahme eingehen. Vgl. auch *Leissner*, BB 1994, 1941, 1945; *ders.*, BB 1995, 525, 526 ff.

[503] *Amelung* in Alternativ Kommentar/StPO, § 108 Rn. 7; *Meyer-Goßner*, § 108 Rn. 4; *Müller* in KMR, § 108 Rn. 6; *Nack* in Karlsruher Kommentar, § 108 Rn. 6; *Rudolphi* in Systematischer Kommentar/StPO, § 108 Rn. 5; *Schäfer* Löwe-Rosenberg, § 108 Rn. 9; *Bandisch*, NJW 1987, 2200, 2204 f.; *Krekeler* NJW 1977, 1417, 1423; *Maiwald*, JuS 1978, 379, 382.

[504] *Schäfer* in Löwe-Rosenberg, § 108 Rn. 16; *Ronsdorf*, S. 110.

Gefahr im Verzug durch die Staatsanwaltschaft und ihre Hilfsbeamten.[505] Daneben wird vereinzelt vertreten, dass der Wortlaut selbst die Bedeutung dieser Regelung einschränke, indem § 108 Abs. 1 Satz 3 StPO lediglich die Anwendung von Satz 1, nicht aber die Mitteilungspflicht von Satz 2 ausschließe.[506] Dem ist jedoch entgegenzuhalten, dass sich die Mitteilungspflicht in Satz 2 ihrem eindeutigen Wortlaut nach nicht auf das Auffinden, sondern auf die durchgeführte einstweilige Beschlagnahme des Zufallsfundes bezieht.[507] Ohne Beschlagnahme, die Satz 3 untersagt, entsteht mithin gerade keine Mitteilungspflicht nach Satz 2. Das bedeutet allerdings nicht, dass die die Gebäudedurchsuchung vornehmenden Polizeibeamten über Beweisgegenstände für eine andere Straftat Schweigen bewahren müssen. Denn für sie ergibt sich eine Pflicht zur Information der Staatsanwaltschaft über den Fund aus § 163 StPO.[508]

2. § 97 StPO

a) Geltung des Beschlagnahmeverbots für Zufallsfunde

Nicht alle Gegenstände unterliegen der Beschlagnahme. In Anknüpfung an die Zeugnisverweigerungsrechte der §§ 52, 53, 53 a StPO schränkt § 97 StPO zum Schutz vor der Umgehung dieser Rechte die Beschlagnahme von Gegenständen, die sich im Gewahrsam zeugnisverweigerungsberechtigter Personen befinden, ein.[509] Zu diesen Personen zählen zunächst die Angehörigen nach § 52 StPO. Für den in dieser Arbeit interessierenden Bereich der Zufallsfunde im Steuerstrafverfahren bilden allerdings die Zeugnisverweigerungsrechte der in § 53 Abs. 1 Nr. 1 - 3 a StPO genannten Berufsgeheimnisträger den Kernpunkt des Interesses. Nach herrschender Meinung, allerdings ohne nähere Begründung, gilt das Beschlagnahmeverbot des § 97 StPO auch für die einstweilige Beschlagnahme nach § 108 StPO.[510] Dagegen wendet *Görtz-Leible*[511] ein, die Anwendung des § 97 StPO set-

---

[505] *Amelung* in Alternativ Kommentar/StPO, § 108 Rn. 15; *Meyer-Goßner*, § 108 Rn. 5; *Müller* in KMR, § 108 Rn. 8; *Nack* in Karlsruher Kommentar, § 108 Rn. 8; *Rudolphi* in Systematischer Kommentar/StPO, § 108 Rn. 6; *Schäfer* in Löwe-Rosenberg, § 108 Rn. 16; *Ronsdorf*, S. 110; *Vogel*, NJW 1978, 1217, 1226 f.

[506] So *Nack* in Karlsruher Kommentar, § 108 Rn. 8; *Lemke* in Heidelberger Kommentar, § 108 Rn. 6; *Ronsdorf*, S. 110.

[507] *Amelung* in Alternativ Kommentar/StPO, § 108 Rn. 17; *Meyer-Goßner*, § 108 Rn. 5; *Schäfer* in Löwe-Rosenberg, § 108 Rn. 17.

[508] *Amelung* in Alternativ Kommentar/StPO, § 108 Rn. 17, *Meyer-Goßner*, § 108 Rn. 5; *Rudolphi* in Systematischer Kommentar/StPO, § 108 Rn. 6; *Schäfer* in Löwe-Rosenberg, § 108 Rn. 17.

[509] BVerfGE 20, 162, 188; 32, 373, 385; OLG Frankfurt StV 1982, 64, 65; *Meyer-Goßner*, § 97 Rn. 1; *Schäfer* in Löwe-Rosenberg, § 97 Rn. 1; *Amelung*, DNotZ 1984, 195, 198; *Bringewat*, NJW 1974, 1740, 1742; *Fezer*, JuS 1978, 765, 767 ff.; *Michalowski*, ZStW 1997, 519, 539 ff.

[510] *Amelung* in Alternativ Kommentar/StPO, § 108 Rn. 7; *Meyer-Goßner*, § 108 Rn. 4; *Müller* in KMR, § 108 Rn. 6; *Nack* in Karlsruher Kommentar, § 108 Rn. 6; *Rudolphi* in Systematischer Kommentar/StPO, § 108 Rn. 5; *Schäfer* in Löwe-Rosenberg, § 108 Rn. 9; *Bandisch*, NJW 1987,

ze voraus, dass der Mandant bzw. Patient oder der Angehörige des Zeugnisverweigerungsberechtigten Beschuldigter ist. Da eine Beschlagnahme nach § 108 StPO aber erst zur Prüfung der Frage diene, ob gegen den bislang Unverdächtigen ein Verfahren einzuleiten ist, gebe es zum Zeitpunkt der einstweiligen Beschlagnahme noch keinen Beschuldigten. Demnach könne § 97 StPO einer vorläufigen Beschlagnahme nicht entgegenstehen. Auch sei eine spätere endgültige Beschlagnahme nicht durch § 97 StPO ausgeschlossen; dieser Fall liege außerhalb des Anwendungsbereichs des § 97 StPO. Etwas anderes gelte nur dann, wenn sich der Zufallsfund auf eine Tat beziehe, wegen der bereits ein anderes Strafverfahren eingeleitet ist.

Dem kann nicht gefolgt werden. *Görtz-Leible* ist schon darin nicht zuzustimmen, dass § 97 StPO nur eingreift, wenn bereits ein Beschuldigter existiert. Die StPO selbst bestimmt den Begriff des Beschuldigten nicht. Nach allgemeiner Auffassung und speziell für das Steuerstrafrecht in § 397 Abs. 1 AO ausdrücklich normiert, ist Beschuldigter derjenige, gegen den über den Anfangsverdacht hinaus die Strafverfolgungsbehörde das Verfahren bewusst als Verantwortlichen betreibt.[512] Die Beschuldigteneigenschaft wird durch einen Willensakt der Strafverfolgungsbehörde begründet,[513] wobei als Kriterium - wie bei § 397 Abs. 1 AO für das Steuerstrafrecht - die objektive Verfahrenslage maßgeblich ist.[514] Sobald also die Strafverfolgungsbehörde eine Maßnahme ergreift, die erkennbar darauf abzielt, gegen eine Person wegen einer Straftat strafrechtlich vorzugehen, wird diese Person zum Beschuldigten.[515] § 97 Abs. 1 StPO setzt aber nicht zwingend voraus, dass eine Person Beschuldigter im vorgenannten Sinne sein muss. Vielmehr gilt die Beschlagnahmefreiheit bereits dann, wenn ein bloß Verdächtiger vorhanden ist, selbst, wenn das Verfahren noch gegen "Unbekannt" geführt wird.[516] Auch ein Ermittlungsverfahren braucht noch nicht eingeleitet zu sein; in der Beschlagnahme kann der erste Verfolgungsakt liegen.[517] Dem Beschlagnahmeverbot unterliegen daher auch Beweisgegenstände im Sinne des § 108 StPO, wenn sich aus ihnen

---

2200, 2204; *Krekeler* NJW 1977, 1417, 1423; *ders.* NStZ 1987, 199, 200; *Maiwald*, JuS 1978, 379, 382 f.

[510] *Schäfer* in Löwe-Rosenberg, § 108 Rn. 16; *Ronsdorf*, S. 110.

[511] *Görtz-Leible*, S. 303 ff.

[512] BGHSt 10, 8, 12; *Hanack* in Löwe-Rosenberg, § 136 Rn. 4; *Meyer-Goßner*, Einl. Rn. 76; *Rogall* in Systematischer Kommentar, vor § 133; 16, 34; *Rüping*, StPO, Rn. 92.

[513] BGHSt 34, 138, 140; OLG Frankfurt NStZ 1988, 425, 426; *Meyer-Goßner*, Einl. Rn. 76; *Rogall*, MDR 1977, 978 ff.; *Rüping*, StPO, Rn. 92.

[514] *Meyer-Goßner*, Einl. Rn. 76; *Rüping*, StPO, Rn. 92, der in § 397 Abs. 1 AO eine Vorschrift mit allgemeiner Bedeutung sieht; zu § 397 AO *Hübner* in Hübschmann/Hepp/Spitaler, § 397 Rn. 16.

[515] Vgl. BGH NStZ 1997, 398.

[516] RGSt 50, 241, 242; *Meyer-Goßner*, § 97 Rn. 10.

[517] OLG Celle NJW 1963, 406, 407.

der Anfangsverdacht für eine durch eine bestimmte Person, die noch nicht Beschuldigter sein muss, begangene Straftat ergibt.

Selbst wenn sich der aus dem Zufallsfund ergebende Verdacht zum Zeitpunkt der einstweiligen Beschlagnahme noch nicht auf eine bestimmte Person konkretisiert hat, greift das Beschlagnahmeverbot des § 97 Abs. 1 StPO ein, wenn die zufällig aufgefundenen Beweismittel endgültig gemäß §§ 94, 98 StPO wegen der Straftat eines nunmehr bestimmten Verdächtigen oder Beschuldigten beschlagnahmt werden. Denn dann sind die Voraussetzungen des § 97 Abs. 1 StPO im Hinblick auf die endgültige Beschlagnahme erfüllt; die einstweilige Beschlagnahme ist aufzuheben, und die Gegenstände sind zurückzugeben.

Offen sind noch die Fälle, in denen eine endgültige Beschlagnahme vorgenommen worden ist, ohne dass es einen Beschuldigten gibt. Stellt sich später, nach Ermittlung des Beschuldigten, heraus, dass der ursprünglich zulässigen Beschlagnahme nun das Beschlagnahmeverbot des § 97 Abs. 1 StPO entgegensteht, etwa weil der Beschuldigte auch Mandant des Zeugnisverweigerungsberechtigten ist, ist umstritten, ob die Beweisgegenstände verwertbar sind.[518] Insbesondere nach der Rechtsprechung des BGH kommt es für eine Verwertbarkeit des Gegenstandes grundsätzlich nur darauf an, dass die Voraussetzungen der Beschlagnahmefähigkeit zum Zeitpunkt der Beschlagnahme vorgelegen haben. Diese Rechtsprechung ist insofern widersprüchlich, als der BGH im umgekehrten Fall des späteren Aufkommens eines Teilnahmeverdachts im Hinblick auf den Zeugnisverweigerungsberechtigten auf den Zeitpunkt der Verwertung abstellt und ein zunächst rechtswidrig erlangter Beweisgegenstand verwertbar sein soll.[519]

Gegen eine Verwertbarkeit in diesen Fällen spricht, dass es keinen Unterschied machen kann, ob die das Beschlagnahmeverbot begründenden Umstände zum Zeitpunkt der Beschlagnahme bekannt oder unbekannt waren. Maßgeblich ist, dass die Voraussetzungen des § 97 Abs. 1 StPO zum Zeitpunkt der Beschlagnahme objektiv vorlagen, zumindest aber zum Zeitpunkt der Verwertung. Denn wenn nach der Rechtsprechung des BGH in dem Fall, dass die Voraussetzungen für die Beschlagnahmefähigkeit des Gegenstandes nachträglich entstehen, das Fehlen der Beschlagnahmevoraussetzungen zum Zeitpunkt der Vornahme der Zwangsmaßnahme der Verwertung nicht entgegensteht,[520] muss dies auch dann gelten, wenn

[518] Für eine Verwertbarkeit: BGH NStZ 1983, 85; *Meyer-Goßner*, § 97 Rn. 47; *Schäfer* in Löwe-Rosenberg, § 97 Rn. 107. Dagegen: *Fezer*, StPO, 7 Rn. 45; *ders.* JuS 1978, 765, 768; *Herdegen*, GA 1963, 141, 143 f.; *Schlüchter*, Rn. 308; einschränkend auch *Rudolphi* in Systematischer Kommentar/StPO, § 97 Rn. 38.

[519] BGHSt 25, 168, 169.

[520] Etwa durch späteres Aufkommen eines Teilnahmeverdachts oder des Verdachts der sonstigen strafrechtlichen Verstrickung des Zeugnisverweigerungsberechtigten, vgl. BGHSt 25, 168 ff.

die Beschlagnahmevoraussetzungen nachträglich entfallen und die Voraussetzungen für das Beschlagnahmeverbot erst später offenbar werden.

b) Beschlagnahmefreie Gegenstände

Beschlagnahmefrei sind gemäß Abs. 1 Nr. 1 Mitteilungen des Beschuldigten an die in den §§ 52 - 53 Abs. 1 Nr. 1 - 3 b StPO aufgeführten zeugnis- und auskunftsverweigerungsberechtigten Personen, wobei der Begriff "Beschuldigter" weit und im Sinne von "Verdächtiger" zu verstehen ist.[521] Schriftliche Mitteilungen sind alle Gedankenäußerungen, die ein Absender einem Empfänger zukommen lässt, damit er davon Kenntnis nimmt.[522] Darunter fallen etwa Briefe, Telegramme, Eintragungen in Bücher oder auf Karten, auf Bild- oder Tonträger, unabhängig davon, ob im Original oder in Durchschrift und Kopie.[523]

Daneben untersagt Abs. 1 Nr. 2 die Beschlagnahme von Aufzeichnungen. Das sind auf Papier oder anderem Material festgehaltene mündliche Mitteilungen oder andere sinnliche Wahrnehmungen des Zeugnisverweigerungsberechtigten, die keine Mitteilungen an Dritte enthalten. Das Beschlagnahmeverbot geht aber nur so weit, wie sich diese Aufzeichnungen auf vom Beschuldigten anvertraute Mitteilungen beziehen oder auf Umstände, auf die sich das Zeugnisverweigerungsrecht erstreckt. Damit sind solche Vermerke gemeint, die sich auf Umstände beziehen, die dem Berufsgeheimnisträger entweder anvertraut worden oder auch nur zufällig im Zusammenhang mit seiner Berufstätigkeit bekannt geworden sind.[524] Zu den Aufzeichnungen zählen z. B. Karteien, Krankenblätter, Handakten[525], Aktenvermerke, Bilanzentwürfe, notarielle Beurkundungen, Bild- oder Datenträger.[526]

Dem Beschlagnahmeverbot unterfallen schließlich gemäß Abs. 1 Nr. 3 andere Gegenstände, einschließlich ärztlicher Untersuchungsbefunde. Darunter fallen etwa Schriftstücke, Urkunden, Buchungs- oder Geschäftsunterlagen, die der Beschuldigte oder ein Dritter dem Berufsgeheimnisträger im Zusammenhang mit dessen Berufsausübung überlassen hat.[527] Zu beachten ist dabei, dass die genannten Gegenstände nur insoweit vor einer Beschlagnahme geschützt sind, als sie dem Zeugnisverweigerungsberechtigten in dessen besonderer beruflicher Eigen-

---

[521] *Görtz-Leible*, S. 224.
[522] *Meyer-Goßner*, § 97 Rn. 28.
[523] *Meyer-Goßner*, § 97 Rn. 28; *Schäfer* in Löwe-Rosenberg, § 97 Rn. 39 f.
[524] *Meyer-Goßner*, § 53 Rn. 7.
[525] Zur Beschlagnahme von Handakten vgl. *Burkhard*, PStR 2001, 158 ff.
[526] *Meyer-Goßner*, § 97 Rn. 29; *Schäfer* in Löwe-Rosenberg, § 97 Rn. 45.
[527] *Schäfer* in Löwe-Rosenberg, § 97 Rn. 49.

schaft anvertraut worden sind.[528] Nur zur bloßen Aufbewahrung überlassene Unterlagen unterfallen daher nicht dem Beschlagnahmeverbot.[529] Es ist somit auf den Sinn der Informationsübermittlung abzustellen.[530]

In Rechtsprechung und Literatur ist nach wie vor die Frage umstritten, ob Buchhaltungs- und Geschäftsunterlagen, also "andere Gegenstände" im Sinne des § 97 Abs. 1 Nr. 3 StPO, die der Mandant seinem steuerlichen Berater[531] zur Erstellung von Steuererklärungen und Bilanzen übergeben hat, bei dem Berufsgeheimnisträger beschlagnahmt werden dürfen.[532] In der Praxis ist diese Frage von entscheidender Bedeutung, da die vom steuerlichen Berater entsprechend aufbereiteten Unterlagen der Steuerfahndung und der Finanzbehörde eindeutige Hinweise auf strafrechtlich relevantes Verhalten geben können. Die Fahndungsbeamten machen von einer Beschlagnahme diesbezüglicher Unterlagen daher vielfach Gebrauch.[533] Sie orientieren sich dazu an Nr. 58 AStBV[534], wo ausschließlich nach beschlagnahmefähigen[535] und beschlagnahmefreien[536] Gegenständen differenziert wird.[537] Rechtsprechung und Literatur haben sich mit der Zulässigkeit der Beschlagnahme von Geschäfts- und Buchführungsunterlagen beim steuerlichen Berater ausführlich auseinandergesetzt. Die gegensätzlichen Argumente sind hinreichend ausgetauscht.[538] Es würde den Rahmen dieser Arbeit sprengen, sämtliche Positionen darzustellen und einer kritischen Würdigung zu unterziehen. An dieser Stelle er-

---

[528] *Schäfer* in Löwe-Rosenberg, § 97 Rn. 50 mwN

[529] *Gast-de Haan* in Klein, § 399 Anm. 13a; *Nack* in Karlsruher Kommentar, § 97 Rn. 20.

[530] *Görtz-Leible*, S. 247.

[531] Das können Steuerberater, Steuerbevollmächtigte, Rechtsanwälte, Wirtschaftsprüfer oder vereidigte Buchprüfer sowie deren Berufshelfer sein.

[532] Die Zahl der Beiträge und Urteile, die sich mit diesem Thema befassen, ist nahezu unüberschaubar. Vgl. zum Schrifttum nur die umfangreichen Nachweise bei *Kohlmann*, § 385 Rn. 186. Gegner und Befürworter eines Beschlagnahmeverbots halten sich in etwa die Waage. Eine Lösung dieser Streitfrage durch die höchstrichterliche Rechtsprechung ist nicht zu erwarten, weil die Beschlagnahmeanordnung lediglich mit der Beschwerde gemäß § 310 Abs. 2 StPO, nicht aber mit der weiteren Beschwerde anfechtbar ist.

[533] *Blumers/Göggerle*, Rn. 628; *Kohlmann*, § 385 Rn. 187.

[534] *Hellmann* in Hübschmann/Hepp/Spitaler, § 393 Rn. 39; *ders.*, wistra 1994, 13, 17; *Joecks* in Franzen/Gast/Joecks, § 385 Rn. 16 halten die AStBV insgesamt aufgrund fehlender Ermächtigungsgrundlage für rechtswidrig. Zu den AStBV vgl. auch *Rüping*, NStZ 1986, 545 ff.

[535] Dazu zählen Gegenstände, die dem steuerlichen Berater lediglich zum Zwecke der Aufbewahrung übergeben worden sind sowie Buchführungsunterlagen, Belege und Aufzeichnungen des Beschuldigten, mit dem Hinweis, dass zu letzteren keine einheitliche Rechtsprechung existiere.

[536] Dazu zählen Akten des Berufsgeheimnisträgers mit dem zwischen ihm und dem Beschuldigten geführten Schriftwechsel; seine Aufzeichnungen über Mitteilungen des Beschuldigten und andere Umstände, auf die sich das Zeugnisverweigerungsrecht erstreckt sowie sonstige Gegenstände, auf die sich das Zeugnisverweigerungsrecht des Berufsgeheimnisträgers erstreckt.

[537] Zur Kritik vgl. *Blumers/Göggerle*, Rn. 628; *Felix/Streck*, wistra 1982, 161, 165.

[538] Zum Streitstand vgl. insbesondere *Blumers/Göggerle*, Rn. 629 ff.; *Burhoff*, PStR 1999, 243 ff.; *Görtz-Leible*, S. 270 ff; *Kohlmann*, § 385 Rn. 189 ff.

folgt daher nur eine knappe Wiedergabe des Streitstandes, der sich im Wesentlichen in drei Auffassungen zusammenfassen lässt, sowie der die Meinungen tragenden Hauptargumente.

Die überwiegende Rechtsprechung[539] und ein Teil der Literatur[540] hält die Geschäfts- und Buchführungsunterlagen grundsätzlich für beschlagnahmefähig. Zur Begründung führen die Vertreter dieser Auffassung an, dass es sich bei den Buchführungsunterlagen nicht um Gegenstände im Sinne des § 97 Abs. 1 Nr. 3 StPO handele. Der Mandant stelle die Buchführungsunterlagen selbst zusammen. Sie seien daher nicht im Vertrauensverhältnis zwischen Mandant und steuerlichem Berater entstanden.[541] Ferner wird angeführt, dass gemäß der §§ 238 ff, 257 ff. HGB, §§ 145 ff. AO der Kaufmann zur Buchführung verpflichtet sei. Übertrage er diese Tätigkeit einem steuerlichen Berater, handele es sich bei dieser Dienstleistung nicht um eine originär steuerberatende Tätigkeit, die daher nicht dem durch die §§ 53 Abs. 1 Nr. 3, 97 StPO gewährten Vertrauensschutz unterfalle.[542] Im übrigen stünden die Buchhaltungsunterlagen nicht im Alleingewahrsam des steuerlichen Beraters. Der Mandant habe Mitgewahrsam, was zum Ausschluss der Beschlagnahmefreiheit führe.[543] Dem Beschlagnahmeverbot sollen nach dieser Meinung die Unterlagen nur unterfallen, wenn sie zum Zwecke der Beratung in Steuerangelegenheiten überlassen worden seien.

Eine andere Auffassung lehnt hingegen eine Beschlagnahme von Geschäfts- und Buchführungsunterlagen grundsätzlich ab.[544] Nach dieser Meinung habe der steuerliche Berater Alleingewahrsam an den Geschäfts- und Buchführungsunterlagen, da dem Mandanten die unmittelbare Zugriffsmöglichkeit fehle.[545] Zudem sei § 97 Abs. 1 Nr. 3 StPO weit auszulegen und umfasse daher auch Geschäfts- und Buchführungsunterlagen.[546]Auch sei das Vertrauensverhältnis zwischen Mandant und

---

[539] OLG Hamburg MDR 1981, 603; LG Aachen MDR 1981, 603; LG Saarbrücken wistra 1984, 200; LG München wistra 1985, 41f.; NJW 1989, 536 f.; LG Stuttgart wistra 1985, 41; wistra 1988, 40 f.; wistra 1990, 282, 283; LG Hildesheim wistra 1988, 327 f.; LG Darmstadt NJW 1988, 1862.
[540] *Birmanns*, MDR 1981, 102, 103; *Brenner*, BB 1984, 137, 138; *Görtz-Leible*, S. 277 ff.; *Moosburger*, wistra 1989, 252, 256.
[541] So LG Stuttgart wistra 1985, 41; LG Braunschweig NJW 1978, 2108 f.
[542] LG Stuttgart wistra 1988, 40; LG Saarbrücken wistra 1984, 200; *Schäfer*, wistra 1985, 12, 14; *Stypmann*, wistra 1982, 11, 13.
[543] LG Aachen MDR 1981, 603; LG Stuttgart wistra 1990, 282, 283; *Birmanns*, MDR 1981, 102, 103.
[544] LG Köln NJW 1960, 1874 f.; LG Stuttgart NJW 1976, 2030; LG Bonn DB 1984, 2193, 2194; LG Koblenz StV 1985, 8, 9; LG München NJW 1984, 1191 f.; LG Stade wistra 1986, 41, 42; *Bauwens*, wistra 1985, 179, 183; *Blumers/Göggerle*, Rn. 636 ff.; *Göggerle*, BB 1986, 41, 43 f.; *Kohlmann*, § 385 Rn. 196; *Rüping*, Zufallsfunde, S. 267, 272; *Schmidt*, wistra 1991, 245, 251; *Schmitz/Tillmann*, S. 80 f.
[545] *Kohlmann*, § 385 Rn. 196.
[546] *Blumers/Göggerle*, Rn. 638.

Berater umfassend geschützt und dieser Schutz nicht auf einzelne Tätigkeiten beschränkt.[547] Ein Beschlagnahmeverbot bestehe lediglich in den Fällen des § 97 Abs. 2 StPO, namentlich bei Teilnahmeverdacht oder Verstrickung sowie bei instrumenta et producta sceleris nicht und wenn die Unterlagen dem steuerlichen Berater bloß zur Aufbewahrung überlassen worden sind.[548]

Nach einer vermittelnden Auffassung unterliegen Geschäfts- und Buchführungsunterlagen vorübergehend dem Beschlagnahmeverbot, nämlich so lange, wie sie zur Erstellung der Jahresabschlüsse oder Steuererklärungen gebraucht würden.[549]

c) *Voraussetzungen für eine Beschlagnahmefreiheit sowie die Durchbrechung des Beschlagnahmeprivilegs*

Voraussetzung für eine Beschlagnahmefreiheit ist nach § 97 Abs. 2 Satz 1 StPO, dass die Gegenstände sich im Gewahrsam des Zeugnisverweigerungsberechtigten befinden. Gewahrsam ist - wie bei den §§ 242, 246 StGB - die von einem Herrschaftswillen getragene tatsächliche Sachherrschaft bzw. die Verfügungsmacht über das Beweismittel.[550] Ein Alleingewahrsam des Zeugnisverweigerungsberechtigten ist nicht erforderlich, Mitgewahrsam reicht zum Eingreifen des Beschlagnahmeverbots aus.[551] Sofern jedoch der Beschuldigte Mitgewahrsam hat, steht nach herrschender Meinung in Rechtsprechung und Literatur § 97 StPO einer Beschlagnahme nicht entgegen.[552] Das gilt auch dann, wenn sich eine Fotokopie oder das Original der entsprechenden Mitteilung, Aufzeichnung usw. im Alleingewahrsam des Zeugnisverweigerungsberechtigten befindet.[553] Ein erweitertes Beschlagnahmeverbot gilt über § 148 StPO hingegen für Verteidigerpost, die auch dann nicht beschlagnahmt werden darf, wenn sie sich bei dem Beschuldig-

---

[547] *Kohlmann*, § 385 Rn. 197.

[548] *Blumers/Göggerle*, Rn. 640, 647, 649; *Kohlmann*, § 385 Rn. 195.

[549] LG Berlin NJW 1977, 725; LG Chemnitz wistra 2000, 476, 477; vgl. dazu *Burhoff*, PStR 2001, 68 ff.

[550] BGHSt 19, 374 f.; *Meyer-Goßner*, § 97 Rn. 11; *Müller* in KMR, § 97 Rn. 4; *Rudolphi* in Systematischer Kommentar/StPO, § 97 Rn. 10; *Schäfer* in Löwe-Rosenberg, § 97 Rn. 17.

[551] BGHSt 19, 374; LG Stuttgart wistra 1990, 282, 283; *Joecks* in Franzen/Gast/Joecks, § 399 Rn. 38; *Kohlmann*, § 385 Rn. 182; *Meyer-Goßner*, § 97 Rn. 12; *Schäfer* in Löwe-Rosenberg, § 97 Rn. 18; *Höser*, MDR 1982, 535 f.; *Schuhmann*, wistra 1995, 50, 52; a. A. LG Aachen, MDR 1981, 603; *Birmanns*, MDR 1981, 102, 103, der Gewahrsam i. S. d. § 97 Abs. 2 Satz 1 StPO nur dann für gegeben ansieht, wenn der Zeugnisverweigerungsberechtigte die alleinige Verfügungsgewalt über die ihm anvertrauten Unterlagen hat. So wohl auch *Wannemacher*, Rn. 1118.

[552] BGHSt 19, 374, 375; KG JR, 1967, 192; *Joecks* in Franzen/Gast/Joecks, § 399 Rn. 38; *Kohlmann*, § 385 Rn. 182; *Meyer-Goßner*, § 97 Rn. 12; *Müller* in KMR, § 97 Rn. 4; *Höser*, MDR 1982, 535 f.; a. A. *Schuhmann*, wistra 1995, 50, 52, der zu Unrecht auch in diesem Fall ein Beschlagnahmeverbot annimmt.

[553] *Joecks* in Franzen/Gast/Joecks, § 399 Rn. 38.

ten[554] oder noch auf dem Postweg[555] befindet, und für Unterlagen, die der Beschuldigte zu seiner Verteidigung[556] angefertigt hat.[557]

Beschlagnahmefreiheit besteht nicht, wenn der Berufsgeheimnisträger der Teilnahme oder der Begünstigung, Strafvereitelung oder Hehlerei verdächtig ist oder wenn es sich um Deliktsgegenstände oder deren Surrogate, sog. instrumenta et producta sceleris, handelt (§ 97 Abs. 2 Satz 3 StPO). Im Hinblick auf den in § 97 Abs. 2 Satz 3 Halbsatz 1 StPO verlangten Verdacht versteht die überwiegende Meinung in Rechtsprechung und Literatur einen Anfangsverdacht im Sinne des § 152 Abs. 2 StPO.[558] Weder genügen bloße Vermutungen, noch muss der Verdacht hinreichend (§ 203 StPO)[559] oder dringend (§ 112 StPO) sein.[560] Allerdings ist, dem Grundsatz der Verhältnismäßigkeit entsprechend, der Verdacht, abhängig von der Schwere des Eingriffs für den Betroffenen[561], auf zunehmend bestimmtere Tatsachen zu gründen.[562]

Vielfach wird für eine Durchbrechung des Beschlagnahmeprivilegs nach § 97 Abs. 2 Satz 3 Halbsatz 1 StPO eine vorsätzliche rechtswidrige Tat im Sinne von § 11 Abs. 1 Nr. 5 StGB unter Außerachtlassen von Schuld und persönlichen Strafausschließungsgründen für ausreichend gehalten.[563] Die Strafvereitelung soll demnach auch dann das Beschlagnahmeverbot entfallen lassen, wenn sie nach § 258 Abs. 6 StGB straflos bleibt.[564] Diese Auffassung vermag nicht zu überzeugen. Schon dem Wortlaut lässt sich eine Beschränkung auf eine rechtswidrige Tat im Sinne des § 11 Abs. 1 Nr. 5 StGB nicht entnehmen. § 97 Abs. 2 Satz 3 Halbsatz 1 StPO verlangt den Verdacht einer Teilnahme oder Begünstigung, Strafvereitelung oder Hehlerei. Es wird also der einfache Tatverdacht einer Straftat vorausgesetzt. Dazu muss eine nach materiellem Strafrecht tatbestandsmäßige sowie

---

[554] BGH NJW 1973, 2035 f.; NJW 1982, 2508; *Schmidt*, StV 1989, 421 f.

[555] BGH NJW 1990, 722.

[556] BGH NStZ 1998, 309, 310 f.

[557] *Meyer-Goßner*, § 97 Rn. 37.

[558] BGH NJW 1973, 2035 f.; *Meyer-Goßner*, § 97 Rn. 20; *Müller* in KMR, § 97 Rn. 7; *Nack* in Karlsruher Kommentar, § 97 Rn. 35; *Rudolphi* in Systematischer Kommentar/StPO, § 97 Rn. 31; *Amelung*, DNotZ 1984, 195, 212.

[559] So aber *Krekeler*, NJW 1977, 1417, 1424.

[560] *Meyer-Goßner*, § 97 Rn. 20.

[561] Je schwerer der Eingriff für den Betroffenen ist, desto größere Anforderungen sind an die Konkretisierung des Verdachts durch bestimmte Tatsachen zu stellen, vgl. *Amelung*, DNotZ 1984, 195, 212.

[562] *Amelung*, DNotZ 1984, 195, 212; *Joecks* in Franzen/Gast/Joecks, § 399 Rn. 39. Zum Problem des Beschlagnahmeverbots bei der Durchsuchung bei Berufsgeheimnisträger, wenn die aufgefundenen Daten zum Teil wegen Tatverstrickung beschlagnahmt werden dürfen, zum Teil aber dem Beschlagnahmeverbot unterliegen, *Burhoff*, PStR 2002, 191.

[563] *Meyer-Goßner*, § 97 Rn. 19; *Rudolphi* in Systematischer Kommentar/StPO, § 97 Rn. 32.

[564] BGHSt 25, 168, 169; vgl. *Krekeler*, NJW 1977, 1417, 1418.

rechtswidrige und schuldhafte Handlung vorliegen.[565] Liegen somit Tatsachen vor, die den Tatverdacht, auch auf Schuldebene, entfallen lassen, führt dies nicht zur Durchbrechung des Beschlagnahmeverbots.[566]

Das Beschlagnahmeverbot greift ferner dann nicht ein, wenn der Zeugnisverweigerungsberechtigte die Gegenstände freiwillig herausgibt, da in diesem Fall keine Beschlagnahme im Sinne des § 97 Abs. 1 StPO, also keine Sicherstellung gegen den Willen des Zeugnisverweigerungsberechtigten erforderlich ist.[567] Daneben verpflichtet die Entbindung von der Schweigepflicht nach § 53 Abs. 2 StPO durch den Beschuldigten zur Herausgabe nach § 95 StPO und lässt auch das Beschlagnahmeverbot bei dem zeugnisverweigerungberechtigten Berufsträger, der sonst nach den §§ 53 Abs. 1 Nr. 2 bis 3 b StPO das Zeugnis verweigern dürfte, entfallen.[568] Allerdings dürfte diese Konstellation in der Praxis eher selten vorkommen, weil der Beschuldigte zunächst keine Kenntnis von dem zufälligen Auffinden von Beweismitteln für eine andere Tat anlässlich einer Durchsuchung beim Zeugnisverweigerungsberechtigten haben wird.[569] Die Entbindung von der Verschwiegenheit durch den Beschuldigten in dem Verfahren, in dem die Durchsuchung stattfindet, entfaltet keine Wirkung auf andere Taten, auf die ein Zufallsfund hindeutet. Denn die Erklärung wirkt nur in dem Verfahren, in dem sie abgegeben worden ist.[570]

d) Geschützter Personenkreis

Der durch § 97 Abs. 1 StPO geschützte Personenkreis ergibt sich aus den §§ 52, 53 Abs. 1 Nr. 1 - 3 b StPO. Für den Bereich der Zufallsfunde im Zusammenhang mit Steuerstraftaten sind in der Praxis die Berufsgruppen der Rechtsanwälte, Notare, Wirtschaftsprüfer und Steuerberater von besonderer Bedeutung. Diese Berufsträger haben gemeinsam, dass im Rahmen ihrer Berufsausübung zahlreiche Aufzeichnungen und Unterlagen über Mandanten anfallen. Eine Durchsuchung bei diesen Personen kann daher, gerade wenn die Finanzbehörde, die entgegen § 110 StPO auch zur Durchsicht der Papiere berechtigt ist,[571] die Durchsuchung

---

[565] *Schoreit* in Karlsruher Kommentar, § 152 Rn. 26 f.
[566] So auch *Görtz-Leible*, S. 285.
[567] *Müller* in KMR, § 97 Rn. 24; *Görtz-Leible*, S. 293 (Fn. 51).
[568] BGHSt 38, 144, 145; OLG Nürnberg NJW 1958, 272, 273 f.; OLG Hamburg NJW 1962, 689 ff.; *Amelung* in Alternativ Kommentar/StPO, § 97 Rn. 26; *Joecks* in Franzen/Gast/Joecks, § 399 Rn. 40; *Kohlmann*, § 385 Rn. 186; *Meyer-Goßner*, § 97 Rn. 24; *Müller* in KMR, § 97 Rn. 23; *Nack* in Karlsruher Kommentar, § 97 Rn. 5; *Rudolphi* in Systematischer Kommentar/StPO, § 97 Rn. 22; *Schäfer* in Löwe-Rosenberg, § 97 Rn. 74 f. A. A. mit unzutreffenden Gründen *Bringewat*, NJW 1974, 1740, 1742.
[569] *Ronsdorf*, S. 104.
[570] *Meyer-Goßner*, § 53 Rn. 47.
[571] Zur Kritik an dieser Regelung siehe Fn. 680.

vornimmt, zum Auffinden von Beweisgegenständen für ein anderes Verfahren führen. Zu denken ist hier etwa im Rahmen einer Durchsuchung wegen einer Steuerstraftat an das zufällige Auffinden von Unterlagen, die auf eine Bestechung eines Amtsträgers durch den Mandanten oder auf eine andere Steuerstraftat des Mandanten hindeuten.

Ebenso können sich Anhaltspunkte für eine Tat des Berufsgeheimnisträgers selbst oder eines Dritten ergeben. Ob diese Beweisgegenstände einstweilig beschlagnahmt werden dürfen, hängt in diesen Fällen von der jeweiligen Konstellation ab, in der der Zufallsfund entdeckt wird. Hierbei kommt es zum einen darauf an, ob die Durchsuchung bei dem Berufsgeheimnisträger als Drittem nach § 103 StPO oder aber nach § 102 StPO durchgeführt wird. Zum anderen ist danach zu unterscheiden, ob die anlässlich einer Durchsuchung bei dem Berufsgeheimnisträger als Drittem im Sinne von § 103 StPO zufällig entdeckten Beweismittel eine Straftat des Berufsgeheimnisträgers, seines Auftraggebers oder eines Dritten betreffen.

§ 97 StPO steht einer Beschlagnahme nach § 108 StPO nicht entgegen, wenn die Durchsuchung bei dem Berufsgeheimnisträger als Verdächtigem nach § 102 StPO stattfindet und dabei Gegenstände aufgefunden werden, die auf eine weitere Straftat des Berufsgeheimnisträgers hindeuten.[572] Das gleiche gilt, wenn zwar die Durchsuchung bei dem Berufsgeheimnisträger als Drittem nach § 103 StPO wegen einer Straftat seines Auftraggebers durchgeführt wird, anlässlich dieser Durchsuchung aber Beweismittel aufgefunden werden, die eine Straftat des Berufsgeheimnisträgers betreffen.[573] Ein Beschlagnahmeverbot besteht in diesen Fällen nicht, weil das Zeugnisverweigerungsrecht und das daraus abgeleitete Beschlagnahmeverbot nicht den Berufsgeheimnisträger, sondern nur dessen Auftraggeber schützen.[574]

Dagegen hindert § 97 StPO eine einstweilige Beschlagnahme, wenn die bei dem Berufsgeheimnisträger entdeckten Beweismittel im Sinne des § 108 StPO für eine andere Straftat des Auftraggebers von Bedeutung sind. Dann gilt das Beschlagnahmeverbot nicht nur für die unter § 97 StPO fallenden Gegenstände des Verfahrens, in dem die Durchsuchung stattfindet, sondern auch für den Zufallsfund.[575]

Uneinheitlich wird in der Rechtsprechung und im Schrifttum die Frage beantwortet, ob § 97 Abs. 1 StPO einer Beschlagnahme von anlässlich einer Durchsuchung

---

572 *Blumers/Göggerle*, Rn. 698.
573 *Blumers/Göggerle*, Rn. 697.
574 *Rudolphi* in Systematischer Kommentar/StPO, § 97 Rn. 5; *Schäfer* in Löwe-Rosenberg, § 97 Rn. 14, 102; *Krekeler*, NStZ 1987, 199, 200.
575 *Rudolphi* in Systematischer Kommentar/StPO, § 97 Rn. 7; *Schäfer* in Löwe-Rosenberg, § 97 Rn. 51; *Krekeler*, NStZ 1987, 199, 200.

beim Berufsgeheimnisträger[576] zufällig aufgefundenen Beweisgegenständen, die die Tat eines Dritten betreffen, entgegensteht. Nach überwiegender Meinung greift in diesem Fall das Beschlagnahmeverbot nicht ein.[577] Begründet wird diese Auffassung damit, dass § 97 Abs. 1 Nr. 1 und 2 StPO ausschließlich das Vertrauensverhältnis zwischen dem beschuldigten Auftraggeber und dem Berufsgeheimnisträger schütze. Dem Einwand[578], dass Nr. 3 eine diesbezügliche Beschränkung nicht enthalte, wird von den Vertretern dieser Ansicht entgegnet, dass es sich bei Nr. 3 gegenüber Nr. 2 lediglich um einen Auffangtatbestand im Hinblick auf weitere beschlagnahmefreie Gegenstände, nicht aber um eine Erweiterung des persönlichen Anwendungsbereichs handele.[579] Richtigerweise muss, da § 97 Abs. 1 StPO die Zeugnisverweigerungsrechte der §§ 52, 53 und 53 a StPO ergänzt, das Beschlagnahmeverbot auch dann eingreifen, wenn die im Rahmen der Berufsausübung erlangten Aufzeichnungen, Unterlagen usw. die Tat eines Dritten betreffen.[580] Denn das Zeugnisverweigerungsrecht des § 53 StPO gilt nicht nur für Informationen aus der Sphäre des Beschuldigten, sondern auch für Informationen von Zeugen und Unbeteiligten.[581] In jedem Fall gilt das Beschlagnahmeverbot dann, wenn die aufgefundenen Beweisgegenstände die Tat eines Dritten betreffen, der selbst dem Schutz des § 97 StPO unterfällt, also etwa eines anderen Mandanten des Berufsgeheimnisträgers. Nach hier vertretener Ansicht greift das Beschlagnahmeverbot auch nachträglich ein, wenn sich erst nach erfolgter Beschlagnahme ergibt, dass der Dritte auch Mandant des Berufsgeheimnisträgers ist.

3. Grundgesetzliche Beschlagnahmeverbote

Das BVerfG und der BGH leiten über das Beschlagnahmeverbot des § 97 Abs. 1 StPO hinaus in Einzelfällen ein Beschlagnahmeverbot direkt aus der Verfassung, namentlich zum Schutz der Intimsphäre, ab. So ist etwa die Beschlagnahme von die Intimsphäre berührenden Tagebuchaufzeichnungen[582] oder Tonbändern[583] grundsätzlich ausgeschlossen. Diese unterliegen dem Kernbereich privater Lebensgestaltung und sind aus diesem Grund dem staatlichen Zugriff grundsätzlich

---

576 Unabhängig davon, ob die Durchsuchung nach § 102 StPO oder nach § 103 StPO stattfindet.

577 OLG Celle NJW 1963, 406, 407; NJW 1965, 362, 363; LG Koblenz MDR 1983, 779; *Schäfer* in Löwe-Rosenberg, § 97 Rn. 50; *Schlüchter*, Rn. 300.3.

578 Vgl. *Amelung*, DNotZ 1984, 195, 207; *Gülzow*, NJW 1981, 265, 266 f.; *Krekeler*, NStZ 1987, 199, 201.

579 So OLG Celle NJW 1963, 406, 407; 1965, 362, 363; LG Koblenz MDR 1983, 779.

580 So auch *Amelung*, DNotZ 1984, 195, 207; *Bandisch*, NJW 1987, 2200, 2204; *Krekeler*, NStZ 1987, 199, 201; *Ronsdorf*, S. 108 f.

581 Ausführlich *Krekeler*, NStZ 1987, 199, 201; *Lenckner* in Schönke/Schröder, § 203 Rn. 13 ff; *Meyer-Goßner*, § 53 Rn. 7 ff;

582 BVerfGE 80, 367, 374 f.; BGHSt 19, 325 ff; 34, 397, 399.

583 BGHSt 14, 358 ff.

entzogen.[584] Das BVerfG stellt jedoch klar, dass im Hinblick auf eine Verwertung abzuwägen sei, ob dem Erfordernis einer wirksamen Strafrechtspflege der Vorrang vor dem Grundrecht auf freie Entfaltung der Persönlichkeit einzuräumen ist. Davon wird allerdings nur bei schwerwiegenden Straftaten, bei denen nach der Art der Tat auch nicht ausgeschlossen werden kann, dass es zu einer Wiederholung mit gravierenden Folgen für Individuen kommen kann, ausgegangen werden können.[585] Im Hinblick auf Steuerstraftaten dürfte das allgemeine Persönlichkeitsrecht in aller Regel einer wirksamen Strafrechtspflege vorgehen, sodass Tagebücher sowie vergleichbare Aufzeichnungen von einer Beschlagnahme unberührt bleiben. Wegen der mangelnden Bestimmbarkeit der Intimsphäre und der Gefahr einer sich darauf gründenden ausufernden Einzelfallrechtsprechung sollte von derartigen praeter legem entwickelten Beschlagnahmeverboten allerdings nur äußerst zurückhaltend Gebrauch gemacht werden.[586]

4. § 30 AO

Neben einem Beschlagnahmeverbot kann einer einstweiligen Beschlagnahme eines Zufallsfundes auch das in § 30 AO normierte Steuergeheimnis entgegenstehen. Das Steuergeheimnis hat sowohl für das Besteuerungsverfahren als auch für das Steuerstrafverfahren erhebliche Bedeutung. Es wird daher sogar durch die Strafvorschrift des § 355 StGB geschützt. Dieser besondere Schutz ist erforderlich, weil die Finanzbehörden die Möglichkeiten haben, sowohl die beruflichen und betrieblichen als auch die persönlichen Verhältnisse des Steuerpflichtigen oder Dritter[587] zu erforschen. Der Steuerpflichtige ist auch selbst zur weitgehenden Offenlegung und Offenbarung seiner gesamten Lebensverhältnisse gegenüber den Finanzbehörden verpflichtet (§§ 90 ff, 149, 150 AO). Eine derart weitgehende Offenlegung aller Verhältnisse kann dem Betroffenen nur zugemutet werden, wenn gewährleistet wird, dass die Finanzbehörden ihre Kenntnisse nicht missbrauchen. Das Steuergeheimnis ist auch im Strafverfahren zu wahren.

Nach § 30 Abs. 1 AO haben Amtsträger das Steuergeheimnis zu wahren. Der Begriff des Amtsträgers ist in § 7 AO definiert. Er erfasst insbesondere Beamte und Richter (§ 7 Nr. 1 AO). Auch die Strafverfolgungsbeamten haben folglich das Steuergeheimnis zu wahren. Von § 30 Abs. 2 AO geschützt werden Verhältnisse eines anderen, die dem Amtsträger in einem Verwaltungsverfahren, einem Rechnungsprüfungsverfahren oder einem gerichtlichen Verfahren in Steuersachen

---

[584] BVerfG NJW 1990, 563 ff.

[585] Vgl. OLG Schleswig, StV 2000, 11.

[586] Zur Kritik vgl. *Amelung*, NJW 1988, 1002 ff.; *Wolter*, StV 1990, 175 ff. Kritisch auch *Rüping*, StPO, Rn. 282; *Ronsdorf*, S. 109, die die tangierten Grundrechte im Rahmen der für jeden Zwangsmitteleinsatz erforderlichen Verhältnismäßigkeitsabwägung berücksichtigen will.

[587] Vgl. Nr. 112 Abs. 1 AStBV.

(§ 30 Abs. 2 Nr. 1 a AO) bekannt geworden sind. Unter den Schutz des Steuergeheimnisses fallen ferner die in einem Strafverfahren wegen einer Steuerzuwiderhandlung (§ 30 Abs. 2 Nr. 1 b AO) sowie aus anderem Anlass durch Mitteilung einer Finanzbehörde oder durch die gesetzlich vorgeschriebene Vorlage eines Steuerbescheides (§ 30 Abs. 2 Nr. 1 c AO) bekannt gewordenen Verhältnisse. Allerdings ist die Offenbarung der Verhältnisse in den Fällen des § 30 Abs. 4 Nrn. 1 - 5 AO zulässig, nämlich insbesondere, wenn sie der Durchführung eines Steuerstrafverfahrens (§ 30 Abs. 4 Nr. 1 AO) dient, sie durch Gesetz ausdrücklich zugelassen ist (Abs. 4 Nr. 2 AO), der Betroffene zustimmt (Abs. 4 Nr. 3 AO), sie der Durchführung eines Strafverfahrens wegen einer Nicht-Steuerstraftat dient und die Kenntnisse in einem Verfahren wegen einer Steuerstraftat erlangt worden sind (Abs. 4 Nr. 4 AO) oder für sie ein zwingendes öffentliches Interesse besteht (Abs. 4 Nr. 5 AO).

Ob das Steuergeheimnis eingreift, hängt von der jeweiligen Fallkonstellation ab, in der der Zufallsfund aufgefunden wird. Es greift nicht ein, wenn die Strafverfolgungsorgane anlässlich der Durchsuchung wegen einer Nicht-Steuerstraftat Gegenstände auffinden, die auf eine andere Nicht-Steuerstraftat hindeuten. Diese Konstellation soll hier allerdings nicht interessieren. Interessanter ist, ob das Steuergeheimnis in den Fallgestaltungen gilt, in denen zum einen eine Nicht-Steuerstraftat mit einer Steuerstraftat oder zum anderen eine Steuerstraftat mit einer Nicht-Steuerstraftat und schließlich zwei Steuerstraftaten zusammentreffen. Das Steuergeheimnis könnte hier einer Beschlagnahme des Zufallsfundes entgegenstehen.

a) Durchsuchung wegen Nicht-Steuerstraftat und Zufallsfund für Steuerstraftat

Der ersten Variante liegt die Fallgestaltung zugrunde, dass die Staatsanwaltschaft und ihre Hilfsbeamten anlässlich einer Durchsuchung wegen einer Nicht-Steuerstraftat auf Gegenstände stoßen, die auf eine Steuerstraftat hindeuten. Fraglich ist hier, ob die die Durchsuchung vornehmenden Personen befugt sind, die auf eine Steuerstraftat hindeutenden Beweismittel nach § 108 StPO zu beschlagnahmen und der Staatsanwaltschaft sodann Kenntnis davon zu geben (§ 108 Abs. 1 Satz 2 StPO).

In der vorliegenden Fallkonstellation steht das Steuergeheimnis einer einstweiligen Beschlagnahme nicht entgegen. Die Beamten sind gemäß § 116 AO zunächst verpflichtet, den Verdacht der Steuerstraftat der Finanzbehörde mitzuteilen.[588]

---

588 *Nack* in Karlsruher Kommentar, § 108 Rn. 2; vgl. ausführlich *Seer*, StuW 1991, 165 ff. *Bock*, NJW 1992, 101, 102, hält - jedoch zu theoretisch - die Verletzung der Anzeigepflicht durch einen Richter sogar für ein Dienstvergehen (§ 63 Abs. 1 DRiG i. V. m. § 77 Abs. 1 Satz 1, Abs. 3 BBG;

§ 116 AO setzt kein Ersuchen voraus; es wird vielmehr ein Tätigwerden von Amts wegen verlangt.[589] Danach müssen die Strafverfolgungsorgane Tatsachen, die sie dienstlich - Tatsachen, die in der privaten Sphäre bekannt geworden sind, müssen damit nicht mitgeteilt werden[590] - in Erfahrung gebracht haben und die den Verdacht einer Steuerstraftat begründen, der Finanzbehörde (§ 6 Abs. 2 AO) mitteilen.[591] Für Steuerordnungswidrigkeiten (§ 377 AO) besteht indes keine Anzeigepflicht.[592] Voraussetzung für die Anzeigepflicht ist der Anfangsverdacht einer Steuerstraftat, das heißt es müssen zureichende tatsächliche Anhaltspunkte im Sinne des § 152 Abs. 2 StPO für die Tat vorliegen.[593] Bloße Möglichkeiten, vage Vermutungen oder Gerüchte begründen eine Anzeigepflicht nicht.[594] Damit korrespondiert der die Anzeigepflicht auslösende Verdachtsgrad mit dem Verdachtsgrad, der nach der hier vertretenen Auffassung für die Beschlagnahme als Zufallsfund erforderlich ist.

Eine Mitteilung des Zufallsfundes an die Staatsanwaltschaft verletzt auch nicht das Steuergeheimnis. Denn in der vorliegenden Fallgestaltung, bei der der auf eine Steuerstraftat hindeutende Zufallsfund anlässlich der Durchsuchung wegen einer Nicht-Steuerstraftat gemacht worden ist, wird das Steuergeheimnis überhaupt nicht berührt.[595]

In der Praxis dürften die Strafverfolgungsorgane, die wegen einer Nicht-Steuerstraftat durchsuchen, mitunter allerdings nicht über die steuerrechtlichen Kenntnisse verfügen, um den Anfangsverdacht einer Steuerhinterziehung feststellen zu können. Eine Steuerhinterziehung (§ 370 Abs. 1 AO) liegt vor, wenn durch

---

§ 83 DRiG i. V. m. den RichterGen. der Länder), welches zu einem Disziplinarverfahren führen und in strafrechtlicher Hinsicht den Tatbestand der Begünstigung (§ 257 StGB) oder Strafvereitelung (§ 258 StGB) begründen könne.

589 *Förster* in Koch/Scholtz, § 116 Rn. 2; *Söhn* in Hübschmann/Hepp/Spitaler, § 116 Rn. 2; *Tipke* in Tipke/Kruse, § 116 Rn. 1; *Pump*, wistra 1987, 322.

590 *Bock*, NJW 1992, 101.

591 Zu den Einschränkungen vgl. § 116 Abs. 2 AO. Danach darf i. V. m. § 105 Abs. 2 StPO das Brief-, Post- und Fernmeldegeheimnis von den in § 105 Abs. 1 StPO genannten Behörden nicht verletzt werden. Den Strafverfolgungsbehörden ist im Hinblick auf Bankdaten ferner Zurückhaltung bei der Geldwäschebekämpfung auferlegt. Soweit die Staatsanwälte auf Geldwäscheaufzeichnungen der Banken und sonstiger Finanzinstitute zurückgreifen, ist steuerstrafrechtlich und damit auch steuerlich - vor rechtskräftiger Verurteilung des Geldwäschers - eine Datenweitergabe an die Finanzbehörden grundsätzlich verboten, *App/Klos*, ZIP 1995, 1573, 1576; zu den Einzelheiten dieses Verwertungsverbots vgl. *Carl/Klos*, DStZ 1994, 68 ff. Weitere Einschränkungen siehe bei *Söhn* in Hübschmann/Hepp/Spitaler, § 116 Rn. 13-16.

592 *Tipke* in Tipke/Kruse, § 116 Rn. 4.

593 *Söhn* in Hübschmann/Hepp/Spitaler, § 116 Rn. 7; *Tipke* in Tipke/Kruse, § 116 Rn. 4; *Pump*, wistra 1987, 322, 323.

594 *Bock*, NJW 1992, 101.

595 Vgl. *Bock*, NJW 1992, 101.

unrichtige oder pflichtwidrig unterlassene Angaben eine Steuer nicht oder nicht in voller Höhe festgesetzt wird oder ein anderer nicht gerechtfertigter Steuervorteil für den Steuerpflichtigen oder einen Dritten erlangt wird. Die Strafverfolgungsorgane müssten daher zureichende tatsächliche Anhaltspunkte dafür haben, dass eine Steuer nicht oder zu niedrig festgesetzt worden ist oder ein Steuervorteil ungerechtfertigt ist. Dazu sind in der Mehrzahl der Fälle zumindest steuerrechtliche Grundkenntnisse erforderlich.[596]

b) Durchsuchung der Finanzbehörde wegen Steuerstraftat und Zufallsfund für Nicht-Steuerstraftat

Weitaus schwieriger ist die Frage zu beantworten, ob die die Durchsuchung vornehmenden Beamten der Finanzbehörde befugt sind, die im Rahmen der Durchsuchung wegen einer Steuerstraftat zufällig aufgefundenen Beweismittel, die auf eine Nicht-Steuerstraftat hindeuten, nach § 108 StPO zu beschlagnahmen und der Staatsanwaltschaft sodann Kenntnis davon zu geben, oder ob das Steuergeheimnis dem entgegensteht. Die Meinungen hierzu sind in der Literatur geteilt.

Eine Auffassung hält § 108 StPO für uneingeschränkt anwendbar.[597] Danach erlaube § 108 StPO der selbstständig ermittelnden Finanzbehörde und ihren Hilfsbeamten, Beweisgegenstände unabhängig davon sicherstellen zu können, ob diese auf eine andere Steuerstraftat oder eine andere Nicht-Steuerstraftat hindeuten. Eine Beschlagnahme durch die Finanzbehörde sei zulässig, da § 108 StPO gerade die Möglichkeit der einstweiligen Beschlagnahme durch Stellen erlaube, die zur Beschlagnahme selbst nicht befugt seien.[598] Auch erstrecke sich das Verwertungsverbot des § 393 Abs. 2 AO nicht auf den Zufallsfund, sofern dieser nach Einleitung des steuerstrafrechtlichen Ermittlungsverfahrens gemacht werde.[599] Nach Ansicht des BMF sei eine Beschlagnahme indes ausgeschlossen, wenn der Betroffene seine Verhältnisse vor der Einleitung eines Steuerstrafverfahrens oder in Unkenntnis der Einleitung eines solchen Verfahrens offenbart habe.[600]

---

596 Das gilt natürlich nicht bei eindeutigen Fällen, wie etwa dem zufälligen Auffinden von unversteuerten Zigaretten.

597 *Gast-de Haan* in Klein, § 399 Anm. 12a; *Kohlmann*, § 385 Rn. 159; *Nack* in Karlsruher Kommentar, § 108 Rn. 2; *Schäfer* in Löwe-Rosenberg, § 108 Rn. 10; *Blumers/Göggerle*, Rn. 694; *Brenner*, DStZ 1974, 7, 11 ff.; *Flore* in Flore/Dörn/Gillmeister, S. 105; Leise, INF 1973, 67; *Schaefgen*, BB 1979, 1498, 1499.

598 *Schäfer* in Löwe-Rosenberg, § 108 Rn. 10.

599 *Kohlmann*, § 385 Rn. 159.

600 BMF BStBl. 1998 I, 630, 643. Zustimmend *Kohlmann*, § 385 Rn. 159; Beispiele bei *Brenner*, StW, 1977, 8 ff.

Eine andere Meinung hält eine Beschlagnahme von Zufallsfunden, die eine Nicht-Steuerstraftat betreffen, insgesamt für unzulässig.[601] Zur Begründung wird angeführt, dass die Finanzbehörden bei Nicht-Steuerstraftaten weder selbstständig (§ 399 Abs. 1 AO) noch unselbstständig (§ 402 AO) ermitteln dürften. Eine Beschlagnahme nach § 108 StPO durch die Finanzbehörden sei daher ausgeschlossen. *Joecks*[602] nimmt bei einem Verstoß in den Fällen des § 97 StPO ein Verwertungsverbot an, das allerdings nur eine sehr begrenzte Reichweite habe, da eine neuerliche Beschlagnahme durch die Staatsanwaltschaft nach Aufhebung der Beschlagnahme durch die Finanzbehörde durch das Gericht durchaus möglich sei. Diese Auffassung stößt auf erhebliche Bedenken. Denn wenn eine Beschlagnahme nach § 108 StPO durch die Finanzbehörde unzulässig sein soll, hat diese sich auch daran zu halten. *Joecks* vermittelt jedoch den Eindruck, ein Verstoß und das dadurch ausgelöste Verwertungsverbot seien unschädlich, da einer erneuten Beschlagnahme durch die Staatsanwaltschaft nach gerichtlicher Aufhebung der Beschlagnahme der Finanzbehörde nichts im Wege stände. Dies mag als Aufruf zum Rechtsbruch durch die Finanzbehörde verstanden werden.

Nach einer weiteren Ansicht hat das Steuergeheimnis den Vorrang, es sei denn, die Voraussetzungen des § 30 Abs. 4 oder Abs. 5 AO sind erfüllt.[603] Dies wird damit begründet, dass der in einem Verfahren wegen Steuerhinterziehung Betroffene nicht auskunfts- und mitwirkungspflichtig sei und der Betroffene darüber auch belehrt werden müsse (§ 385 AO i. V. m. § 136 Abs. 1 Satz 2 StPO).[604]

Dieser Auffassung ist meines Erachtens zu folgen. Die erste Ansicht lässt die Vorschriften des formellen Steuerrechts unberücksichtigt. § 30 Abs. 2 Nr. 1b AO bestimmt ausdrücklich, dass der Amtsträger das Steuergeheimnis verletzt, wenn er Verhältnisse eines anderen, die ihm in einem Strafverfahren wegen einer Steuerstraftat bekannt geworden sind, unbefugt offenbart oder verwertet. Damit unterfallen auch die im Rahmen einer Durchsuchung wegen einer Steuerstraftat bekannt gewordenen Verhältnisse dem Steuergeheimnis. Auch die zweite Auffassung vermag nicht zu überzeugen. Denn § 108 StPO ermöglicht gerade die Beschlagnahme von Zufallsfunden durch Beamte, die eine ordentliche Beschlagnahme des Beweisgegenstandes nach den §§ 94, 98 StPO nicht vornehmen dürften. Der Zweck des § 108 StPO würde unterlaufen, wenn die Finanzbehörde bei einer

---

601 *Joecks* in Franzen/Gast/Joecks, § 399 Rn. 63; i. E. wohl auch *Rüping*, Zufallsfunde, S. 282.
602 In Franzen/Gast/Joecks, § 399 Rn. 63.
603 *Alber* in Hübschmann/Hepp/Spitaler, § 30 Rn. 110; *Kruse* in Tipke/Kruse, § 30 Rn. 114; *Lemke* in Heidelberger Kommentar, § 108 Rn. 5; *Meyer-Goßner*, § 108 Rn. 4; *Bandemer*, wistra 1988, 136, 140; *Bilsdorfer*, wistra 1984, 8, 10; *Ehlers*, BB 1978, 1513, 1514; *Park*, Handbuch, Rn. 217; *Simon/Vogelberg*, S. 252; *Wamers/Brandl* in Wabnitz/Janovsky, Kap. 9 Rn. 74.
604 *Kruse* in Tipke/Kruse, § 30 Rn. 114.

Durchsuchung wegen einer Steuerstraftat auf Drogen stößt, diese aber nicht vorläufig beschlagnahmen dürfte.[605]

Somit hat die Finanzbehörde das Steuergeheimnis zu wahren, wenn sie anlässlich einer Durchsuchung wegen einer Steuerstraftat auf Beweisgegenstände für eine Nicht-Steuerstraftat trifft. Sie ist allerdings in den Fällen des § 30 Abs. 4 oder Abs. 5 AO befugt, die Gegenstände nach § 108 StPO zu beschlagnahmen und diese an die Staatsanwaltschaft weiterzuleiten.

c) *Durchsuchung der Finanzbehörde wegen Steuerstraftat und Zufallsfund für Steuerstraftat*

Stößt die Finanzbehörde anlässlich einer Durchsuchung wegen einer Steuerstraftat auf Beweismittel für eine andere Steuerstraftat, gilt zwar das Steuergeheimnis, sie kann die Gegenstände aber nach § 108 StPO einstweilen in Beschlag nehmen und an die Staatsanwaltschaft weitergeben. Denn die Finanzbehörde ist nach § 30 Abs. 4 Nr. 1 AO befugt, die Verhältnisse zu offenbaren.

5. Bankgeheimnis als Verbot der Beschlagnahme von Unterlagen bei Banken

Bei der Durchsuchung von Banken ist von besonderer Bedeutung, ob das Bankgeheimnis die einstweilige Beschlagnahme von Kontounterlagen einschränken kann. Denn auch die Durchsuchung einer Bank kann oftmals Unterlagen hervorbringen, die auf Straftaten bislang unverdächtiger Bankkunden hindeuten.[606] Das gesetzlich nicht geregelte Bankgeheimnis nach deutschem Rechtsverständnis wird vielfach - wohl als Ausprägung der Berichterstattung über das Bankgeheimnis anderer Länder[607] wie etwa Luxemburgs, Österreichs, Liechtensteins und der Schweiz - als sehr weitgehend angesehen.[608] Diese Einschätzung trifft jedoch

---

[605] Die Finanzbehörde könnte eine Beschlagnahme allenfalls unter Annahme von Gefahr im Verzug vornehmen, müsste aber die vom BVerfG aufgestellten Anforderungen beachten. Zu den Voraussetzungen einer Maßnahme bei Gefahr im Verzug siehe aber oben unter 1. Teil D I 2 b.

[606] Zu den Bankenverfahren siehe oben unter 1. Teil D I 5.

[607] Vgl. zu den Bestrebungen einer Vereinheitlichung der Erfassung von Zinseinkünften auf EU-Ebene die Zusammenfassung der Beschlüsse des ECOFON-Rates vom 21.01.2003, http://www.bundesfinanzministerium.de/Aktuelles/Pressemitteilungen-.395.16517.

[608] Der Schutz des Bankgeheimnisses ist in diesen klassischen Steuerfluchtländern besonders stark ausgeprägt. So sind in Luxemburg die Steuerbehörden aufgrund des gesetzlich normierten Bankgeheimnisses nicht befugt, von den Kreditinstituten individuelle Auskünfte über deren Kunden zu verlangen (vgl. *Carl/Klos*, DStZ 1991, 577). In Österreich hat das Bankgeheimnis Verfassungsrang. Wegen des Bankgeheimnisses müssen österreichische Kreditinstitute bei der Besteuerung ihrer Kunden nicht mitwirken, wenn nicht ein vorsätzliches Vergehen vorliegt (vgl. *Leitner* in Mennel/Förster, Rn. 12 und *Sichtermann*, S. 472 ff. zu Österreich). In der Schweiz unterliegen

nicht zu. Das deutsche Recht kennt ein Bankgeheimnis im so verstandenen Sinne nicht.[609] Das deutsche Bankgeheimnis umfasst lediglich die Verpflichtung der Kreditinstitute, über Konten und Depots ihrer Kunden sowie über sonstige Tatsachen, die den Instituten aufgrund der Geschäftsverbindung bekannt geworden sind, keine Auskünfte an Dritte zu erteilen, es sei denn, dass der Kunde dazu seine Einwilligung gegeben hat oder dass gesetzliche Vorschriften bestehen, die das Bankgeheimnis brechen. Die Pflicht der Kreditinstitute zur Wahrung des Bankgeheimnisses ergibt sich allein aus dem zwischen der Bank und ihrem Kunden bestehenden Vertrags- und Vertrauensverhältnis.[610] Dieses Bankgeheimnis ist ausschließlich zivilrechtlicher Natur. Weder im Steuerstrafverfahren noch in der StPO ist ein Bankgeheimnis vorgesehen.[611] Auch die Regelung des § 30 a AO[612], die den sogenannten Bankenerlass[613] vom 31.08.1979 abgelöst hat, findet im Strafverfahren keine Anwendung; sie betrifft das Besteuerungsverfahren.[614] Somit begründet das Bankgeheimnis im Strafverfahren weder ein Aussageverweigerungsrecht, noch verbietet es die Beschlagnahme von Kontounterlagen.[615]

6. Erledigung des Durchsuchungszwecks

§ 108 StPO gewährt den Strafverfolgungsorganen keine Rechtsgrundlage dafür, sich anlässlich einer Durchsuchung auch nach Gegenständen umzuschauen, die vielleicht Anlass geben können, ein weiteres Strafverfahren einzuleiten. Die Durchsuchung darf sich daher weder zeitlich noch räumlich über die richterliche Erlaubnis hinaus erstrecken. Diese Begrenzung ergibt sich unmittelbar aus Art. 13 GG. Daraus folgt, dass die Durchsuchung im Falle der Erledigung des Durchsuchungszwecks, die entweder in der freiwilligen Herausgabe oder im Auffinden des gesuchten Gegenstandes liegen kann, einzustellen ist.[616] Halten sich die Strafverfolgungsorgane nicht an diese Begrenzung, sondern schauen sich weiter nach

---

Kapitalerträge von ausländischen Empfängern einer abgeltenden Quellensteuer. Kontrollmitteilungen an die Finanzbehörden des Wohnsitzstaates durch die Schweizer Finanzbehörden erfolgen nicht. Näher zum Bankgeheimnis in Liechtenstein und der Schweiz *Wagner*, PStR 2001, 52 ff.; *Sichtermann*, S. 465 ff. und 477 ff.

[609] Ausführlich *Carl/Klos*, StB 1994, 135 ff.

[610] Vgl. *Müller-Brühl*, S. 42 ff.; *Weber*, Die Bank 1996, 84 ff.

[611] Vgl. *Joecks* in Franzen/Gast/Joecks, § 399 Rn. 58;

[612] BGBl. I 1988 S. 1093, 1127.

[613] BStBl. I 1979 S. 590.

[614] Zur aktuellen Entwicklung im Zusammenhang mit § 30 a AO vgl. etwa *Erhardt-Rauch/Rauch*, DStR 2002, 57 ff.

[615] LG Frankfurt a. M. NJW 1954, 688, 690; LG Hamburg NJW 1978, 958 f.; *Dahs* in Löwe-Rosenberg, § 53 Rn. 4; *Joecks* in Franzen/Gast/Joecks, § 399 Rn. 58; *Kohlmann*, § 385 Rn. 121; *Meyer-Goßner*, § 53 Rn. 3; *Senge* in Karlsruher Kommentar, § 53 Rn. 2; *Bittman*, wistra 1990, 325; *Blumers/Göggerle*, Rn. 646; *Ehlers*, BB 1978, 1513, 1515 f.; *Kniffka*, wistra 1987, 309, 312; *Rüping*, StPO, Rn. 282; *Stypmann*, wistra 1982, 11, 13.

[616] *Park*, Handbuch, Rn. 213.

möglichen verdachtserregenden Gegenständen um und finden sie dabei einen solchen Gegenstand, ist eine einstweilige Beschlagnahme ausgeschlossen. Bei den so aufgefundenen Gegenständen handelt es sich nämlich nicht mehr um einen Zufallsfund im Sinne des § 108 StPO, da sie nicht zufällig gefunden, sondern planmäßig gesucht worden sind.[617] Dies steht einer Beschlagnahme nach § 108 StPO entgegen.[618]

E. Zuständigkeit

§ 108 StPO erweitert den Kreis der für die einstweilige Beschlagnahme zuständigen Personen. Zuständig, Gegenstände nach § 108 StPO vorläufig in Beschlag zu nehmen sind die die Durchsuchung vornehmenden Beamten. Damit ist jeder Richter, Staatsanwalt oder Polizeibeamte, der die Durchsuchung vornimmt, ohne weiteres befugt, Beweismittel nach § 108 StPO zu beschlagnahmen.[619] Somit sind insbesondere nicht nur die Hilfsbeamten der Staatsanwaltschaft[620], sondern auch Polizeibeamte, die nicht Hilfsbeamte sind, zur Beschlagnahme befugt.[621] Die Zuständigkeitsregelungen des § 98 Abs. 1 Satz 1 StPO gelten folglich nicht.

Im Zusammenhang mit Steuerstraftaten sind die Finanzbehörde und die Steuerfahndung an den Ermittlungen in aller Regel aufgrund ihrer größeren Sachkenntnis beteiligt bzw. die Finanzbehörde führt die Ermittlungen gemäß § 386 Abs. 2 AO selbst, wenn die Tat ausschließlich eine Steuerstraftat darstellt. Daher dürfen auch die die Durchsuchung vornehmenden Beamten der Finanzbehörde und der Steuerfahndung Zufallsfunde einstweilen in Beschlag nehmen. Das gilt zumindest dann, wenn der Zufallsfund eine andere Steuerstraftat betrifft. Die Frage, ob die Finanzbehörde eine Beschlagnahme auch von solchen Zufallsfunden anordnen darf, die ausschließlich Nicht-Steuerstraftaten betreffen, wird unterschiedlich beantwortet. Das Problem besteht nämlich darin, dass die Finanzbehörde in diesen Fällen weder selbstständig (§ 399 Abs. 1 AO) noch unselbstständig (§ 402 AO) ermitteln dürfte. Das Problem ist identisch mit der Frage, ob das Steuergeheimnis gemäß § 30 AO einer einstweiligen Beschlagnahme entgegensteht. An dieser Stel-

---

[617] LG Bonn NJW 1981, 192, 293.

[618] Sofern die Strafverfolgungsorgane diese Gegenstände trotzdem in rechtswidriger Weise in Besitz nehmen, stellt sich die Frage der prozessualen Verwertbarkeit.

[619] *Amelung* in Alternativ Kommentar/StPO, § 108 Rn. 5; *Meyer-Goßner*, § 108 Rn. 6; *Müller* in KMR, § 108 Rn. 2; *Nack* in Karlsruher Kommentar, §108 Rn. 3; *Rudolphi* in Systematischer Kommentar/StPO, § 108 Rn. 7; *Schäfer* in Löwe-Rosenberg, § 108 Rn. 12;

[620] Nach § 152 Abs. 2 GVG werden die Hilfsbeamten nach Gruppen durch Rechtsverordnungen der Länder bestellt. Zu den einzelnen Rechtsverordnungen vgl. die Nachweise bei *Meyer-Goßner*, § 152 GVG Rn. 6.

[621] *Schäfer* in Löwe-Rosenberg, § 108 Rn. 12.

le wird daher auf die oben[622] dargestellten Auffassungen verwiesen. Nach der hier vertretenen Ansicht hat die Finanzbehörde das Steuergeheimnis zu wahren, wenn sie anlässlich einer Durchsuchung wegen einer Steuerstraftat auf Beweisgegenstände für eine Nicht-Steuerstraftat stößt. Sie ist allerdings in den Fällen des § 30 Abs. 4 oder Abs. 5 AO befugt, die Gegenstände nach § 108 StPO zu beschlagnahmen und diese an die Staatsanwaltschaft weiterzuleiten. Die Finanzbehörde ist daher auch für die einstweilige Beschlagnahme von Beweisgegenständen, die auf eine Nicht-Steuerstraftat hindeuten, zuständig, sofern die Voraussetzungen des § 30 Abs. 4 oder Abs. 5 AO vorliegen.

F. Einstweilige Beschlagnahme

Die einstweilige Beschlagnahme wird vollzogen, indem der durchsuchende Beamte den Gegenstand sicherstellt und in Verwahrung nimmt. Gerade im Verfahren wegen Steuerstraftaten, wo es vornehmlich um die Beschlagnahme von Papieren geht, kann als Sicherstellungsersatz[623] nach dem Grundsatz der Verhältnismäßigkeit die Anfertigung von Fotokopien gegen Rückgabe der Originale als weniger einschneidendes Mittel in Betracht kommen.[624] Daran ist insbesondere dann zu denken, wenn es allein auf den Aussagegehalt der Unterlagen ankommt und die Echtheit der Unterlagen nicht bezweifelt wird.[625] Sofern die Originalunterlagen benötigt werden, sind dem Betroffenen Kopien zur Verfügung zu stellen, zumindest wenn eine längerfristige Vorenthaltung von Geschäftsunterlagen zu einer Beeinträchtigung des Betriebes führen kann.[626]

Bei der Durchsicht von Papieren ist allerdings § 110 StPO zu beachten. Danach darf nur die Staatsanwaltschaft die Papiere des von der Durchsuchung Betroffenen durchsehen, sofern es der Inhaber nicht auch anderen Beamten genehmigt (§ 110 Abs. 2 Satz 1 StPO). In der Praxis hat dies zur Folge, dass die die Durchsuchung ausführenden Beamten einen Zufallsfund nur anhand des äußeren Erscheinungsbildes wie der Beschriftung eines Aktenordners oder dem Aufbewahrungsort erkennen können.[627] Die Beweismittel sind in diesem Fall amtlich versiegelt der Staatsanwaltschaft zuzuleiten. Im Steuerstrafverfahren, wo in der Regel die Finanzbehörde und ihre Hilfsbeamten (§ 404 Satz 1 AO), namentlich die Steuerfahndung, die Durchsuchung vornehmen, stellt sich diese Problematik nicht. Denn § 404 Satz 2 AO erweitert die Befugnisse insoweit, als es auch den Beamten der

---

[622] Siehe unter 1. Teil D VI 4.
[623] *Meyer-Goßner*, § 94 Rn. 16.
[624] BGH bei *Schmidt*, MDR 1990, 105; LG Kaiserslautern NStZ 1981, 438, 439.
[625] BGH bei *Schmidt*, MDR 1984, 186; *Koch*, wistra 1983, 63, 64 f.
[626] BGH bei *Schmidt*, MDR 1984, 186; *Koch*, wistra 1983, 63, 64 f.; *Krekeler*, wistra 1983, 43, 45; *Sieg*, wistra 1984, 172 ff.
[627] *Ronsdorf*, S. 123.

Steuerfahndung erlaubt ist, Papiere durchzusehen.[628] Die Auffindungswahrscheinlichkeit von Zufallsfunden dürfte hier daher größer sein.

Die beschlagnahmten Gegenstände sind gem. § 109 StPO, der auch für die vorläufige Beschlagnahme gilt[629], genau zu verzeichnen und kenntlich zu machen, wobei ein Verstoß auf die Rechtswirksamkeit der Beschlagnahme allerdings keine Auswirkung hat, da es sich um eine bloße Ordnungsvorschrift handelt.[630] Dazu ist ein Beschlagnahmeverzeichnis anzufertigen. Der von der Durchsuchung Betroffene erhält nach Abschluss der Durchsuchung auf Verlangen (§ 107 StPO) eine Abschrift des Verzeichnisses. Er hat darauf einen Anspruch.[631]

Die Gegenstände sind einzeln und möglichst genau zu beschreiben und zu kennzeichnen.[632] Art und Zahl der Gegenstände sind zu bezeichnen.[633] Schriftstücke sind so zu kennzeichnen, dass sie eindeutig identifizierbar sind, wobei die Wiedergabe des Inhalts grundsätzlich nicht erforderlich ist.[634] Nicht ausreichend sind jedoch Bezeichnungen wie "ein Karton Schriftverkehr mit Rechnungen"[635]. Eine derartige Sammelbezeichnung habe keinen Aussagewert und stehe einer Nichtaufzeichnung gleich. Bei zahlreichen losen Schriftstücken ist daher eine Kurzbezeichnung des jeweiligen Schriftstücks erforderlich.[636] Nur so ist eine eindeutige

---

[628] Zur Kritik an dieser Befugniserweiterung vgl. *Rüping*, Zufallsfunde, S. 277, *ders.*, StPO, Rn. 307, der diese Regelung für verfassungswidrig hält. Dem zustimmend *Hübner* in Hübschmann/Hepp/Spitaler, § 404 Rn. 62.

[629] *Nack* in Karlsruher Kommentar, § 109 Rn. 1; *Rudolphi* in Systematischer Kommentar/StPO, § 109 Rn. 1.

[630] *Meyer-Goßner*, § 109 Rn. 2; *Müller* in KMR, § 109 Rn. 2; *Nack* in Karlsruher Kommentar, § 109 Rn. 1; *Schäfer* in Löwe-Rosenberg, § 109 Rn. 4; *Rüping*, StPO, Rn. 306; a. A. *Klug*, S. 92.

[631] *Seer* in Tipke/Kruse, § 208 Rn. 81; *Müller*, PStR 2003, 136 ff. Zum Rechtsweg bei einer Weigerung der Finanzbehörde vgl. LG Gießen, wistra 2000, 76 f.

[632] *Meyer-Goßner*, § 107 Rn. 3; *Nack* in Karlsruher Kommentar, § 107 Rn. 4; *Schäfer* in Löwe-Rosenberg, § 107 Rn. 3, die jedoch eine nähere Beschreibung für überflüssig halten; für eine genauere Beschreibung *Blumers/Göggerle*, Rn. 692; *Hamacher*, DStZ 1982, 494, 496; *Kohlmann*, § 385 Rn. 161; *Ronsdorf*, S. 124.

[633] *Meyer-Goßner*, § 107 Rn. 3.

[634] Vgl. *Nack* in Karlsruher Kommentar, § 107 Rn. 4.

[635] *Blumers/Göggerle*, Rn. 692; *Joecks* in Franzen/Gast/Joecks, § 399 Rn. 54; *Kohlmann*, § 385 Rn. 161; so aber Nr. 69 AStBV; zur Kritik *Hamacher*, DStZ 1982, 494, 496.

[636] Einzelne Blätter können in einem gekennzeichneten Umschlag zusammengefasst werden, wenn sie auch am Auffindungsort gesammelt aufbewahrt wurden.

Identifizierung möglich.[637] Auch bei der Beschlagnahme von DV-Unterlagen ist eine genaue Bezeichnung erforderlich.[638]

Über die einstweilige Beschlagnahme hat der sicherstellende Beamte einen Aktenvermerk zu fertigen.[639] In diesem Vermerk sind Angaben über den Fund selbst, die Umstände seines Auffindens, den Auffindensort und - soweit sie sich nicht bereits aus dem Fund selbst ergeben - die verdachtserregenden Anhaltspunkte zu machen.[640]

G. Weiteres Verfahren

I. Weiterleitung des Zufallsfundes

Wie mit dem einstweilen in Beschlag genommenen Zufallsfund weiter zu verfahren ist, bestimmt § 108 Abs. 1 Satz 2 StPO: Der Staatsanwaltschaft ist von der einstweiligen Beschlagnahme Kenntnis zu geben. Dazu ist ihr der Aktenvermerk über die einstweilige Beschlagnahme, getrennt von der Sache, in der die Durchsuchung stattfindet, aber unter Hinweis auf sie, zuzuleiten.[641] Das hat unverzüglich, das heißt ohne schuldhaftes Zögern zu erfolgen[642], wodurch dem Charakter einer einstweiligen Maßnahme Rechnung getragen wird. Daneben ist der Staatsanwaltschaft der beschlagnahmte Gegenstand zur Verfügung zu stellen.[643]

Der Aktenvermerk und das Beweismittel sind derjenigen Staatsanwaltschaft bekanntzugeben, die für die Tat zuständig ist, auf die sich der Verdacht aus dem Zufallsfund bezieht.[644] Betrifft der Zufallsfund ein anderes bereits anhängiges Verfahren, erfolgt die Mitteilung an die in diesem Verfahren ermittelnde Staats-

---

[637] Vgl. *Blumers/Göggerle*, Rn. 692. In der Praxis ist es zur besseren Unterscheidung der einzelnen Unterlagen und Ordner üblich, den einzelnen Unterlagen und Ordnern eine Nummer zuzuordnen, die mittels Aufkleber auf der jeweiligen Akte/Hülle oder dem Ordner befestigt wird. Die Nummer wird dann mit der entsprechenden Bezeichnung der Unterlagen in das Beschlagnahmeverzeichnis aufgenommen, vgl. ausführlich *Zeißig*, wistra 1994, 295, 297.
[638] *Joecks* in Franzen/Gast/Joecks, § 399 Rn. 54.
[639] *Schäfer* in Löwe-Rosenberg, § 108 Rn. 11.
[640] Vgl. *Ronsdorf*, S. 126.
[641] *Schäfer* in Löwe-Rosenberg, § 108 Rn. 11.
[642] *Rudolphi* in Systematischer Kommentar/StPO, § 108 Rn. 8, *Ronsdorf*, S. 126.
[643] *Amelung* in Alternativ Kommentar/StPO, § 108 Rn. 11; *Meyer-Goßner*, § 108 Rn. 7; *Rudolphi* in Systematischer Kommentar/StPO, § 108 Rn. 8; einschränkend *Ronsdorf*, S. 126, die nicht von einer generellen Pflicht, den Gegenstand der Staatsanwaltschaft zur Verfügung zu stellen, ausgeht, sondern auf den Einzelfall abstellen will. Eine derartige Einschränkung vermag aufgrund der Regelung in § 163 Abs. 2 Satz 1 StPO jedoch nicht zu überzeugen.
[644] *Krause/Nehring*, § 108 Rn. 4.

anwaltschaft.[645] Diese Zuständigkeiten gelten, soweit sich die Tat, wegen der durchsucht wird, und der Zufallsfund auf allgemeine Straftaten beziehen. Im Übrigen ist die Zuständigkeit für die Ermittlungen wegen der neuen Tat abhängig von den zu Beginn dieser Arbeit dargestellten Fallkonstellationen. Wie bereits erwähnt, führt die Finanzbehörde bei Steuerstraftaten das Ermittlungsverfahren selbstständig (§ 386 Abs. 2 AO). Sie nimmt in diesem Fall die Aufgaben der Staatsanwaltschaft wahr (§ 399 Abs. 1 AO). Aufgrund dieser Zuständigkeitsverteilung sind Zufallsfunde, die ausschließlich eine Steuerstraftat betreffen und von den Strafverfolgungsorganen (Staatsanwaltschaft und ihre Hilfsbeamten) anlässlich einer Durchsuchung wegen einer Nicht-Steuerstraftat gemacht werden, nicht der Staatsanwaltschaft, sondern der sachlich (§ 387 AO) und örtlich (§§ 388, 389 AO) zuständigen Finanzbehörde bekannt zu geben. Führt die Finanzbehörde das Verfahren, in dem die Durchsuchung stattfindet, selbstständig (§ 386 Abs. 2 AO) und betrifft der Zufallsfund eine andere Steuerstraftat, ist die Mitteilung über den Zufallsfund ebenfalls an die zuständige Finanzbehörde zu richten. Die Abgrenzung vollzieht sich anhand des prozessualen Tatbegriffs.[646]

Während in diesen Fällen die Zuständigkeiten eindeutig sind, stellt sich in dem Fall, dass die Finanzbehörde anlässlich einer Durchsuchung wegen einer Steuerstraftat auf Beweismittel für eine Nicht-Steuerstraftat stößt, die Frage, ob der Zufallsfund an die Staatsanwaltschaft weiterzuleiten ist und ob die selbstständige Ermittlungsbefugnis der Finanzbehörde bestehen bleibt.[647] Denn häufig ergibt sich erst im Laufe der Ermittlungen der Finanzbehörde der Verdacht, dass der Beschuldigte auch gegen Vorschriften der allgemeinen Strafgesetze wie beispielsweise Urkundenfälschung verstoßen hat.

Hier gilt folgendes: Die selbstständige Ermittlungsbefugnis der Finanzbehörde richtet sich danach, ob die Steuerstraftat prozessual tateinheitlich oder tatmehrheitlich mit der Nicht-Steuerstraftat zusammentrifft. Die Finanzbehörde führt die Ermittlungen gem. § 386 Abs. 2 AO dann selbstständig weiter, wenn entweder mehrere Steuerstraftaten in einer prozessualen Tat verbunden sind oder mehrere prozessuale selbstständige Steuerstraftaten vorliegen. Die selbstständige Ermittlungsbefugnis im Hinblick auf die Steuerstraftat bleibt auch dann erhalten, wenn die Steuerstraftat und die ebenfalls mitverwirklichte, materiell-rechtlich in Tatmehrheit stehende Nicht-Steuerstraftat auch mehrere prozessuale Taten darstellen.

---

[645] *Krause/Nehring*, § 108 Rn. 4.

[646] *Joecks* in Franzen/Gast/Joecks, § 386 Rn. 13; *Gast-de Haan* in Klein, § 386 Anm. 3; *Kohlmann*, § 386 Rn. 14; *Rüping* in Hübschmann/Hepp/Spitaler, § 386 Rn. 17; *Scheuermann-Kettner* in Koch/Scholtz, § 386 Rn. 13.

[647] Zu der teilweise in diesem Kontext erörterten Frage (vgl. *Joecks* in Franzen/Gast/Joecks, § 399 Rn. 61 ff., ob einer einstweiligen Beschlagnahme von Beweismitteln für eine Nicht-Steuerstraftat durch die Finanzbehörde das Steuergeheimnis entgegensteht, siehe oben unter 1. Teil D VI 4.

Die Finanzbehörde führt in diesem Fall die Ermittlungen ausschließlich wegen der Steuerstraftat weiter. Sie darf dabei allerdings die Umstände mit aufklären, die sowohl für die Erfüllung des Tatbestandes der Steuerstraftat als auch für die Nicht-Steuerstraftat erheblich sind.[648] Für die Ermittlungen wegen der Nicht-Steuerstraftat ist hingegen die Staatsanwaltschaft zuständig. An diese ist der von der Finanzbehörde entdeckte Zufallsfund nebst Aktenvermerk zuzuleiten.

Sofern jedoch die Steuerstraftat und die Nicht-Steuerstraftat, auf die der Zufallsfund hindeutet, eine Tat im prozessualen Sinne bilden, ist nunmehr für die gesamten Ermittlungen die Staatsanwaltschaft ex nunc zuständig.[649] Denn in diesem Fall stellt die Tat nicht ausschließlich eine Steuerstraftat im Sinne des § 386 Abs. 2 AO dar. Die Finanzbehörde hat daher nicht nur den Zufallsfund nebst Aktenvermerk der Staatsanwaltschaft zuzuleiten. Sie ist überdies als dem Legalitätsprinzip nach den §§ 385 Abs. 1, 386 Abs. 2 AO, 152 Abs. 2 StPO unterworfene Strafverfolgungsbehörde verpflichtet, der Staatsanwaltschaft die Akten insgesamt zur weiteren Entschließung vorzulegen.[650]

II. Entscheidung über die weitere Behandlung des Zufallsfundes

Die Staatsanwaltschaft, bei Steuerstraftaten die Finanzbehörde, hat, nachdem sie von dem Zufallsfund Kenntnis erlangt hat, mehrere Entscheidungsmöglichkeiten. Sie muss den einstweilen in Beschlag genommenen Gegenstand entweder freigeben oder eine Beschlagnahme nach den §§ 94, 98 StPO herbeiführen. Welche Entscheidung sie trifft, hängt von dem Ergebnis einer Prüfung des beschlagnahmten Gegenstandes bzw. der Sichtung der Unterlagen und gegebenenfalls von den Umständen des Auffindens der Sache ab.

---

[648] *Bender*, wistra 1998, 93, 95; *Kohlmann*, § 386 Rn. 20; *Kretzschmar*, DStR 1983, 641, 644. So darf die Finanzbehörde z. B. im Fall des Zusammentreffens von Hinterziehung von Mineralölsteuer und Diebstahl (vgl. BGH wistra 1990, 59 ff.) das für beide Tatbestände relevante Merkmal der "Wegnahme" ermitteln, dagegen nicht die "Absicht rechtswidriger Zueignung", da es sich hierbei ausschließlich um ein Tatbestandsmerkmal des Diebstahls handelt, zu den Einzelheiten vgl. *Bender*, wistra 1998, 93, 95.

[649] *Joecks* in Franzen/Gast/Joecks, § 386 Rn. 17; *Hardtke/Westphal*, wistra 1996, 91, 92; *Kohlmann*, § 386 Rn. 20.1, der allerdings die Staatsanwaltschaft von vornherein für zuständig hält. Dies vermag nicht zu überzeugen. Zum einen würden die bis dahin von der, nach *Kohlmann* von Beginn an unzuständigen, Finanzbehörde vorgenommenen Ermittlungshandlungen rechtswidrig und daher unwirksam sein, vgl. dazu *Kohlmann* selbst an anderer Stelle, § 386 Rn. 20.3 f. Zum anderen kennt das Gesetz mit § 386 Abs. 3 AO eine nachträgliche Zuständigkeitsverlagerung auf Staatsanwaltschaft bei Erlass eines Haft- oder Unterbringungsbefehls gegen den Beschuldigten, sodass die ursprüngliche Ermittlungskompetenz der Finanzbehörde durchaus auch nachträglich auf die Staatsanwaltschaft übergehen kann.

[650] *Joecks* in Franzen/Gast/Joecks, § 386 Rn. 17; *Rüping* in Hübschmann/Hepp/Spitaler, § 386 Rn. 68; *Scheuermann/Kettner* in Koch/Scholtz, § 386 Rn. 20/1; *Hardtke/Westphal*, wistra 1996, 91, 92.

1. Freigabe

Sofern der Zufallsfund im Hinblick auf ein neu einzuleitendes Verfahren einen Anfangsverdacht im Sinne des § 152 Abs. 2 StPO nicht begründet, muss die Staatsanwaltschaft den Gegenstand freigeben. Da allerdings schon die einstweilige Beschlagnahme des Gegenstandes nach der hier vertretenen Auffassung[651] ebenfalls einen Anfangsverdacht im Sinne des § 152 Abs. 2 StPO voraussetzt, wird die Beurteilung nur in Ausnahmefällen zu einer nachträglichen Verneinung eines Anfangsverdachts kommen.[652] Eine abweichende Beurteilung kann etwa bei einer fehlerhaften Rechtsauffassung des die Durchsuchung ausführenden Beamten in Betracht kommen. Daneben kann eine genaue Prüfung der Verfahrensvoraussetzungen durch die Staatsanwaltschaft dazu führen, dass ein Anfangsverdacht aufgrund eines nicht behebbaren Verfahrenshindernisses[653] nicht besteht [654] oder nachträglich Veränderungen eingetreten sind wie etwa Amnestie. In diesen Fällen ist der Zufallsfund freizugeben.[655]

Die Staatsanwaltschaft gibt die nach § 108 StPO beschlagnahmten Gegenstände ferner dann frei, wenn sie diese als Beweismittel in einem bereits anhängigen Ermittlungsverfahren oder für ein neu einzuleitendes Verfahren für entbehrlich hält.[656] Das kann insbesondere bei der einstweiligen Beschlagnahme von Unterlagen der Fall sein. Nicht benötigte Unterlagen sind dem Betroffenen unverzüglich zurückzugeben, da sie für diesen für die Wiederaufnahme oder Fortsetzung seiner Geschäfte von großer Bedeutung sein können.[657]

2. Endgültige Beschlagnahme

Gibt die Staatsanwaltschaft den vorläufig beschlagnahmten Gegenstand nicht alsbald frei, muss sie seine endgültige Beschlagnahme nach den §§ 94, 98 StPO her-

---

[651] Siehe oben unter 1. Teil D III 1.
[652] *Ronsdorf*, S. 127.
[653] Zu den Verfahrenshindernissen siehe oben unter 1. Teil D 1 a aa.
[654] *Ronsdorf*, S. 127.
[655] Vgl. *Nack* in Karlsruher Kommentar, § 108 Rn. 5; *Schäfer* in Löwe-Rosenberg, § 108 Rn. 13.
[656] *Schäfer* in Löwe-Rosenberg, § 108 Rn. 13.
[657] LG München NStZ-RR 2003, 142; vgl. auch *Blumers/Göggerle*, Rn. 716; *Joecks* in Franzen/Gast/Joecks, § 399 Rn. 60; *Kohlmann*, § 385 Rn. 174. Sofern es lediglich auf den Aussagegehalt der Unterlagen ankommt und die Echtheit der Unterlagen nicht angezweifelt wird, kann es geboten sein, Fotokopien anzufertigen und dem Betroffenen die Originale zu belassen. Werden die Originale benötigt, ist dem Betroffenen auf sein Verlangen zu gestatten, Kopien auf eigene Kosten zu fertigen, BGH bei *Schmidt*, MDR 1984, 186; a. A. unter Hinweis auf einen möglichen Fälschungseinwand *Koch*, wistra 1983, 63, 65 f. Zum *Meinungsstand Ciolek-Krepold*, Fn. 463.

beiführen.[658] Die Entscheidung, ob der einstweilig beschlagnahmte Gegenstand als Beweismittel endgültig zu beschlagnahmen ist, trifft der Richter[659], der für das neu eingeleitete Ermittlungsverfahren zuständig ist.[660] In dem Verfahren, in dem die Durchsuchung und die einstweilige Beschlagnahme stattgefunden hat, kann die endgültige Beschlagnahme nicht wirksam angeordnet werden. Eine Bestätigung der Beschlagnahme durch den in diesem Verfahren zuständigen Richter schadet zwar nicht, bleibt aber ohne Wirkung und ändert an der Einstweiligkeit der Beschlagnahme nichts.[661]

Eine endgültige Beschlagnahme nach den §§ 94, 98 StPO ist entbehrlich, wenn der Betroffene mit der Maßnahme ausdrücklich einverstanden ist.[662] Das Einverständnis des Betroffenen mit der einstweiligen Sicherstellung des Zufallsfundes genügt dazu aber nicht. Vielmehr muss sich das Einverständnis konkret auf die endgültige Beschlagnahme beziehen.[663]

3. Frist

Eine Frist, binnen derer über Freigabe oder endgültige Beschlagnahme zu entscheiden ist, sieht die StPO nicht vor. Das bedeutet jedoch nicht, dass die ohne richterliche Anordnung und ohne Vorliegen von Gefahr im Verzug vorgenommene Zwangsmaßnahme unbefristet oder über einen langen Zeitraum aufrechterhalten werden darf. Nach der Rechtsprechung des BGH[664] ist die endgültige Be-

---

[658] BGHSt 19, 374, 376; 28, 349, 350; 29, 13, 15; *Meyer-Goßner*, § 108 Rn. 7; *Schäfer* in Löwe-Rosenberg, § 108 Rn. 13.

[659] Eine Eilmaßnahme durch die Staatsanwaltschaft aufgrund Gefahr im Verzug ist ausgeschlossen. Denn Gefahr im Verzug kann nicht vorliegen, da sich der Gegenstand bereits vorläufig in Verwahrung befindet, *Meyer-Goßner*, § 108 Rn. 7; *Nack* in Karlsruher Kommentar, § 108 Rn. 5; *Schäfer* in Löwe-Rosenberg, § 108 Rn. 14.

[660] BGHSt 19, 374, 376; *Meyer-Goßner*, § 108 Rn. 7; *Müller* in KMR, § 108 Rn. 3; *Nack* in Karlsruher Kommentar, § 108 Rn. 5; *Schäfer* in Löwe-Rosenberg, § 108 Rn. 14.

[661] BGHSt 19, 374, 376. Nack in Karlsruher Kommentar, § 108 Rn. 5 hält allerdings den Richter des Verfahrens, in dem die einstweilige Beschlagnahme angeordnet worden ist, für zuständig, die einstweilige Beschlagnahme aufzuheben, sofern kein neues Ermittlungsverfahren eingeleitet wird, verkennt hierbei aber, dass es bei einer Beschlagnahme nach § 108 StPO (auch wenn sie nach § 98 Abs. 1 Satz 2 StPO dem Richter vorbehalten ist, vgl. *Meyer-Goßner*, § 108 Rn. 6; *Müller* in KMR, § 108 Rn. 2; *Rudolphi* in Systematischer Kommentar/StPO, § 108 Rn. 7; a. A. *Nack* in Karlsruher Kommentar, § 108 Rn. 3; *Schäfer* in Löwe-Rosenberg, § 108 Rn. 12) einer richterlichen Freigabeentscheidung im Gegensatz zu einer Beschlagnahme nach den §§ 94, 98 StPO (vgl. dazu *Meyer-Goßner*, § 98 Rn. 30) nicht bedarf, sodass für die Entscheidung über die Freigabe die Staatsanwaltschaft zuständig ist, sobald ihr der Zufallsfund zugeleitet worden ist.

[662] *Müller* in KMR, § 108 Rn. 3; *Schäfer* in Löwe-Rosenberg, § 108 Rn. 13. Zu den Voraussetzungen eines Einverständnisses vgl. *Schäfer* in Löwe-Rosenberg, § 94 Rn. 25.

[663] So auch *Ronsdorf*, S. 128 f.

[664] BGHSt 19, 374, 376; 28, 349, 350; 29, 13, 15.

schlagnahme in angemessener Frist herbeizuführen[665], wobei die einstweilige Beschlagnahme nicht weit über ein Jahr hinaus andauern dürfe.[666] Diese lange und wenig konkrete Frist wird dem Umfang der Beeinträchtigungen, die mit der einstweiligen Beschlagnahme verbunden sein können, nicht gerecht. Teilweise wird eine gesetzliche Regelung verlangt.[667] *Ronsdorf*[668] schlägt hier in Anlehnung an § 77 b StGB eine Frist von 3 Monaten vor.[669] Ein Zusammenhang mit der Antragsfrist des § 77 b StGB ist jedoch nicht erkennbar, so dass sich eine Frist von drei Monaten sachlich nicht begründen lässt.

Maßgeblich ist vielmehr die sechsmonatige Frist, die das BVerfG für die Gültigkeit von Durchsuchungsbeschlüssen[670] aufgestellt hat. Durchsuchungen und Beschlagnahmen bringen grundsätzlich einen beschwerenden, oft als diskriminierend oder geschäftsschädigend empfundenen Eingriff in die persönliche und gewerbliche Rechtssphäre des Betroffenen und in dessen Eigentumsrecht mit sich. Der aus den Rechtsstaatsprinzip folgende Grundsatz der Verhältnismäßigkeit ist daher zu beachten.[671] Dies gilt bei einer Beschlagnahme nach § 108 StPO umso mehr, weil es sich um eine einstweilige Maßnahme handelt, die bis zu diesem Zeitpunkt einer richterlichen Überprüfung noch nicht unterzogen wurde. Das Übermaßverbot setzt auch einem an sich zulässigen Eingriff eine zeitliche Grenze.[672] Es ist daher zu verlangen, dass die Ermittlungsbehörde zügig die vorläufig beschlagnahmten Gegenstände sichtet mit dem Ziel, in angemessener Frist zu dem Ergebnis zu gelangen, was als beweiserheblich dem Gericht zur Beschlagnahme angetragen und was an den Betroffenen herausgegeben werden soll.[673]

Diese Frist beträgt sechs Monate, obgleich in Rechnung zu stellen ist, dass die Dauer der Auswertung nach Art und Umfang des zu beurteilenden Beweismaterials sowie nach der Komplexität des Sachverhalts variieren kann. Wenn aber schon ein richterlicher Durchsuchungsbeschluss nach sechs Monaten seine Wirksamkeit verliert, muss diese Frist erst recht für eine vorläufige Beschlagnahme von Gegenständen gelten, die anlässlich einer Durchsuchung zufällig aufgefunden worden sind. Denn letztlich stellt § 108 StPO eine Ausnahme vom Richtervorbehalt

---

665 Vgl. auch *Meyer-Goßner*, § 108 Rn. 7; *Schäfer* in Löwe-Rosenberg, § 108 Rn. 13.

666 So BGHSt 19, 374, 376.

667 So *Amelung* in Alternativ Kommentar/StPO, § 108 Rn. 13; Vgl. dazu auch den Formulierungsvorschlag für eine Neufassung des § 108 StPO bei *Ronsdorf*, S. 282.

668 S. 281 f.

669 *Janssen*, S. 155, stellt ebenfalls auf eine Drei-Monats-Frist ab, verweist aber auf § 117 Abs. 5 StPO.

670 BVerfGE 96, 44 ff.

671 *Meyer-Goßner*, § 102 Rn. 15.

672 *Meyer-Goßner*, Einl. Rn. 21.

673 Für den Fall der Durchsicht von Papieren gemäß § 110 StPO LG Mühlhausen StraFO 2003, 237, 238.

dar. Die Gegenstände wurden anlässlich einer Durchsuchung, die wegen einer anderen Tat stattgefunden hat, beschlagnahmt. Eine richterliche Kontrolle unter dem Gesichtspunkt der Verhältnismäßigkeit hat noch nicht stattgefunden. Es ist daher notwendig, den Schwebezustand der "Einstweiligkeit" auf eine angemessene Frist von sechs Monaten zu begrenzen. Den Ermittlungsorganen steht damit ausreichend Zeit zur Verfügung, die beschlagnahmten Gegenstände zu sichten und auf ihre Beweiserheblichkeit zu überprüfen.

Wird die endgültige Beschlagnahme nicht innerhalb von sechs Monaten bei dem zuständigen Richter beantragt, entfällt die einstweilige Beschlagnahme, und die Gegenstände sind an den Betroffenen zurückzugeben.[674] Diese Sanktion ist erforderlich, um die Befristung nicht "leer laufen" zu lassen.

---

[674] *Ronsdorf*, S. 281 f.

2. Teil Zufallserkenntnisse und Kontrollmitteilungen

Bei den Ermittlungsbeamten besteht auch im Falle des Entdeckens nur vager Anhaltspunkte für eine Straftat ein gesteigertes Interesse, auch unterhalb der Schwelle des Anfangsverdachts tätig zu werden, um zureichende Anhaltspunkte im Sinne des § 152 Abs. 2 StPO als Voraussetzung für die Einleitung eines strafrechtlichen Ermittlungsverfahrens zu gewinnen. In der Praxis werden dazu sogenannte Vorfeldermittlungen durchgeführt.[675] Eingriffsbefugnisse stehen den Ermittlungsorganen in diesem Stadium indes nicht zu. Werden also anlässlich einer Durchsuchung Gegenstände bzw. Unterlagen aufgefunden, die mit der Tat, wegen der die Durchsuchung stattfindet, in keinem Zusammenhang stehen, aber vage Verdachtsmomente für eine andere Straftat aufweisen, hat eine Beschlagnahme zu unterbleiben.

Anders sieht die Praxis im Steuerstrafverfahren aus. Aufgabe der Steuerfahndung ist nämlich nicht nur die Erforschung von Steuerstraftaten mit strafprozessualen Instrumenten (§ 208 Abs. 1 Nr. 1 AO), sondern auch die Aufdeckung und Ermittlung unbekannter Steuerfälle (§ 208 Abs. 1 Nr. 3 AO). Die Steuerfahndung kann daher sowohl im Rahmen eines Strafverfahrens als auch im Rahmen des Besteuerungsverfahrens ermitteln. Diese unterschiedlichen Aufgabenzuweisungen können in der Praxis zu Problemen führen.

Ermittelt wurde etwa gegen Bankmitarbeiter wegen Beihilfe zur Steuerhinterziehung durch Geld- und Wertpapiertransfers nach Luxemburg.[676] Die Steuerfahndung durchsuchte eine Bank zwecks Auffindens im Einzelnen genannter Konten, zu Gunsten deren Kunden Geldbeträge einzahlen konnten, ohne dass die Geld- und Wertpapierbewegungen auf ihren eigenen inländischen Konten nachvollziehbar waren. Anlässlich der Durchsuchung stieß die Steuerfahndung auf einen weiteren Sachverhalt: Ein Bankkunde hatte sich Wertpapiere in Form eines Tafelgeschäfts von seinem Depot bei der Bank ausliefern lassen. Die anhand von Stücknummern identifizierten Wertpapiere wurden mit weiteren Tafelpapieren ohne Namensangabe und ohne Angabe einer Luxemburger Kontonummer nach Luxemburg eingeliefert. Darüber fertigte die Steuerfahndung Kontrollmaterial.

Teilweise kann es sich auch um Unterlagen handeln, die zunächst Anlass dafür sein können, einen bestimmten Steuerpflichtigen erst zu ermitteln. Aus den Unterlagen kann sich aber auch schon unmittelbar die Person des Steuerpflichtigen er-

---

[675] Siehe dazu oben unter 1. Teil D III 1 c bb.

[676] Vgl. etwa FG Baden-Württemberg wistra 1997, 158 ff.; FG Niedersachsen EFG 2002, 510; dazu *Vogelberg*, PStR 2002, 181 f.

geben.[677] Die Erkenntnisse werden dann im Besteuerungsverfahren genutzt. Sofern sich darüber hinaus ergibt, dass die Steuererklärung des Betroffenen unvollständig oder fehlerhaft ist, liegen nun ausreichend Anhaltspunkte für die Einleitung eines strafrechtlichen Ermittlungsverfahrens vor. Die Steuerfahndung hat davon insbesondere bei der Durchsuchung von Banken Gebrauch gemacht. Sie hat die Durchsuchungsbeschlüsse als Eintrittskarte in die Bank genutzt, um ihre Ermittlungen über die Beschränkungen des jeweiligen Durchsuchungsbeschlusses hinaus unter Zuhilfenahme der Instrumente des Besteuerungsverfahrens auf weitere Sachverhalte zu erstrecken. Dieses Vorgehen der Steuerfahndung soll im Hinblick auf dessen Rechtmäßigkeit nachfolgend genauer betrachtet werden.

A. Aufgaben der Steuerfahndung

Die Steuerfahndung nimmt eine umstrittene Doppelfunktion wahr.[678] Sie hat zum einen Ermittlungsbefugnisse im Besteuerungsverfahren und ist zugleich Strafverfolgungsbehörde. Für Ermittlungen der Steuerfahndung wegen desselben Sachverhalts sowohl in steuerrechtlicher als auch in strafrechtlicher Hinsicht, gelten die jeweils unterschiedlichen Verfahrensvorschriften. Soweit die Steuerfahndung im Besteuerungsverfahren tätig ist, stehen ihr nach § 208 Abs. 1 Satz 2 AO die Befugnisse der Finanzbehörden (§ 93 ff. AO) zu, wobei sie durch Satz 3 von einigen Beschränkungen befreit ist.[679] Im Strafverfahren wegen Steuerstraftaten sind die Beamten der Steuerfahndung Hilfsbeamte der Staatsanwaltschaft, § 404 Satz 2 Halbsatz 2 AO. Sie haben damit dieselben Rechte und Pflichten, die die StPO für die Beamten des Polizeidienstes vorsieht; sie sind an das Legalitätsprinzip (§ 152 Abs. 2 StPO) gebunden. Der Steuerfahndung stehen zudem die Befugnisse nach § 399 Abs. 2 Satz 2 AO zu. Ihre Beamten können bei Gefahr im Verzug Beschlagnahmen, Notveräußerungen, Durchsuchungen und sonstige Maßnahmen anordnen. Im Unterschied zu den Beamten der Polizei dürfen die Beamten der Steuerfahndung nach § 404 Satz 2 AO außerdem selbstständig Papiere des von der Durchsuchung Betroffenen (§ 110 Abs. 1 StPO) durchsehen.[680]

---

677 Vgl. *Joecks*, WM Sonderbeilage Nr. 1 1998, 26.

678 *Joecks* in Franzen/Gast/Joecks, § 404 Rn. 15; *Scheuermann-Kettner* in Koch/Scholtz, § 208 Rn. 11; *Seer* in Tipke/Kruse, § 208 Rn. 15 m. w. N.; *Rüping/Kopp*, NStZ 1997, 530. Zu den Kompetenzen der Steuerfahndung und ihre Schranken vgl. *Rüping*, Steuerfahndungsergebnisse, S. 11 ff.

679 So gelten die Einschränkungen der §§ 93 Abs. 1 Satz 33, Abs. 2 Satz 2, § 97 Abs. 2 und 3 nicht.

680 Ausführlich dazu *Park*, wistra 2000, 453 ff.; *Hübner* in Hübschmann/Hepp/Spitaler, § 404 Rn. 62; *Rüping*, StVj 1991, 322, 327; *ders.*, StPO, Rn. 307; *ders.*, Zufallsfunde, S. 267, 277 werten diese Kompetenzausweitung als Verstoß gegen den Grundsatz der Waffengleichheit und halten sie daher für verfassungswidrig.

Die Steuerfahndung hat damit sowohl die Mittel des Besteuerungsverfahrens als auch die des Steuerstrafverfahrens zur Hand. Ein Prinzip der Meistbegünstigung, nach dem die Steuerfahndung auf das ihr jeweils am geeignetsten erscheinende Verfahren zurückgreifen kann, gilt allerdings nicht.[681] Ist ein strafrechtliches Ermittlungsverfahren eingeleitet, stehen den Ermittlungsorganen ausschließlich die strafverfahrensrechtlichen Befugnisse zu. Die Ermittlung des Sachverhalts für das Besteuerungsverfahren darf nur mit steuerverfahrensrechtlichen Mitteln geschehen. Bedeutsam ist die Trennung beider Verfahren deshalb, weil der Steuerpflichtige im Besteuerungsverfahren grundsätzlich mitwirken muss (§ 90 AO), der Beschuldigte im Steuerstrafverfahren sich aber auf das durch § 136 StPO geschützte Verbot der Selbstbelastung (nemo tenetur-Prinzip) berufen kann. Das Verbot der Selbstbelastung darf durch die Instrumente des Besteuerungsverfahrens nicht unterlaufen werden. Werden daher im Zusammenhang mit einem Steuerstrafverfahren gleichzeitig auch die Besteuerungsgrundlagen ermittelt, richtet sich das Verhältnis beider Verfahrensarten nach § 393 Abs. 1 AO. Zwangsmittel gegen den Steuerpflichtigen sind danach unzulässig, wenn ihm bei Erfüllung der Mitwirkungspflicht ein Strafverfahren droht oder ein Strafverfahren bereits eingeleitet ist.

In der Praxis besteht das Problem darin, dass die Steuerfahndung bei der Erfüllung ihrer Aufgaben nach § 208 Abs. 1 AO geneigt sein kann, die fiskalischen Interessen in den Vordergrund zu stellen, um nicht auf die Mitwirkungspflicht des Steuerpflichtigen verzichten zu müssen, der Steuerpflichtige dadurch aber Gefahr läuft, sich selbst zu belasten.[682] Diesen durch die Doppelaufgabe der Steuerfahndung hervorgerufenen Konflikt vermag auch die durch § 393 Abs. 1 AO bezweckte Trennung von Besteuerungs- und Steuerstrafverfahren nicht zufriedenstellend zu lösen.[683]

Der Konflikt schlägt auch auf die Behandlung von Zufallsfunden durch. Für die Beschlagnahme von Zufallsfunden bedarf es eines bestimmten Verdachtsgrads.[684] Ist dieser Verdachtsgrad nicht erreicht, sind die Voraussetzungen des § 108 StPO

---

[681] *Joecks* in Franzen/Gast/Joecks, § 393 Rn. 18; *Seer* in Tipke/Kruse, § 208 Rn. 134; *Hamacher* DStZ 1983, 493, 495 ff.; *Rüping*, DStZ 1980, 179, 180.

[682] *Joecks* in Franzen/Gast/Joecks, § 404 Rn. 6; *Rüping/Kopp*, NStZ 1997, 530. Deshalb soll nach *Hellmann*, S. 197 ff.; *Hübner* in Hübschmann/Hepp/Spitaler, § 404 Rn. 109; *Schick* in Hübschmann/Hepp/Spitaler, § 208 Rn. 41 ff., 98 f.; *ders.*, JZ 1982, 125, 126 f. die Steuerfahndung reines Organ der Strafverfolgung mit ausschließlich strafprozessualen Befugnissen sein.

[683] *Seer* in Tipke/Kruse, § 208 Rn. 15; *Hübner* in Hübschmann/Hepp/Spitaler, § 208 Rn. 108. Die Rechtsprechung hat klargestellt, dass die Abgabe unrichtiger Steuererklärungen nicht zum Eingreifen des Zwangsmittelverbots des § 393 Abs. 1 Satz 2 und 3 AO für nachfolgende Besteuerungszeiträume führt, sodass dafür Steuererklärungen abgegeben werden müssen, BGHSt 47, 8 ff.; BGH NStZ 2002, 436.

[684] Dazu unter 1. Teil D III.

nicht erfüllt, und die aufgefundenen Gegenstände dürfen nicht beschlagnahmt werden. Nun kann aber die Steuerfahndung im Rahmen ihrer steuerlichen Ermittlungsbefugnis mit den Mitteln des Besteuerungsverfahrens (§§ 93 ff. AO) um Auskunft hinsichtlich der aufgefundenen Unterlagen ersuchen oder Notizen für Kontrollmitteilungen fertigen. Verdichten sich im Verlauf des Besteuerungsverfahrens die Anzeichen für eine Steuerstraftat, ist ein Steuerstrafverfahren einzuleiten. Zufallsfunde stehen damit im Spannungsverhältnis zwischen Besteuerungsverfahren und Steuerstrafverfahren. Dem soll im Folgenden anhand der einzelnen Aufgabenzuweisungen näher nachgegangen werden.

I. § 208 Abs. 1 Satz 1 Nr. 1 AO

Nach § 208 Abs. 1 Satz 1 Nr. 1 AO ist es Aufgabe der Steuerfahndung, Steuerzuwiderhandlungen zu erforschen. Eine Tätigkeit der Steuerfahndung in diesem Aufgabenbereich setzt die Einleitung eines steuerstrafrechtlichen Ermittlungsverfahrens im Sinne des § 397 AO voraus, das heißt es muss ein Anfangsverdacht im Sinne des § 152 Abs. 2 AO vorliegen.[685] Damit weist § 208 Abs. 1 Satz 1 Nr. 1 AO der Steuerfahndung eindeutig die Aufgabe zu, im Steuerstrafverfahren tätig zu werden.

II. § 208 Abs. 1 Satz 1 Nr. 2 AO

Im Rahmen der Erforschung von Steuerstraftaten kommt der Steuerfahndung gemäß § 208 Abs. 1 Satz 1 Nr. 2 AO ferner die Aufgabe zu, die Besteuerungsgrundlagen für diese Steuerstraftaten zu ermitteln. Dadurch wird die Aufgabenzuweisung nach § 208 Abs. 1 Satz 1 Nr. 1 AO im steuerstrafrechtlichen Bereich um den mit den zu erforschenden Steuerstraftaten zusammenhängenden steuer- und steuerverfahrensrechtlichen Bereich erweitert.[686]

---

[685] BFHE 195, 40, 44 = BFH BStBl. II 2001, 624, 627 = NJW 2001, 2997, 2998.

[686] BFHE 195, 40, 47 f. = BFH BStBl. II 2001, 624, 628 = NJW 2001, 2997, 2999. Teilweise wird § 208 Abs. 1 Satz 1 Nr. 2 AO als entbehrlich angesehen, weil bereits § 208 Abs. 1 Satz 1 Nr. 1 AO die Ermittlung der Besteuerungsgrundlagen insoweit erfasse, als diese zur Erfüllung des objektiven Tatbestandes des § 370 AO erforderlich sind. Denn die Annahme einer Steuerverkürzung setze voraus, dass der Steueranspruch nach Art und Höhe bekannt ist, vgl. *Hamacher*, DStZ 1987, 224, 227; *Hellmann*, S. 201 ff.; kritisch *Schick* in Hübschmann/Hepp/Spitaler, § 208 Rn. 95 ff; *ders.*, JZ 1982, 125, 129 f. Dagegen wird eingewandt, dass § 208 Abs. 1 Satz 1 Nr. 2 AO insbesondere dann eigenständige Bedeutung entfalte, wenn im Hinblick auf die Steuerstraftat bereits Strafverfolgungsverjährung eingetreten ist, eine steuerliche Festsetzung hingegen noch möglich ist, vgl. BFHE 184, 266, 270; BFHE 195, 40, 48 = BFH BStBl. 2001, 624, 628 = NJW 2001, 2997, 2999; *Seer* in Tipke/Kruse, § 208 Rn. 24. A. A. *Joecks* in Franzen/Gast/Joecks, § 404 Rn. 24; *Kohlmann*, § 404 Rn. 40.5; *Dücker/Keune*, DStR 1999, 14, 16.

III. § 208 Abs. 1 Satz 1 Nr. 3 AO

Außerdem hat die Steuerfahndung gemäß § 208 Abs. 1 Satz 1 Nr. 3 AO die Aufgabe, unbekannte Steuerfälle aufzudecken und zu ermitteln. Darunter fallen einerseits Nachforschungen nach unbekannten Sachverhalten, die sich steuerlich auswirken können, unabhängig davon, ob der Steuerpflichtige bekannt ist oder nicht, und andererseits Nachforschungen nach unbekannten Steuerpflichtigen.[687] Die Vorschrift umfasst damit Ermittlungen im Vorfeld der Einleitung eines Steuerstrafverfahrens, bei denen ein Anfangsverdacht noch nicht gegeben ist. Nach überwiegender Ansicht sind diese sogenannten Vorfeldermittlungen im Sinne einer allgemeinen Steueraufsicht dem Besteuerungsverfahren zuzuordnen.[688] Dagegen wird § 208 Abs. 1 Satz 1 Nr. 3 AO vereinzelt dem strafverfahrensrechtlichen Tätigwerden zugeordnet mit der Folge, dass die Steuerfahndung nach dieser Ansicht bei ihren Ermittlungen ausschließlich die strafverfahrensrechtlichen Befugnisse nach § 404 AO hätte.[689] Dieser Ansicht ist zuzugeben, dass durch eine rein strafverfahrensrechtliche Aufgabenzuweisung erhebliches Konfliktpotenzial im Hinblick auf die Doppelfunktion[690] der Steuerfahndung vermieden würde. Die Aufgabe der Steuerfahndung wäre dann ausschließlich strafprozessualer Natur, mit der Ausnahme der Ermittlung der Besteuerungsgrundlagen der Steuerstraftat gemäß § 208 Abs. 1 Satz 1 Nr. 2 AO.

Die Praxis sieht allerdings anders aus. Gestützt auf den gesetzgeberischen Willen[691] und die historischen Ursprünge der Vorschrift[692] nimmt die Steuerfahndung die Aufgabe von Vorfeldermittlungen als Teil des Besteuerungsverfahrens wahr. Zur Durchführung dieser Ermittlungen kann sie auf die den Finanzämtern zustehenden Befugnisse zurückgreifen. Die jüngere Praxis hat gezeigt, dass die Steuerfahndung davon umfassend Gebrauch macht.[693] Dabei besteht für den bislang unbeteiligten Steuerpflichtigen die Gefahr, dass die Steuerfahndung anlässlich einer

---

687 *Seer* in Tipke/Kruse, § 208 Rn. 29.

688 Vgl. die Begründung des Finanzausschusses BT-Drucks. 7/4292, 36; BFH BStBl. 1988 II, 359, 361; ausführlich auch *Wendeborn*, S. 69 ff. Zum Rechtsbehelf der Bankkunden bei Ermittlungen der Steuerfahndung nach § 208 Abs. 1 Nr. 3 AO vgl. *Löwe-Krahl*, PStR 2002, 74 f.

689 *Schick* in Hübschmann/Hepp/Spitaler, § 208 Rn. 133; *ders*., JZ 1982, 125, 130 ff.; *Hübner* in Hübschmann/Hepp/Spitaler, § 404 Rn. 101 ff.; *Hellmann*, S. 271 ff., der die Regelung sogar für überflüssig hält, da bereits § 208 Abs. 1 Satz 1 Nr. 1 AO die Erforschung von Steuerstraftaten erfasse.

690 Diese wird von der Rechtsprechung ausdrücklich anerkannt und damit gerechtfertigt, dass das Gesetz eine strikte Trennung der Befugnisse vorsieht, die der Steuerfahndung im Besteuerungsverfahren einerseits und im Strafverfahren andererseits zustehen, BFHE 192, 44, 50 = BFH BStBl. II 2000, 643, 646 = NJW 2000, 3157, 3158.

691 Vgl. BT-Drucks. 7/4292, S. 36, die jedoch nur vage Begründungen enthält.

692 Vgl. dazu ausführlich *Wendeborn*, S. 73 ff.

693 Vgl. etwa BFHE 192, 44 ff. = BFH BStBl. II 2000, 643 ff. = NJW 2000, 3157 ff.; BFHE 198, 42 ff. = BFH BStBl. II 2002, 495 ff. = wistra 2002, 308 ff.

Durchsuchung ihr in die Hände fallende Daten und Informationen nutzt, um Kontrollmitteilungen auf der Grundlage des § 208 Abs. 1 Satz 1 Nr. 3 AO an die zuständigen Finanzämter zu verschicken. Ergibt eine Auswertung dieser Kontrollmitteilungen, dass die Steuererklärung des Steuerpflichtigen unvollständig oder fehlerhaft ist, sieht sich der Betroffene einem Steuerstrafverfahren ausgesetzt.

Ausgangsfall für diese Problematik war ein Verfahren vor dem FG Baden-Württemberg[694]. Dort fand eine Durchsuchung bei einer Bank zur Sicherstellung bestimmter Unterlagen, die im Zusammenhang mit der Transferierung von Geld und Depots von und nach Luxemburg standen, statt. Das diesbezügliche Ermittlungsverfahren richtete sich gegen eine unbekannte Anzahl zum Teil namentlich noch nicht bekannter Kunden und Mitarbeiter der Bank wegen des Verdachts der Steuerhinterziehung und der Beihilfe dazu. Bei der Durchsuchung und Durchsicht der Unterlagen nahmen die Beamten der Steuerfahndung unter anderem auch Kenntnis von möglicherweise steuerlich erheblichen Sachverhalten (Kapitalanlagen, Kapitalerträgen, Banküberweisungen ins Ausland) bislang nichtverfahrensbeteiligter Bankkunden, die in keinem Zusammenhang mit Geldanlagen in Luxemburg standen und hinsichtlich derer auch noch keine hinreichenden Anhaltspunkte für eine andere Steuerstraftat vorlagen. Die Steuerfahnder fertigten über diese Erkenntnisse in rund 70 Fällen handschriftliche Notizen mit dem Ziel, den Wohnsitzfinanzämtern der Bankkunden die entsprechenden Aufzeichnungen als Kontrollmitteilungen zwecks Nachprüfung der Besteuerung zuzuleiten. Das FG Baden-Württemberg war der Ansicht, dass diese Zufallserkenntnisse nicht willkürlich, sondern unter Berücksichtigung der entsprechenden Einzelheiten des Falls in steuerlich überprüfungswürdigen Fällen gewonnen worden seien.[695] In der Folgezeit kam es ferner zu Kontrollmitteilungen über Tafelgeschäfte, die anlässlich von Durchsuchungen von Banken wegen anderer Sachverhalte aufgefunden wurden.[696]

Die Steuerfahndung ist in diesen Fällen nach § 208 Abs. 1 Satz 1 Nr. 3 AO tätig geworden. Bei § 208 Abs. 1 Satz 1 Nr. 3 AO handelt es sich um eine Aufgabenzuweisung, die von den zur Erfüllung dieser Aufgaben verliehenen Befugnissen (§ 208 Abs. 1 Satz 2 AO) zu unterscheiden ist. Voraussetzung für die Rechtmäßigkeit einer konkreten Maßnahme ist daher, dass sich die Steuerfahndung im

---

694 FG Baden-Württemberg wistra 1997, 158 ff.

695 Auf die Frage, ob § 30 a Abs. 3 AO der Anfertigung und Auswertung von Kontrollmaterial entgegensteht, soll hier nicht weiter eingegangen werden, vgl. dazu BFH WM 1997, 2344 ff.; BFHE 192, 44, 55 = BFH BStBl. II 2000, 643, 648 = NJW 2000, 3157, 3160 einerseits und BFHE 183, 45 ff. = BFH BStBl. II 1997, 499 ff. = NJW 1997, 2067 ff.; BFHE 192, 260 ff. = BFH BStBl. 2000, 648 ff. = NJW 2001, 318 ff. andererseits. Vgl. auch *Bilsdorfer*, INF 2001, 13 ff.; *Blesinger*, NJW 2001, 1459 ff.; *Moritz*, PStR 2001, 122 ff.

696 BFHE 192, 44 ff. = BFH BStBl. II 2000, 643 ff. = NJW 2000, 3157 ff.; FG Niedersachsen EFG 2002, 510.

Rahmen des ihr zugewiesenen Aufgabenbereichs gehalten hat und ihr die in Anspruch genommene Befugnis nach dem Gesetz auch zusteht.[697] Zwar ist es der Steuerfahndung nicht erlaubt, Ausforschungsdurchsuchungen, Ermittlungen "ins Blaue hinein" oder Rasterfahndungen vorzunehmen.[698] Die Rechtsprechung hat aber gerade in jüngerer Zeit die Anforderungen des § 208 Abs. 1 Satz 1 Nr. 3 AO erheblich gesenkt.[699] Die Ermittlungsvoraussetzungen sollen nachfolgend unter Berücksichtigung der neueren Rechtsprechung genauer betrachtet werden.

1. Voraussetzungen des § 208 Abs. 1 Satz 1 Nr. 3 AO

Die Steuerfahndung hat nur dann die Aufgabe, unbekannte Steuerfälle aufzudecken und zu erforschen, wenn die Möglichkeit einer Steuerverkürzung besteht. Wann das der Fall ist, wird in Rechtsprechung und Schrifttum unterschiedlich beantwortet.

a) Erfordernis eines "hinreichenden Anlasses"

Nach überwiegender Auffassung genügt ein hinreichender Anlass für ein Tätigwerden der Steuerfahndung nach § 208 Abs. 1 Satz 1 Nr. 3 AO.[700] Dieser liege vor, wenn aufgrund konkreter Anhaltspunkte[701] oder aufgrund allgemeiner Erfahrungen der Steuerfahndung[702] die Möglichkeit einer Steuerverkürzung in Betracht komme und daher eine Anordnung bestimmter Art angezeigt sei.[703] Ein strafprozessualer Anfangsverdacht, wie ihn § 397 AO voraussetzt, ist nach dieser Ansicht nicht erforderlich. Für Ermittlungen nach § 208 Abs. 1 Satz 1 Nr. 3 AO genügt daher, dass nach allgemeiner Erfahrung der Steuerfahndung bestimmte Sachverhalte besonders verkürzungsgefährdet oder kontrollbedürftig sind.[704] Damit ist die Frage, ob ein hinreichender Anlass vorliegt, in die Hände der Steuerfahndung gelegt. Gelingt es ihr, gestützt auf bestimmte Tatsachen, eine allgemeine Erfahrung

---

[697] So zuletzt BFHE 195, 40, 44 = BFH BStBl. II 2001, 624, 627 = NJW 2001, 2997, 2998.

[698] BFHE 158, 502 ff. = BFH BStBl. II 1990, 198 ff. = NJW 1990, 2278; FG Münster NJW 2000, 3375.

[699] Vgl. nur BFHE 198, 42 ff. = BFH BStBl. II 2002, 495 ff. = wistra 2002, 308 ff.; FG Niedersachsen EFG 2001, 1100 ff. (Vorinstanz). Zum Wandel der Auslegung des § 208 Abs. 1 Satz 1 Nr. 1 AO und seiner Vorgängervorschrift vgl. *Rüping*, DStZ 1980, 179, 181.

[700] So zuletzt BFHE 198, 42 ff. = BFH BStBl. II 2002, 495 ff. = wistra 2002, 308 ff.; *Joecks* in Franzen/Gast/Joecks, § 404 Rn. 31; *Kohlmann*, § 404 Rn. 41.2; *Seer* in Tipke/Kruse Rn. 30.

[701] Tatsachen, Kenntnisse, Sachverhaltsgestaltungen wie etwa die Besonderheit des Objekts oder die Höhe des Wertes.

[702] Z. B. gleichgelagerte Fälle, Besonderheiten eines Objektes, bestimmte Personengruppen.

[703] BFHE 198, 42, 48 = BFH BStBl. II 2002, 495, 497= wistra 2002, 308, 310.

[704] Darunter fällt etwa die Auswertung von Chiffre-Anzeigen in Zeitungen, in denen wertvolle Immobilien im Ausland zum Verkauf angeboten werden, BFHE 148, 108, 113 f.; bestätigt durch BVerfG HFR 1989, 440 ff. In derartigen Fällen darf die Steuerfahndung mit den den Finanzbehörden zustehenden Mitteln wie z. B. Sammelauskunftsersuchen vorgehen.

für eine Verkürzungsgefährdung darzulegen, darf sie Kontrollmaterial sammeln. Die Rechtsprechung billigt dieses Vorgehen der Steuerfahndung bisweilen und weist sie nur bei eklatanten Überschreitungen in ihre Schranken.

So hat der 7. Senat des BFH eine unzulässige Rasterfahndung darin erblickt, dass die wegen Beihilfe gegen Mitarbeiter eines Kreditinstitutes ermittelnden Steuerfahnder ohne sachlichen Zusammenhang mit ihrem Prüfungsauftrag Kundengeschäfte erfasst und Kontrollmitteilungen über den Besitz von Tafelpapieren angefertigt haben.[705] Die Steuerfahnder hatten Depotkonten kopiert und um die Anschriften von ca. 1600 Tafelpapierinhabern ergänzt. Der BFH stellte hierzu fest, dass das Vorgehen der Steuerfahndung, ohne jegliche Differenzierung möglichst alle Kunden, die in den betreffenden Jahren Inhaber von Tafelpapieren waren, einer steuerlichen Überprüfung unterziehen zu wollen, eine unzulässige Rasterfahndung gewesen sei.[706] Der BFH sah eine Kompetenzüberschreitung vor allem in der hohen Anzahl der Fälle, in denen die Steuerfahndung Bankkunden im Zusammenhang mit Tafelpapieren angeschrieben hat, und in der fehlenden Differenzierung hinsichtlich des Nennwertes der eingelieferten Tafelpapiere; die Steuerfahndung hatte keine Erheblichkeitsschwelle vorgegeben, wonach bei Zufallserkenntnissen erst ab einem bestimmten Schwellenwert Mitteilungen gefertigt werden sollten. Ferner habe nicht festgestanden, ob die betreffenden Kunden die Tafelpapiere überhaupt von der durchsuchten Bank erworben hatten. Jedenfalls begründe die Inhaberschaft von Tafelpapieren für sich zumindest dann nicht den Verdacht einer Steuerhinterziehung, wenn das jeweilige Depotkonto legitimationsgeprüft sei.[707] Deshalb sei die Steuerfahndung nicht befugt gewesen, gegen Bankkunden zu ermitteln, nur weil sie Inhaber von Tafelpapieren seien.

Auch wenn der BFH im konkreten Fall dem Vorgehen der Steuerfahndung Grenzen gesetzt hat, bedeutet dies nicht, dass der Anwendungsbereich des § 208 Abs. 1 Satz 1 Nr. 3 AO damit insgesamt eingeschränkt worden ist.[708] Denn für die Steuerfahndung hat dies nur zur Folge, dass sie zukünftig die zu überprüfenden Steuerfälle durch geeignete Kriterien wie etwa die Festlegung von Schwellenwerten oder die Beschränkung auf bestimmte Geschäfte einzugrenzen hat. Sie ist dem, soweit aus der Praxis ersichtlich, überwiegend nachgekommen. Ob dadurch den Ermittlungen der Steuerfahndung die Qualifizierung als unzulässige Rasterfahndung genommen wird, mag bezweifelt werden.

---

[705] BFHE 192, 44 ff. = BFH BStBl. II 2000, 643 ff. = NJW 2000, 3157 ff.; vgl. dazu u. a. auch *Löwe-Krahl*, PStR 2000, 251 ff.; *Moritz*, PStR 2000, 243 f.; *ders.*, PStR 2000, 249 ff.
[706] BFHE 192, 44, 53 = BFH BStBl. II 2000, 643, 647 f. = NJW 2000, 3157, 3159.
[707] BFHE 192, 44, 55 = BFH BStBl. II 2000, 643, 648 = NJW 3157, 3160; vgl. dazu *Löwe-Krahl*, PStR 2002, 147 f.; *Moritz*, PStR 2002, 118 f.
[708] So aber *Kohlmann*, § 404 Rn. 41.3.

Die Rechtsprechung indes hat sich darauf eingelassen. Der BFH - wiederum der 7. Senat - hat in einem seiner jüngsten Beschlüsse zu § 208 Abs. 1 Satz 1 Nr. 3 AO einen hinreichenden Anlass für Ermittlungsmaßnahmen der Steuerfahndung darin gesehen, dass Kunden eines bestimmten Kreditinstitutes in erheblicher Zahl in einem bestimmten Marktsegment ("Neuer Markt") innerhalb der Spekulationsfrist Aktiengeschäfte getätigt und dabei Spekulationsgewinne realisiert haben.[709] Daher sei ein Auskunftsersuchen[710], das darauf gerichtet ist, alle Wertpapierverkäufe eines bestimmten Zeitraumes zu ermitteln, die auf Neuemissionen am Neuen Markt beruhten, grundsätzlich zulässig.[711] Im konkreten Fall führte die Steuerfahndung Ermittlungen in unbekannten Steuerfällen mit dem Ziel, steuerpflichtige Spekulationsgewinne aus Wertpapiergeschäften aufzudecken. Dazu richtete sie, gestützt auf § 208 Abs. 1 Satz 1 Nr. 3 AO i. V. m. den §§ 208 Abs. 2 Satz 1, 93 AO, Auskunftsersuchen an eine Sparkasse. Dem war ein Gespräch mit Verantwortlichen der Sparkasse vorausgegangen. Die Steuerfahndung hatte die Information erhalten, dass eine Vielzahl von Kunden verstärkt Aktien und Fondsanteile von am Neuen Markt notierten Kapitalgesellschaften erworben und zeitnah wieder veräußert hätte. Die erheblichen Kursgewinne hätten zu kurzfristigen Verkäufen geführt und für den Bereich der Sparkasse habe in der fraglichen Zeit ein erheblicher Kaufboom eingesetzt. Neben Informationen aus allgemein zugänglichen Quellen (Zeitschriften, Börsenverlautbarungen, Mitteilungen von Banken) über Anzahl und Namen der eingeführten Neuemissionen und die jeweiligen Kursentwicklungen verfügte die Steuerfahndung auch über Datenmaterial zum Erklärungsverhalten der Steuerpflichtigen im Einzugsbereich der Sparkasse betreffend Spekulationsgewinne gemäß der §§ 22, 23 EStG.[712]

Nach Ansicht des BFH reichen derartige Informationen aus, einen hinreichenden Anlass gemäß § 208 Abs. 1 Satz 1 Nr. 3 AO zu begründen.[713] Der BFH stützt seine Entscheidung insbesondere auf eine Zusammenschau der der Steuerfahndung

---

[709] BFHE 198, 42 ff. = BFH BStBl. II 2002, 495 ff. = wistra 2002, 308 ff.

[710] Das Auskunftsersuchen lautete: "... Einsicht in folgende Unterlagen zu gewähren: 1. in sämtliche Wertpapierabrechnungen und Orderaufträge über Veräußerungsgeschäfte für in- und ausländische Aktien und Fondsanteile von Kunden für die Zeit vom 1.5.1998 bis zum 31.12.1999, soweit es die sogenannten "Neuen Märkte" (Neuemissionen nach dem 30.10.1997) betrifft, 2. in sämtliche Wertpapierabrechnungen und Orderaufträge über Kaufgeschäfte, die sich auf die unter 1. festgestellten Veräußerungsgeschäfte beziehen, 3. in sämtliche Depots, die sich auf die unter 1. festgestellten Veräußerungsgeschäfte beziehen, begrenzt auf die Buchungen, die i. V. m. den unter 2. bezeichneten Kaufgeschäften bestehen, 4. Auskunft zu erteilen, wer in diesen Geschäftsvorfällen Inhaber der dabei angesprochenen Konten ist. Dabei sollte Name, Vorname, gegebenenfalls die Firmenbezeichnung, die Anschrift und bei natürlichen Personen das Geburtsdatum, soweit sich diese Angaben nicht bereits aus den o. g. Belegen ergeben, angegeben werden.", vgl. *Flore*, PStR 2001,170 f.

[711] BFHE 198, 42, 49 f. = BFH BStBl. II 2002, 495, 499 = wistra 2002, 308, 310 f.

[712] BFHE 198, 42, 48 f. = BFH BStBl. II 2002, 495, 498 f. = wistra 2002, 308, 309.

[713] BFHE 198, 42, 49 = BFH BStBl. II 2002, 495, 498. = wistra 22002, 308, 310.

zur Kenntnis gelangten Umstände und Fakten, wobei weder die Informationen über das Erklärungsverhalten noch die Kenntnisse über Neuemissionen aus allgemein zugänglichen Quellen für sich einen hinreichenden Anlass für die Ermittlungen der Steuerfahndung begründen könnten.[714] Maßgeblich seien die sparkasseninternen Informationen über den erheblichen Kaufboom von Aktien und Fondsanteilen und über entsprechende Veräußerungsgeschäfte innerhalb der Spekulationsfrist zum Zwecke von Gewinnmitnahmen gewesen.

Unklar ist, was von diesen Erkenntnissen als sparkassenintern anzusehen ist und wie die Steuerfahndung an diese Informationen gelangt sein will. Es ist überdies zweifelhaft, ob die vom BFH zugrunde gelegten Informationen einen hinreichenden Anlass für Ermittlungen der Steuerfahndung begründen können, obgleich in Rechnung zu stellen ist, dass in dem konkreten Fall die Sparkasse überaus auskunftsfreudig[715] war. Zunächst ist anzumerken, dass die sogenannten sparkasseninternen Erkenntnisse so intern nicht waren. Denn die von der Steuerfahndung vorgebrachten Fakten lassen sich größtenteils aus den Geschäfts- oder Lageberichten der Banken und Sparkassen entnehmen.[716] Bereits aus diesen Berichten ergibt sich die sprunghafte Entwicklung des Wertpapiergeschäfts in den fraglichen Jahren.[717] Diese Erkenntnisse begründen jedoch noch keinen hinreichenden Anlass für Ermittlungen der Steuerfahndung. Ein darauf gestütztes Auskunftsersuchen ist rechtswidrig.[718] Denn weder aus dem Erklärungsverhalten der Steuer-

---

[714] BFHE 198, 42, 49 = BFH BStBl. II 2002, 495, 498 f. = wistra 2002, 308, 311.

[715] Die Sparkasse hat zunächst auf Bitten der Steuerfahndung eine Belegsammlung mit allen Kauf- und Verkaufsgeschäften in den relevanten Zeiträumen für die fraglichen Wertpapiergattungen zur Verfügung gestellt. Anhand dieser Unterlagen hat die Steuerfahndung festgestellt, dass rund zwei Drittel der Wertpapiere innerhalb der Spekulationsfrist wieder veräußert worden sind, wobei die Steuerfahndung davon ausgegangen ist, dass die Wertpapiere jeweils am Ausgabetag erworben worden sind, vgl. BFHE 198, 42, 43 ff. = BFH BStBl. II 2002, 495, 496 = wistra 2002, 308, 309. Ein ähnliches Vorgehen ist von der Steuerfahndungsstelle eines Finanzamtes aus Baden-Württemberg bekannt, vgl. das bei *Kindshofer/Derlath*, PStR 2002, 170 abgedruckte Schreiben. Bei einer derartigen Bitte handelt es sich nicht um ein förmliches Auskunftsersuchen im Rahmen von Ermittlungen nach § 208 Abs. 1 Satz 1 Nr. 3 AO. Vielmehr sollen die durch die Beantwortung der erbetenen Fragen gewonnenen Erkenntnisse einen hinreichenden Anlass gemäß § 208 Abs. 1 Satz 1 Nr. 3 AO begründen und Grundlage für ein förmliches Auskunftsersuchen sein. Der betroffenen Bank sei empfohlen, derartigen Bitten nicht nachzukommen. Eine rechtliche Verpflichtung besteht nicht. Daran hat sich im vom BFH entschiedenen Fall die Sparkasse nicht gehalten und so der Steuerfahndung Erkenntnisse für einen hinreichenden Anlass geliefert, die sie sonst nicht bekommen hätte.

[716] Diese sind zum Teil sogar über das Internet verfügbar, können aber auch formlos angefordert werden.

[717] So hat etwa ein Finanzamt für Steuerstrafsachen und Steuerfahndung aus Nordrhein-Westfalen sein Auskunftsersuchen gemäß § 208 Abs. 1 Satz 1 Nr. 3 AO u. a. auf den Lagebericht der Bank, der von einem Wertpapierdienstleistungs- und Depotgeschäft nie gekannten Boom spricht, gestützt, vgl. den Text bei *Kindshofer/Derlath*, PStR 2002, 170, 173 ff.

[718] So auch *Kindshofer/Derlath*, PStR 2002, 170, 171.

pflichtigen im Einzugsbereich der Bank noch aus den Kenntnissen der Steuerfahndung über Neuemissionen und die Kursentwicklung am Aktienmarkt lassen sich Rückschlüsse auf tatsächlich erzielte Spekulationsgewinne ziehen. Auch ein Boom des Wertpapiergeschäfts bei der betreffenden Bank gibt keinen Aufschluss darüber, ob Kunden steuerpflichtige Spekulationsgewinne verschwiegen haben. Solange keine Anhaltspunkte darüber vorliegen, ob und wann die Kunden der betreffenden Bank ihre Aktien oder Fondsanteile wieder abgestoßen haben, bewegen sich die Ermittlungen der Steuerfahndung im Bereich unzulässiger Rasterfahndungen. Der Verweis auf "sparkasseninterne Informationen", denen zufolge auch entsprechende Veräußerungsgeschäfte zum Zwecke der Gewinnmitnahmen erfolgten, erscheint jedenfalls nebulös und offenbart nicht, welche konkreten Erkenntnisse über die Zahl der innerhalb der Spekulationsfrist erfolgten Veräußerungen vorlagen und woher diese Erkenntnisse stammen. Auf bloße Vermutungen durfte sich die Steuerfahndung aber nicht stützen. Genauere Erkenntnisse lagen aber offenbar nicht vor. Denn sonst hätte die Steuerfahndung nicht um Einsichtnahme in die Belegsammlung über Kauf- und Verkaufsgeschäfte gebeten. Daher ist auch eine Zusammenschau aller Erkenntnisse nicht geeignet, Ermittlungen der Steuerfahndung zu rechtfertigen.

Der BFH ist indes der Ansicht, dass diese Ermittlungen nicht als unzulässige Ausforschungsmaßnahme wie Rasterfahndung oder Ermittlungen "ins Blaue hinein" zu qualifizieren seien. Daran ändere auch nicht, dass eine große Zahl der Sparkassenkunden von den Ermittlungsmaßnahmen betroffen sei, da hinreichende Anhaltspunkte für eine Nichtbefolgung steuerlicher Erklärungspflichten bestünden.[719] Dem ist entgegenzuhalten, dass nach hier vertretener Ansicht gerade keine hinreichenden Anhaltspunkte für ein Auskunftsersuchen vorliegen. Denn aus den Erkenntnissen der Steuerfahndung ergibt sich weder, dass von den betroffenen Kunden überhaupt Spekulationsgewinne erzielt, noch dass etwaige Gewinne innerhalb der Spekulationsfrist realisiert worden sind. Auch das Argument, die Steuerfahndung verfolge nicht jeden Steuerfall in undifferenzierter Weise, da sie ihr Auskunftsersuchen ausschließlich auf Neuemissionen am Neuen Markt gestützt habe[720], vermag nicht zu überzeugen. Denn dann hätte es die Steuerfahn-

[719] BFHE 198, 42, 50 = BStBl. II 2002, 495, 499 = wistra 2002, 308, 311. Anders hingegen derselbe Senat des BFH in BFHE 192, 44, 53 = BFH BStBl. II 2000, 643, 647 = NJW 2000, 3157, 3159, wo der BFH eine unzulässige Rasterfahndung u. a. deshalb angenommen hat, weil eine hohe Zahl von Kunden von dem Vorgehen der Steuerfahndung betroffen war, um möglichst alle ins Auge gefassten Fälle zu erfassen. Der BFH weist in BFHE 198, 42, 50 = BStBl. II 2002, 495, 499 = wistra 2002, 308, 311 auf diesen Widerspruch selbst hin und begründet seine abweichende Beurteilung mit den hinreichenden Anhaltspunkten für eine Nichtbefolgung steuerlicher Erklärungspflichten im Unterschied zu BFHE 192, 44 ff. = BFH BStBl. II 2000, 643 ff. = NJW 2000 3157 ff., wo es um eine undifferenzierte Auswertung von Unterlagen über Tafelgeschäfte ging, die anläßlich steuerstrafrechtlicher Ermittlungen wegen Beihilfe von Bankmitarbeitern erlangt worden sind.

[720] BFHE 198, 42, 51 = BFH BStBl. II 2002, 495, 499 = wistra 2002, 308, 312.

dung in der Hand, durch ein möglichst enges Raster ihren an sich unzulässigen Ermittlungen die Qualifizierung als unzulässige Rasterfahndung zu nehmen. An dieser Stelle wird besonders deutlich, dass die Steuerfahndung aus den vorangegangenen Entscheidungen des BFH zur Rasterfahndung[721] gelernt hat. Denn sie hat nun das Raster entsprechend enger gesteckt und ihre Ermittlungen auf Neuemissionen am Neuen Markt beschränkt. Sie hat zudem eine Erheblichkeitsschwelle festgelegt, die sich allerdings an dem Freibetrag des § 23 Abs. 3 Satz 6 EStG orientierte. Dabei dürfte es sich um eine Selbstverständlichkeit handeln. Schließlich macht es keinen Sinn, unbekannte Steuerfälle zu ermitteln, die ohnehin steuerfrei sind.

Es bleibt abzuwarten, ob der Beschluss des BFH eine Fahndungswelle gegen Banken und Sparkassen zur Ermittlung von Spekulationsgewinnen auslösen wird. Die Einschätzungen darüber sind geteilt.[722] Der BFH selbst lässt in seiner Presseerklärung verlauten, dass sein Beschluss keine Veranlassung für eine Fahndungswelle gebe.[723] Ein derartiger Optimismus erscheint unangebracht. Denn die Steuerfahndung wird nichts unversucht lassen, um auch bei anderen Kreditinstituten[724] Spekulationsgewinne zu ermitteln. Sie kennt nun die Voraussetzungen, die für ihr Tätigwerden erforderlich sind. Demnach wird sie zunächst entsprechende Daten sammeln, um für einzelne Banken die geforderten "besonderen Erkenntnisse" zu gewinnen. Erleichterung kann sich die Steuerfahndung dadurch versprechen, dass sich, je länger die Ermittlungen andauern, die Erkenntnisse aus zahlreichen Quellen ergeben und für die jeweiligen Einzelfälle verwendet werden können.[725] So können im weiteren Verlauf der Ermittlungen unter Umständen auch Selbstanzeigen von Kunden der betreffenden Bank, Kontrollmitteilungen aus Betriebsprüfungen etwa bei Wertpapierhandelshäusern oder Depotbanken oder Konsortialbeteiligungen bei Neuemissionen als "besondere Erkenntnisse" in Betracht kommen.[726] Ob allerdings die Auskunftsverlangen der Finanzämter an Banken im Hinblick auf die zumindest zweifelhafte Verfassungsmäßigkeit der Besteuerung

[721] BFHE 192, 44 ff. = BFH BStBl. II 2000, 643 ff. = NJW 2000, 3157 ff.

[722] *Moritz*, PStR 2002, 125, 128 erwartet keine Welle von Fahndungen. *Flore*, PStR 2001, 170, 174 und *Löwe-Krahl*, PStR 2002, 147 f. sehen auf die Banken indes eine Fahndungswelle zurollen. Vgl. auch die bei *Kindshofer/Derlath*, PStR 2002, 170 ff. wiedergegebenen Auskunftsersuchen an Banken.

[723] Vgl. http://www.bundesfinanzhof.de/www/presse/pr2002/presse17.html

[724] Im Fadenkreuz der Steuerfahndung dürften hier insbesondere auch Brokerage-Depots bei Online- und Direktbanken sein, die zur Zeit des Börsenbooms aufgrund niedriger Ordergebühren großen Zuspruch fanden.

[725] Vgl. *Löwe-Krahl*, PStR 2002, 147, 148, der von einem "Erkenntniskarussell" spricht.

[726] *Löwe-Krahl*, PStR 2002, 147.

von Spekulationsgewinnen zulässig sind, ist bislang noch nicht abschließend geklärt.[727]

b) Erfordernis eines "begründeten Verdachts"

Nach anderer Meinung darf die Steuerfahndung nur dann tätig werden, wenn ein begründeter Verdacht für eine Steuerstraftat vorliegt.[728] Dieser ist zwar nicht gleichbedeutend mit dem Anfangsverdacht im Sinne des § 152 Abs. 2 StPO - dann wäre § 208 Abs. 1 Satz 1 Nr. 1 AO einschlägig -, er verlangt aber mehr als allgemeine Erfahrungen, wie sie die herrschende Meinung ausreichen lässt. Diese Auffassung legt die Meßlatte, ab der die Steuerfahndung tätig werden darf, höher und verringert so den durch die Doppelfunktion hervorgerufenen Konflikt zwischen dem Besteuerungs- und dem Steuerstrafverfahren. Denn je geringer der Anlass für Ermittlungen der Steuerfahndung ist, umso größer ist die Gefahr, dass ein Sachverhalt unter strafrechtlichen Gesichtspunkten mit den Instrumenten des Besteuerungsverfahrens ermittelt wird. Daher können allgemeine Erfahrungen oder bloße Vermutungen Ermittlungen der Steuerfahndung gemäß § 208 Abs. 1 Satz 1 Nr. 3 AO nicht begründen. Die Praxis zeigt, dass das Ausmaß der Ermittlungen durch eine niedrige Verdachtsschwelle einen immer weiteren Umfang einnimmt und daher auch zahlreiche Unbeteiligte in das Fadenkreuz der Steuerfahndung gelangen. Es ist daher im konkreten Fall ein begründeter Verdacht zu verlangen.

2. Grenzen des § 208 Abs. 1 Satz 1 Nr. 3 AO

Das durch § 208 Abs. 1 Satz 1 Nr. 3 AO hervorgerufene Spannungsverhältnis resultiert aus der Doppelfunktion, die die Steuerfahndung bei ihren Ermittlungen wahrnimmt. Sie wird zum einen im Besteuerungsverfahren mit den dafür vorgesehenen Befugnissen tätig. Zum anderen nimmt sie mit den gleichen Mitteln auch Ermittlungen im Vorfeld des Steuerstrafverfahrens vor. Angesichts der weitreichenden Ermittlungsbefugnisse der Steuerfahndung in diesem Bereich ist die Gefahr einer Verwischung der Grenzen zwischen Besteuerungsverfahren einerseits und Steuerstrafverfahren andererseits besonders groß. Ermittlungen nach § 208

---

[727] Das FG Münster (Beschluss vom 11.3. 2003 - 11 V 6957/02 - n.v.) hielt im Wege des einstweiligen Rechtsschutzes ein umfassendes Auskunftsverlangen der Steuerfahndung gegenüber einer Bank betreffend Kunden, die im Verdacht stehen, Spekulationsgewinne nicht versteuert zu haben, für verfassungsrechtlich ebenso bedenklich, wie die Besteuerung von Spekulationsgewinnen als solche (dazu BFH wistra 2003, 73, der eine Entscheidung des BVerfG über diese Frage einholt), vgl. *Burhoff*, PStR 2003, 101 f.

[728] *Hübner* in Hübschmann/Hepp/Spitaler, § 208 Rn. 133; *Arndt* in FS Felix, 1989, 1; *Hellmann*, S. 271 ff.; *Rüping*, Steuerfahndungsergebnisse, S. 19 ff.; *ders.*, DStZ 1980, 179, 181, der an § 208 Abs. 1 Satz 1 Nr. 3 AO aufgrund einer ungenügenden Abgrenzung zu den Nrn. 1 und 2 rechtsstaatliche Bedenken hegt und daher eine enge Interpretation der Vorschrift verlangt.

Abs. 1 Satz 1 Nr. 3 AO dürfen daher nicht dazu führen, dass der Sachverhalt durch die Steuerfahndung unter strafrechtlichen Gesichtspunkten mit den Mitteln des Besteuerungsverfahrens weiter aufgeklärt wird.[729] Die Steuerfahndung hat daher offen zu legen, ob sie Ermittlungen im Besteuerungsverfahren oder im Steuerstrafverfahren führt.[730] Insbesondere ist der Betroffene über seine Rechtsstellung in dem jeweiligen Verfahren im Hinblick auf seine Mitwirkungspflicht im Besteuerungsverfahren bzw. seine Aussage- und Mitwirkungsverweigerungsrechte im Steuerstrafverfahren ausdrücklich und unmissverständlich in Kenntnis zu setzen.[731]

Die Steuerfahndung ist in diesem Zusammenhang nicht berechtigt, nach dem Prinzip der höchstmöglichen Aufklärungseffektivität dysfunktional strafprozessuale Instrumente zur Ermittlung eines Sachverhalts für das Besteuerungsverfahren oder umgekehrt steuerverfahrensrechtliche Instrumente zur Ermittlung eines Sachverhalts für das Strafverfahren einzusetzen.[732] Daneben darf sie auch die einmal gewählte Verfahrensart im Sinne des Prinzips der Meistbegünstigung nicht beliebig wechseln.[733] Denn die Steuerfahndung darf nur die für die jeweilige Ermittlungsart vorgesehenen Mittel einsetzen.[734] Konkretisieren sich daher die im Rahmen der Vorfeldermittlungen gewonnenen Erkenntnisse zu einem strafprozessualen Anfangsverdacht im Sinne des § 152 Abs. 2 StPO, ist unverzüglich ein Steuerstrafverfahren einzuleiten (§ 397 AO). Die Ermittlungen werden dann gemäß § 208 Abs. 1 Satz 1 Nrn. 1 und 2 AO fortgesetzt.[735] Aus der Praxis ist allerdings bekannt, dass die Steuerfahndung den Schritt, ein Steuerstrafverfahren einzuleiten, möglichst lange hinauszögert, um sich die Ermittlungsinstrumente des Besteuerungsverfahrens und die Mitwirkungspflicht des Steuerpflichtigen zu erhalten.[736] Ein derartiges Vorgehen ist jedoch unzulässig, weil dadurch die Beschuldigtenrechte unterlaufen werden.[737]

Ausgehend von den vorgenannten Grundsätzen stellt sich nun die Frage, wie zu verfahren ist, wenn die Steuerfahndung anlässlich einer Durchsuchung auf Unter-

---

729 *Joecks* in Franzen/Gast/Joecks, § 404 Rn. 32.

730 *Breuer*, wistra 2002, 241, 244.

731 *Kohlmann*, § 404 Rn. 42, der das in diesem Zusammenhang in der Praxis zu Beginn der Prüfung ausgehändigte Merkblatt (abgedruckt in BStBl. 1979 I, 115) zu Recht für nicht ausreichend erachtet.

732 *Rüping*, DStZ 1980, 179, 180.

733 *Rüping*, DStZ 1980, 179, 180.

734 *Seer* in Tipke/Kruse, § 208 Rn. 134; *ders.*, StB 1987, 128 f., der dieses sog. Gebot der Zweckrichtigkeit unmittelbar aus dem Rechtsstaatsprinzip ableitet.

735 *Joecks* in Franzen/Gast/Joecks, § 404 Rn. 32; *Kohlmann*, § 404 Rn. 42.

736 Vgl. *Wannemacher*, Rn. 877.

737 Der BGH, BGHSt 38, 214 ff., nimmt in derartigen Fällen ein Verwertungsverbot der so erlangten Erkenntnisse für das Strafverfahren an. Vgl. auch *Kohlmann*, § 404 Rn. 42,

lagen stößt, die zwar in keinem Bezug zum Ausgangsverfahren stehen, aber dennoch von steuerlicher oder steuerstrafrechtlicher Relevanz sind, und ob die Steuerfahndung Notizen zur Anfertigung von Kontrollmitteilungen machen darf. Zunächst kommt eine einstweilige Beschlagnahme der verdachterregenden Unterlagen aufgrund der strafrechtlichen Befugnisse in Betracht. Auch die Anfertigung von Notizen stellt eine Beschlagnahme im Sinne der §§ 108, 94 StPO dar. Eine Beschlagnahme liegt nämlich nicht nur dann vor, wenn die Unterlagen körperlich mitgenommen werden, sondern auch, wenn Fotokopien von ihnen gemacht werden.[738] Dem steht die Anfertigung von schriftlichen Notizen über den Inhalt der Unterlagen gleich.[739] Denn es kann keinen Unterschied machen, ob die Unterlagen kopiert oder der Inhalt in Form einer Notiz zusammengefasst wird, da es in derartigen Fällen ausschließlich auf den Inhalt ankommt. Entscheidend ist daher nicht, ob dem Betroffenen ein potenzielles Beweismittel körperlich entzogen wird, sondern dass sein Inhalt in geeigneter Weise für das weitere Verfahren gesichert wird. In der Sicherung des Inhalts der Unterlagen durch die Anfertigung von Notizen liegt daher eine Sicherstellung in sonstiger Weise.[740]

Da eine Beschlagnahme nach § 108 StPO einen Anfangsverdacht voraussetzt, müssen sich aus den Unterlagen zureichende tatsächliche Anhaltspunkte für eine Steuerstraftat ergeben. Dies ist in den wenigsten Fällen gegeben. Denn ob unrichtige oder unvollständige Angaben in einer Steuererklärung gemacht worden sind, ergibt sich regelmäßig erst anhand eines Blickes in die Steuerakte des Betroffenen. Damit scheidet eine einstweilige Beschlagnahme in Form der Anfertigung von Notizen über steuerrelevante Sachverhalte von Dritten aufgrund strafprozessualer Befugnisse eindeutig aus.[741]

Diesen Weg hat die Steuerfahndung bei ihren Durchsuchungen von Banken aber nicht beschritten. Sie hat sich vielmehr ihrer Doppelfunktion besonnen und hat die Notizen im Rahmen von Vorfeldermittlungen gemäß § 208 Abs. 1 Nr. 3 AO gefertigt. Die Rechtsprechung hat dieses Vorgehen gebilligt.[742] Die doppelfunktionale Tätigkeit der Steuerfahndung sei grundsätzlich zulässig. Das Notieren und Festhalten steuerlich erheblicher Vorgänge aus den zum Wertpapiergeschäft angelegten Ordnern einer Bank, aus denen sich die Einlieferung von Wertpapieren in das Sammeldepot durch Kunden der Bank ergebe, mit dem augenscheinlichen Ziel der Auswertung oder Weiterleitung der dabei gewonnenen Erkenntnisse in

---

[738] *Meyer-Goßner*, § 94 Rn. 16.
[739] *Joecks*, WM Sonderbeilage Nr. 1 1998, 28.
[740] *Joecks*, Steuerstrafrecht, S. 156.
[741] Vgl. auch *Joecks*, WM Sonderbeilage Nr. 1 1998, 28.
[742] Vgl. etwa BFHE 192, 44 ff. = BFH BStBl. II 2000, 643 ff. = NJW 2000, 3157 ff.

der Art von Kontrollmitteilungen an die zuständigen Finanzämter falle grundsätzlich in den von § 208 Abs. 1 Satz 1 Nr. 3 AO umschriebenen Aufgabenbereich.[743]

Diese Auffassung weckt Zweifel. Die Steuerfahndung hat die Durchsuchung im Rahmen ihrer Aufgabenzuweisung nach § 208 Abs. 1 Satz 1 Nr. 1 AO vorgenommen. Sie ist damit strafprozessual tätig geworden. Maßgeblich sind demnach ausschließlich die Vorschriften der StPO. Werden daher bei Gelegenheit einer Durchsuchung Zufallsfunde gemacht, richtet sich deren Behandlung nach der insoweit abschließenden Regelung des § 108 StPO.[744] Nur dann, wenn die Steuerfahndung die Notizen auch ohne die Durchsuchung allein nach den Regelungen des Besteuerungsverfahrens hätte machen dürfen, wäre die Anfertigung von Kontrollmaterial zulässig.[745] Ein Auskunftsersuchen oder das Anfordern von Unterlagen zum Zwecke der allgemeinen Steueraufsicht ohne hinreichenden Anlass bzw. ohne begründeten Verdacht wäre aber unzulässig. Unterhalb der von § 108 StPO verlangten Schwelle des einfachen Anfangsverdachts ist es der Steuerfahndung somit nicht erlaubt, weitere, vom Durchsuchungsbeschluss nicht erfasste Unterlagen auszuwerten und Notizen zu machen.

Daran ändert auch die Vorschrift des § 208 Abs. 1 Satz 1 Nr. 3 AO nichts. Denn nur weil die Steuerfahnder sich mittels Durchsuchungsbeschluss Zutritt in die Bank verschafft haben, dürfen sie nicht alle Unterlagen überprüfen, die auch nur entfernt auf einen hinreichenden Anlass für einen steuererheblichen Vorgang hindeuten. Die Aufgabenzuweisung der Steuerfahndung ist hier strikt zu trennen.[746] Gegenteiliges liefe auch auf einen Verstoß gegen das Gebot der Transparenz hinaus. Für den Betroffenen wäre nicht ersichtlich, ob die Steuerfahndung rein strafprozessual tätig wird oder insgeheim auch im Besteuerungsverfahren im Hinblick auf Dritte. Problematisch an diesen Ermittlungen ist, dass sie zwar unter dem Deckmantel des Besteuerungsverfahrens stattfinden, nach einem positiven Abgleich mit den Steuerunterlagen des Betroffenen aber in ein Steuerstrafverfahren münden. Die Anfertigung von Notizen für Kontrollmitteilungen hat also eine eindeutig strafrechtliche Tendenz. Dann darf aber gemäß § 393 Abs. 1 Satz 1 AO nicht mit den Instrumenten des Besteuerungsverfahrens vorgegangen werden.

---

[743] BFHE 192, 44, 46 f. = BFH BStBl. II 2000, 643, 644 f. = NJW 3157, 3158 f. Im entschiedenen Fall hielt der BFH die konkrete Maßnahme der Steuerfahndung allerdings für eine unzulässige Rasterfahndung, da kein hinreichender Anlaß für ein Tätigwerden der Steuerfahndung bestanden habe.

[744] *Joecks*, WM Sonderbeilage Nr. 1 1998, 30; *Kohlmann*, § 385 Rn. 122.2.

[745] *Joecks*, Steuerstrafrecht, S. 158.

[746] Vgl. auch *Kohlmann*, § 385 Rn. 122.2. Abzulehnen ist indes die Auffassung von *Pütz*, wistra 1998, 54, 57, der ein umfassendes Tätigwerden im Rahmen steuerlicher Überwachungspflichten für zulässig hält.

Gegen die Zulässigkeit der Anfertigung von Kontrollmitteilungen über die Verhältnisse Dritter anlässlich einer Durchsuchung spricht ein weiterer Aspekt. Die Steuerfahndung beruft sich bei der Anfertigung von Kontrollmitteilungen auf § 208 Abs. 1 Satz 1 Nr. 3 AO. Bei dieser Vorschrift handelt es sich aber lediglich um eine Aufgabenzuweisung, nicht dagegen um eine Befugnisnorm.[747]

B. Befugnisse der Steuerfahndung

Die Befugnisse der Steuerfahndung ergeben sich aus § 208 Abs. 1 Satz 2 AO. Dabei ist zwischen den Befugnissen im Steuerstrafverfahren auf der einen und den Befugnissen im Besteuerungsverfahren auf der anderen Seite zu unterscheiden. Nach § 208 Abs. 1 Satz 2 Halbsatz 1 AO hat die Steuerfahndung neben den (strafverfahrensrechtlichen) Befugnissen nach § 404 AO auch die Ermittlungsbefugnisse, die den Finanzämtern zustehen. Sie kann also beispielsweise nach § 93 AO Auskunftsersuchen an Steuerpflichtige oder Dritte richten. Fraglich ist, ob sie anlässlich einer Durchsuchung auch Kontrollmitteilungen gemäß § 194 Abs. 3 AO über die Verhältnisse von Dritten fertigen darf.

Bei § 194 Abs. 3 AO handelt es sich dem Wortlaut und der systematischen Stellung nach um eine Vorschrift der Außenprüfung. Das Tätigwerden der Steuerfahndung nach § 208 Abs. 1 Satz 1 Nr. 3 AO stellt allerdings keine Außenprüfung dar[748], sodass man zu dem Schluss gelangen könnte, die Steuerfahndung sei zur Anfertigung von Kontrollmitteilungen nicht berechtigt. Dennoch werden Kontrollmitteilungen unter Berufung auf § 85 AO, der den Finanzbehörden die Pflicht auferlegt, Steuern gleichmäßig festzusetzen und zu erheben, auch außerhalb der Außenprüfung für zulässig erachtet.[749] Nach Ansicht des BFH könne es keinen Unterschied machen, ob die Steuerfahndung die bei der Fahndungsmaßnahme gewonnenen Unterlagen und Erkenntnisse selbst auswerte, indem sie selbst die Betroffenen zur Mitwirkung bei der Ermittlung der Besteuerungsgrundlagen auffordere, oder ob sie die weitere Auswertung mittels der Erstellung von Kontroll-

---

[747] BFHE 198, 42, 49 = BFH BStBl. II 2002, 495, 497 = wistra 2002, 308, 310.

[748] *Seer* in Tipke/Kruse, § 208 Rn. 38.

[749] BFHE 195, 40, 49 f. = BFH BStBl. II 2001, 624, 629 = NJW 2001, 2997, 3000; *Tipke* in Tipke/Kruse, § 194 Rn. 29; *Carl/Klos*, DStZ 1990, 341, 346 f.; *Weinreuter/Braun*, DStZ 2001, 185, 189. Lediglich für Ermittlungen bei Banken wird teilweise eine Einschränkung der Kontrollbefugnis in § 30 a Abs. 3 AO gesehen, vgl. BFH (7. Senat) BFHE 192, 44, 55 = BFH BStBl. II 2000, 643, 648 f. = NJW 2000, 3157, 3160; dagegen BFH (8. Senat) BFHE 183, 45 ff. = BStBl. 1997 II, 499 ff. und BFH (1. Senat) BFHE 192, 260, 265 f. = BFH BStBl. 2000, 648, 649 f. = NJW 2001, 318, 319 f. Zum Diskussionsstand vgl. *Kohlmann*, § 385 Rn. 116 ff., § 404 Rn. 41.3 ; *Seer* in Tipke/Kruse, § 208 Rn. 34; *Tipke* in Tipke/Kruse, § 30 a Rn 1 ff., jeweils mit umfangreichen Nachweisen.

mitteilungen den Finanzämtern überlasse, bei denen die Betroffenen zur Steuer veranlagt werden.[750]

Dem kann nicht gefolgt werden. Nach hier vertretener Ansicht stehen der Steuerfahndung bei Ermittlung von Steuerstraftaten ausschließlich die strafprozessualen Befugnisse zu, und zwar auch dann, wenn sie anlässlich der Durchsuchung Erkenntnisse über mögliche Steuerstraftaten Dritter erlangen. Die Anwendung der Instrumente des Besteuerungsverfahrens ist daher insgesamt ausgeschlossen.
Auch das Wesen der Kontrollmitteilungen lässt Zweifel aufkommen, eine Maßnahme mit derart weitreichenden Folgen für zulässig zu erachten. Denn letztlich münden die Kontrollmitteilungen bei positivem Abgleich mit den Steuerunterlagen des Betroffenen in der Einleitung eines Steuerstrafverfahrens. Bei Kontrollmitteilungen handelt es sich um Maßnahmen, die der Informationsgewinnung der Finanzverwaltung über steuerlich relevante Sachverhalte dienen. Kontrollmitteilungen stellen somit eine ressortinterne Amtshilfe innerhalb der Finanzverwaltung dar. Sie sind Informationen an das Finanzamt, das für den von der Mitteilung Betroffenen zuständig ist. Als nicht unmittelbar nach außen wirkende Maßnahmen bedürfen Kontrollmitteilungen keiner besonderen Befugnisgrundlage.[751] Kontrollmitteilungen sind ohne besonderen Anlass zulässig. Es müssen also keine Anhaltspunkte für eine Steuerpflicht oder den Verdacht einer Steuerverkürzung des von der Mitteilung Betroffenen vorliegen.[752]

Gerade dieses anlassunabhängige Vorgehen der Steuerfahndung stößt auf Bedenken. Denn während die strafprozessualen Befugnisse zumindest einen Anfangsverdacht verlangen, soll die Sammlung von Kontrollmaterial keinerlei Verdachtsschwelle voraussetzen, obwohl dies auch mit der Zielrichtung der Einleitung eines Steuerstrafverfahrens geschieht. Hinzu kommt, dass die ursprüngliche Funktion von Kontrollmitteilungen, nämlich die Stichprobenprüfung, durch eine rastermäßige Sammlung von Daten abgelöst worden ist.[753] Besonders schwer wiegt dabei, dass es sich um eine Maßnahme im Geheimen handelt. Weder der von der Durchsuchung noch der von der Kontrollmitteilung Betroffene erfährt von der Sammlung des Kontrollmaterials und der Fertigung der Mitteilung.[754] Der Betroffene hat mangels Kenntnis keine Möglichkeit, sich gegen diese Maßnahme zu wehren,

---

[750] BFHE 195, 40, 49 = BFH BStBl. II 2001, 624, 629 = NJW 2001, 2997, 3000.
[751] *Tipke* in Tipke/Kruse, § 194 Rn. 29.
[752] *Tipke* in Tipke/Kruse, § 194 Rn. 31.
[753] Vgl. *Breuer*, wistra 2002, 241, 244.
[754] Nach *Breuer*, wistra 2002, 241, 244 können dadurch möglicherweise die Rechte des Betroffenen aus Art. 2 Abs. 1 i. V. m. Art. 1 Abs. 1 sowie Art. 14 GG, die einen Schutz gegen unbegrenzte Erhebung, Speicherung, Verwendung oder Weitergabe individualisierter oder individualisierbarer Daten gewähren, verletzt werden.

sodass die Rechtsweggarantie des Art. 19 Abs. 4 GG nicht gewährleistet ist.[755] Selbst eine nachträgliche Benachrichtigung wie sie die StPO bei verborgenen Maßnahmen gemäß den §§ 81 e, 99, 100 a, 100 c Abs. 1 Nr. 1 b, Nr. 2 und 3, 100d in § 101 StPO vorsieht, verlangen Kontrollmitteilungen aufgrund des internen Charakters nicht. Nicht ohne Grund setzt die Steuerfahndung Kontrollmitteilungen als höchst effektives Mittel zur Ermittlung von Steuerstraftaten ein. Die dabei erzielten Erfolge der Steuerfahndung dürfen aber nicht darüber hinwegtäuschen, dass hier mit den Mitteln des Besteuerungsverfahrens vollendet werden soll, was mit strafverfahrensrechtlichen Mitteln begonnen wurde, aber mangels Anfangsverdachts nicht erreicht werden konnte.[756]

Die Fertigung von Kontrollmitteilungen über die Verhältnisse von Dritten anlässlich einer Durchsuchung, die wegen eines anderen Sachverhalts stattfindet, ist daher unzulässig. Die Steuerfahndung darf in derartigen Fällen ausschließlich auf die strafverfahrensrechtlichen Befugnisse zurückgreifen. Scheidet deren Anwendung aus, weil die Anhaltspunkte die Schwelle des Anfangsverdachts nicht erreichen, bleibt der Steuerfahndung lediglich die Möglichkeit, allgemeine Vorfeldermittlungen, die keine Rechte des Betroffenen verletzen[757], durchzuführen.

---

755 Kontrollmitteilungen sind zwar Verwaltungsakte (§ 118 AO), die mit dem Rechtsbehelf der Beschwerde (§ 349 AO) angefochten werden können (vgl. *Blumers/Göggerle*, Rn. 416), mangels Kenntnis von der Sammlung des Kontrollmaterials und der Mitteilung an das zuständige Finanzamt scheidet für den Betroffenen eine Anfechtung der Maßnahme allerdings faktisch aus.

756 Vgl. für die steuerliche Prüfung von Kapitaltransfers ins Ausland anlässlich der Durchsuchung von Banken insoweit auch *Breuer*, wistra 2002, 241, 244.

757 Siehe dazu oben unter 1. Teil D III 1 c bb.

3. Teil Ausschluss der strafbefreienden Selbstanzeige durch Auffinden eines Zufallsfundes

Als eine Besonderheit des Steuerstrafrechts ist die Möglichkeit der Abgabe einer strafbefreienden Selbstanzeige gemäß § 371 AO anzusehen. Derjenige, der Steuern hinterzogen hat, wird - in einer dem allgemeinen Strafrecht grundsätzlich fremden Weise[758] - insofern privilegiert, als er die Möglichkeit hat, durch eine Selbstanzeige, genauer durch eine Berichtigungserklärung[759], und Nachzahlung der hinterzogenen Steuer Straffreiheit zu erlangen. Damit unterscheidet sich die Selbstanzeige von den Vorschriften des StGB über den strafbefreienden Rücktritt vom Versuch (§§ 24, 31 StGB) und die tätige Reue (§§ 83 a, 87 Abs. 3, 98 Abs. 2, 129 Abs. 6, 139 Abs. 4, 158, 264 Abs. 5, 306 e, 314 a, 320, 330 b StGB). Denn die Selbstanzeige gewährt selbst dann noch rückwirkend Straffreiheit, wenn die vollendete oder beendete Tat bereits einige Jahre zurückliegt und der Täter in den Genuss der finanziellen Vorteile seiner Tat gekommen ist.

Allerdings wird das Recht zur Erstattung einer Selbstanzeige nicht unbegrenzt gewährt. § 371 Abs. 2 AO definiert bestimmte Ausschlussgründe, die der Selbstanzeige zeitliche Grenzen setzen. In diesem Zusammenhang stellt sich die Frage, inwieweit das Auffinden eines Zufallsfundes, der auf eine Steuerstraftat hindeutet, geeignet ist, die Selbstanzeige wegen dieser Tat auszuschließen. Diese Frage ist in der Praxis von hoher Relevanz. Besonders im Rahmen der Ermittlungen bei Kreditinstituten im Zusammenhang mit nicht erklärten Kapitaleinkünften ihrer Kunden ergab sich bei Durchsuchungen das Problem, ob damit die Möglichkeit für bislang nicht betroffene Kunden und beihilfeverdächtige Mitarbeiter, Selbstanzeige zu erstatten, ausgeschlossen war.[760] Aber auch in sonstigen Fällen von anlässlich einer Durchsuchung entdeckten Steuerhinterziehungen offenbart sich das Problem, ob und wann einer der Ausschlussgründe des § 371 Abs. 2 AO eingreift. Man stelle sich nur den Fall vor, dass die Finanzbehörde bei einem Dritten nach § 103 StPO durchsucht, Unterlagen sichtet und dabei Belege auffindet, die auf eine Steuerhinterziehung dieses bislang unverdächtigen Dritten hindeuten. Inwieweit in derartigen Fällen das Recht zur Erstattung einer Selbstanzeige erlischt, soll nachfolgend untersucht werden. Dazu werden zunächst die positiven Voraussetzungen einer Selbstanzeige im Überblick dargestellt und sodann die einzelnen Ausschlussgründe näher betrachtet.

---

[758] Eine Ausnahme bilden nunmehr die der steuerlichen Selbstanzeige nachempfundenen Regelungen der §§ 261 Abs. 9 und 266 a Abs. 6 StGB.
[759] Zum Begriff der "Selbstanzeige" vgl. *Kohlmann*, § 371 Rn. 2.
[760] Vgl. dazu etwa *Rischar*, BB 1998, 1341 ff.

A. Voraussetzungen der Selbstanzeige

§ 371 Abs. 1 AO gewährt demjenigen Straffreiheit, der nach einer Steuerhinterziehung unrichtige oder unvollständige Angaben berichtigt oder ergänzt oder unterlassene Angaben nachholt und die hinterzogenen Steuern nachzahlt. Der Täter kommt nach Erstattung einer Selbstanzeige also nur dann in den Genuss der Straffreiheit, wenn er die zu seinen Gunsten verkürzte Steuer fristgerecht nachentrichtet (§ 371 Abs. 3 AO). Der staatliche Strafanspruch besteht also noch, ist aber auflösend bedingt durch die Nachzahlung der hinterzogenen Steuern innerhalb der gesetzten Frist.[761]

Ihre Rechtfertigung findet die strafbefreiende Selbstanzeige in der steuerlichen Zielsetzung, bisher unbekannte Steuerquellen zu erschließen.[762] Daneben werden kriminalpolitische Aspekte wie etwa die Schwierigkeit, Steuerverkürzungen überhaupt zu ermitteln, angeführt.[763] Im jüngeren Schrifttum wird zur Rechtfertigung des Selbstanzeigerechts auf rein strafrechtliche Kriterien im Hinblick auf den Rücktritt vom Versuch und die tätige Reue verwiesen.[764] Unabhängig von den unterschiedlichen Ansätzen, das Selbstanzeigerecht zu rechtfertigen und in das Strafrecht "einzubetten", hat der Gesetzgeber den hinter dem Selbstanzeigerecht stehenden Gedanken der Schadenswiedergutmachung aufgegriffen und vergleichbare Regelungen in den §§ 261 Abs. 9 und 266 a Abs. 6 StGB geschaffen. Zweifel an der Verfassungsmäßigkeit des Selbstanzeigerechts sind überholt.[765]

Ihrer Rechtsnatur nach ist die Selbstanzeige als persönlicher Strafaufhebungsgrund einzuordnen.[766] Daraus folgt, dass jeder Täter oder Teilnehmer für sich

---

[761] BGHSt 7, 336, 341; BayObLG wistra 1990, 159, 162; *Rüping* in Hübschmann/Hepp/Spitaler, § 371 Rn. 98.

[762] So schon das RG in RGSt 57, 313, 315; 70, 350, 351. Dem folgend BGHSt 29, 37, 40; BGH wistra 1991, 223, 225; BayObLG wistra 1985, 117; OLG Celle wistra 2000, 277, 278; *Rüping* in Hübschmann/Hepp/Spitaler, § 371 Rn. 10 ff.; *ders.*, wistra 2001, 121; *Franzen* in Franzen/Gast/Samson, 3. Aufl., § 371 Rn. 12; *Gast-de Haan* in Klein, § 371 Anm. 1; *Scheuermann-Kettner* in Koch/Scholtz, § 371 Rn. 3; *Lammerding/Hackenbroch*, S. 75 f.; *Brauns*, wistra 1985, 171, 172; *Klos*, NJW 1996, 2336; vgl. weitere Nachweise bei Kohlmann, § 371 Rn. 11. Vgl. die Zusammenstellung bei *Hoffmann*, S. 6 - 68; *Joecks* in Franzen/Gast/Joecks, § 371 Rn. 18 ff.

[763] Vgl. die Ausführungen bei *Frees*, S. 74 ff.

[764] Vgl. die Zusammenstellung bei *Hoffmann*, S. 6 - 68; *Joecks* in Franzen/Gast/Joecks, § 371 Rn. 20.

[765] Das AG Saarbrücken hielt § 371 Abs. 1 und 3 AO für verfassungswidrig, weil die Regelung gegen Art. 3 Abs. 1 und Art. 20 GG verstieße (wistra 1983, 84). Das BVerfG hat die Vorlage bereits als unzulässig zurückgewiesen und hielt die Bedenken des AG im Übrigen aber auch für unbegründet (BVerfGE 64, 251, 255). Vgl. ausführlich dazu *Abramowski*, passim.

[766] BGH wistra 1985, 74, 75; *Joecks* in Franzen/Gast/Joecks -, § 371 Rn. 32; *Kohlmann*, § 371 Rn. 25 jeweils m. w. N.

selbst[767] Selbstanzeige erstatten muss und die Voraussetzungen des § 371 AO bei jedem Beteiligten gesondert vorliegen müssen.[768] Ob Straffreiheit eintritt, bestimmt sich allein anhand objektiver Kriterien. Auf die Motive des Täters, Selbstanzeige zu erstatten kommt, es nicht an, insbesondere setzt § 371 AO im Gegensatz zum strafbefreienden Rücktritt keine Freiwilligkeit voraus. Häufig wird denn auch erst das bevorstehende Entdecktwerden Auslöser für eine Selbstanzeige sein.

Inhaltlich müssen in der Berichtigungserklärung steuererhebliche Tatsachen mitgeteilt werden, die die Finanzbehörde in die Lage versetzen, die Steuer richtig zu veranlagen oder eine bereits erfolgte Veranlagung zu berichtigen.[769] Straffreiheit tritt dann grundsätzlich nur für die Steuerart ein, auf die sich die Berichtigungserklärung erstreckt. Die einzelne Steuerart muss jedoch nicht ausdrücklich genannt werden. Es reicht aus, wenn der Finanzbehörde anhand der mitgeteilten steuererheblichen Tatsachen eine richtige Festsetzung der in Betracht kommenden Steuern möglich ist.[770]

Eine bestimmte Form ist für die Erstattung der Selbstanzeige nicht vorgesehen. Sie kann also daher entweder mündlich[771] oder schriftlich, zu Protokoll oder telefonisch[772] der Finanzbehörde zugehen.[773] Adressat der Berichtigungserklärung soll nach § 371 Abs. 1 AO die Finanzbehörde im Sinne des § 6 Abs. 2 AO sein.[774]

---

767 Nach überwiegender Ansicht in Rechtsprechung und Literatur kann auch der Teilnehmer einer Steuerhinterziehung Selbstanzeige für seine Tat erstatten, vgl. für die Rspr. BGHSt 7, 336, 340; OLG Hamburg wistra 1986, 116 f.; für die Literatur nur *Kohlmann*, § 371 Rn. 38. Unzutreffend dagegen *Bublitz*, wistra 1986, 117 f.; *Pütz*, wistra 1998, 54 (Fn. 5), die sich auf den Wortlaut berufen. Die Selbstanzeige des Anstifters kommt nur ihm selbst zugute, nicht aber dem Haupttäter, der von der Anzeige keine Kenntnis hat. Das bedingt jedoch keine höchstpersönliche Anzeigeerstattung. Sie kann auch durch einen Beauftragten erfolgen, vgl. *Kohlmann*, § 371 Rn. 40 ff. Zur strafbefreienden Selbstanzeige durch Bankmitarbeiter als Gehilfen vgl. *Riegel/Kruse*, NStZ 1999, 325 ff.

768 *Joecks* in Franzen/Gast/Joecks, § 371 Rn. 33; *Kohlmann*, § 371 Rn. 26. Im Zusammenhang mit den Bankendurchsuchungen wird im Schrifttum die Möglichkeit einer sog. koordinierten bzw. konzertierten Selbstanzeige diskutiert. Hier sollen die Bankkunden bei Erscheinen der Ermittlungsbeamten zur Durchsuchung durch die Bank informiert werden, damit diese noch Selbstanzeige erstatten könnten. Vgl. dazu *Feldhausen*, PStR 1998, 24 ff.; *Plewka*, BB 1998, 1337 ff.; *Rischar*, BB 1998, 1341; *Voßmeyer/Venn*, Stbg 1998, 260 ff.

769 BGH DStR 1966, 150 f.; *Joecks* in Franzen/Gast/Joecks, § 371 Rn. 49 ff.; *Kohlmann*, § 371 Rn 60 f.

770 OLG Frankfurt NJW 1962, 974, 976; *Suhr/Naumann/Bilsdorfer*, § 371 Rn. 495. So erstreckt sich die Berichtigung von Umsatzzahlen sowohl auf die Umsatzsteuer als auch auf die Einkommensteuer, nicht aber auf die Vermögensteuer, vgl. OLG Frankfurt NJW 1962, 974, 976 f.

771 OLG Hamm DB 1961, 968; OLG Köln DB 1980, 57, 58.

772 OLG Hamburg wistra 1986, 116.

773 *Joecks* in Franzen/Gast/Joecks, § 371 Rn. 65; *Kohlmann*, § 371 Rn. 50.

774 So die einhellige Meinung, vgl. *Joecks* in Franzen/Gast/Joecks, § 371 Rn. 88; *Kohlmann*, § 371 Rn. 78 ff. jeweils m. w. N.

Das wird in erster Linie die für die Berichtigungsmaßnahme sachlich und örtlich zuständige Finanzbehörde, regelmäßig also das Veranlagungsfinanzamt sein.[775] Zur Wirksamkeit einer Selbstanzeige genügt es aber, wenn die Berichtigungserklärung bei einer der in § 6 Abs. 2 AO genannten Behörden abgegeben wird, da die Finanzbehörden untereinander zur Amtshilfe (§§ 111 ff. AO) verpflichtet sind.[776] Selbst die Abgabe der Berichtigungserklärung bei einem Gericht, der Staatsanwaltschaft oder der Polizei reicht aus.[777]

B. Ausschluss der Selbstanzeige

Negative Voraussetzung einer wirksamen Selbstanzeige ist, dass keiner der in § 371 Abs. 2 AO abschließend aufgeführten Ausschlussgründe gegeben ist. Damit wird der Zeitpunkt, ab dem eine Selbstanzeige keine strafbefreiende Wirkung mehr hat, festgelegt. Denn wenn die Finanzbehörde die bislang unbekannte Steuerquelle ohnehin entdeckt bzw. die Entdeckung unmittelbar bevorsteht, besteht auch kein Anlass, dem Täter trotzdem noch Straffreiheit zuzubilligen.[778] Aufgrund dieser fiskalischen Erwägungen sind die Ausschlussgründe eng auszulegen und bei Zweifeln an ihrem Vorliegen zugunsten des Betroffenen als nicht erfüllt anzusehen.[779]

Die einzelnen Ausschlussgründe stehen unabhängig nebeneinander und können jeweils für sich die Sperrwirkung auslösen.[780] Im Zusammenhang mit Zufallsfunden, die auf eine Steuerstraftat hindeuten, muss daher geprüft werden, ob die Ausschlussgründe des § 371 Abs. 2 AO einer strafbefreienden Selbstanzeige entgegenstehen. Diese Frage ist insbesondere für die Berater- und Strafverteidigerpraxis von erheblicher Bedeutung. Denn im Einzelfall kann rasches Handeln geboten sein. Im Folgenden soll daher untersucht werden, ob das Auffinden eines Zufalls-

---

[775] RGSt 61, 10 f; 61, 115, 119; *Pfaff*, DStZ 1982, 361, 362, wonach jedoch ausschließlich die sachlich und örtliche zuständige Finanzbehörde zuständig sein sollte.

[776] So die heute überwiegende Ansicht, *Joecks* in Franzen/Gast/Joecks, § 371 Rn. 89 f.; *Kohlmann*, § 371 Rn. 80 f.; *Rischar*, BB 1998, 1341, 1342.

[777] *Joecks* in Franzen/Gast/Joecks, § 371 Rn. 91; *Kohlmann*, § 371 Rn. 82; *Streck/Olgemöller*, DStR 1994, 966 f.

[778] Insoweit werden von der überwiegenden Meinung auch hier steuerpolitische Erwägungen zur Erklärung herangezogen, vgl. i. E. BGH wistra 1985, 74; BayObLG wistra 1985, 117, 118; *Franzen* in Franzen/Gast/Samson, 3. Aufl., § 371 Rn. 29; *Kohlmann*, § 371 Rn. 117; *Rüping* in Hübschmann/Hepp/Spitaler, § 371 Rn. 141; *Lenckner/Schumann/Winkelbauer*, wistra 1983, 123, 125; *Teske*, wistra 1988, 287, 290 f. Dagegen verweist *Joecks* in Franzen/Gast/Joecks, § 371 Rn. 131, auf das Prinzip der Freiwilligkeit wie etwa beim Rücktritt vom Versuch oder bei der tätigen Reue beim Subventionsbetrug.

[779] Richtungsweisend BGH wistra 2000, 219, 225; *Kohlmann*, § 371 Rn. 117, 119 m. w. N.; *Rüping* in Hübschmann/Hepp/Spitaler, § 371 Rn. 141, *ders.* wistra 2001, 121, 123.

[780] *Rüping* in Hübschmann/Hepp/Spitaler, § 371 Rn. 141.

fundes, der den Verdacht einer anderen Steuerstraftat erweckt, sowie seine vorläufige Beschlagnahme zum Ausschluss der Selbstanzeige führen können.

I. § 371 Abs. 2 Nr. 1 a AO

Gemäß § 371 Abs. 2 Nr. 1 a AO tritt Straffreiheit nicht ein, wenn ein Amtsträger der Finanzbehörde zur steuerlichen Prüfung oder zur Ermittlung einer Steuerstraftat erschienen ist. Für diese Arbeit ist nur die zweite Variante von Interesse. Ausgangspunkt ist, dass ein Amtsträger der Finanzbehörde eine Durchsuchung zur Ermittlung einer Steuerstraftat vornimmt und hierbei auf Beweisgegenstände stößt, die auf eine andere Steuerstraftat des Täters oder eines Dritten hindeuten.

1. Amtsträger der Finanzbehörde

§ 371 Abs. 2 Nr. 1 a AO setzt das Erscheinen eines Amtsträgers der Finanzbehörde voraus. Der Begriff des Amtsträgers bestimmt sich nach § 7 AO und umfasst Beamte und Angestellte. Im Hinblick auf den Begriff der Finanzbehörde ist zwischen den Funktionen zu differenzieren, in denen der Amtsträger erscheint, mithin ob er zur steuerlichen Prüfung oder zur Ermittlung einer Steuerstraftat erscheint. Während im ersten Fall die Finanzbehörden des § 6 Abs. 2 AO gemeint sind, gilt in Steuerstrafsachen der eingeschränkte Behördenbegriff des § 386 Abs. 1 Satz 2 AO.[781] Dazu zählen das Hauptzollamt, das Finanzamt, das Bundesamt für Finanzen und die Familienkasse. Wegen des eindeutigen Wortlauts des § 371 Abs. 2 Nr. 1 a AO fallen unter den Begriff der Finanzbehörde nicht Amtsträger anderer Verwaltungsbehörden, die aufgrund eines Amtshilfeersuchens der zuständigen Finanzbehörde tätig werden.[782] Auch Behörden, die kraft eigener Kompetenz für die Finanzbehörde oder selbstständig tätig werden, sind nicht zuständig. Daher führt das Erscheinen der Polizei oder der Staatsanwaltschaft in Steuerstrafsachen nicht zum Ausschluss der Selbstanzeige.[783] Eine strafbefreiende Selbstanzeige bleibt folglich auch dann möglich, wenn die Polizei oder die Staatsanwaltschaft die Durchsuchung vornimmt und dabei Zufallsfunde entdeckt, die auf eine Steuerstraftat hindeuten.

---

[781] *Kohlmann*, § 371 Rn. 121; unklar *Rüping* in Hübschmann/Hepp/Spitaler, § 371 Rn. 142, der einen einschränkenden Behördenbegriff im Steuerstrafverfahren nach § 387 AO vertritt.

[782] *Joecks* in Franzen/Gast/Joecks, § 371 Rn. 136; *Kohlmann*, § 371 Rn. 122; *Rüping* in Hübschmann/Hepp/Spitaler, § 371 Rn. 143; *Scheuermann-Kettner* in Koch/Scholtz, § 371 Rn. 24. A. A. *Franzen* in Franzen/Gast/Samson, 3. Aufl., § 371 Rn. 73; *Mösbauer*, NStZ 1989, 11.

[783] *Joecks* in Franzen/Gast/Joecks, § 371 Rn. 136; *Rüping* in Hübschmann/Hepp/Spitaler, § 371 Rn. 143; *Scheuermann-Kettner* in Koch/Scholtz, § 371 Rn. 24; *Kohlmann,* § 371 Rn. 122.; *Burkhard*, wistra 1998, 216, 220; *Felix*, BB 1985, 1781 f.; nun auch *Mösbauer,* StBp. 1999, 225, 226. A. M. *Kopacek*, BB 1961, 41, 42.

Uneinheitlich wird in Rechtsprechung und Literatur die Frage beantwortet, ob Beamte der Steuerfahndung auch dann Amtsträger der Finanzbehörde im Sinne des § 371 Abs. 2 Nr. 1 a AO sind, wenn sie in einem von der Staatsanwaltschaft geführten steuerstrafrechtlichen Ermittlungsverfahren (§ 386 Abs. 4 AO) weisungsgebunden tätig werden. Nach einer Meinung erfüllen die Beamten der Steuerfahndung in diesem Fall die Voraussetzungen des § 371 Abs. 2 Nr. 1 a AO nicht.[784] Zur Begründung wird angeführt, dass die Steuerfahnder lediglich als Hilfsbeamte der Staatsanwaltschaft erscheinen und somit von deren Weisungen abhängig seien. Sie seien daher keine eigenverantwortlich handelnden Amtsträger der Finanzbehörde. § 371 Abs. 2 Nr. 1 a AO setze indes voraus, dass der Amtsträger aufgrund eigener Sachkompetenz und Verantwortung für das Verfahren dem Steuerpflichtigen die Gefahr der Entdeckung vor Augen halte.[785] Nach anderer Ansicht soll auch der weisungsgebunden als Hilfsbeamter der Staatsanwaltschaft eingesetzte Steuerfahndungsbeamte Amtsträger der Finanzbehörde im Sinne des § 371 Abs. 2 Nr. 1 a AO sein.[786] Es könne keinen Unterschied machen, ob die zur Ermittlung einer Steuerstraftat erscheinenden Beamten der Steuerfahndung im Auftrag der Staatsanwaltschaft oder der Straf- und Bußgeldsachenstelle erscheinen.[787]

Der letztgenannten Auffassung ist meines Erachtens zu folgen. Denn es ist in der Tat kein Unterschied darin zu erblicken, ob die Steuerfahndungsbeamten als Hilfsbeamte der Staatsanwaltschaft oder der selbstständig ermittelnden Finanzbehörde erscheinen. Die Gegenansicht verkennt, dass unabhängig davon, ob das Ermittlungsverfahren von der Straf- und Bußgeldsachenstelle eines Finanzamtes oder von der Staatsanwaltschaft durchgeführt wird, die Beamten der Steuerfahndung die Aufgabe des Polizeidienstes nach der StPO wahrnehmen (vgl. § 404 AO)[788] und daher in beiden Fällen weisungsgebundene Hilfsbeamte sind. Folglich kann die Ausschlusswirkung auch dann eintreten, wenn die Staatsanwaltschaft die Ermittlungen führt und die Beamten der Steuerfahndung als deren Hilfsbeamte bei dem Täter erscheinen.

---

[784] *Kohlmann*, § 371 Rn. 122; *Rüping* in Hübschmann/Hepp/Spitaler, § 371 Rn. 143; *Felix*, BB 1985, 1781, 1782; *Teske*, wistra 1990, 139, 141.

[785] So *Rüping* in Hübschmann/Hepp/Spitaler, § 371 Rn. 143.

[786] LG Stuttgart wistra 1990, 72, 74; *Engelhardt* in Hübschmann/Hepp/Spitaler, Vorauf1., § 371 Rn. 200; *Joecks* in Franzen/Gast/Joecks, § 371 Rn. 137; *Scheuermann-Kettner* in Koch/Scholtz, § 371 Rn. 24; *Senge* in Erbs/Kohlhaas, § 371 Rn. 27; *Burkhard*, wistra 1998, 216, 220; *Klos*, NJW 1996, 2336, 2339; *Mösbauer*, StBp 1999, 225, 226; *Vogelberg*, S. 192.

[787] Vgl. *Joecks* in Franzen/Gast/Joecks, § 371 Rn. 137.

[788] Vgl. dazu *Kohlmann*, § 386 Rn. 11.

2. Erscheinen

Nach überwiegender Ansicht ist der Amtsträger zur steuerlichen Prüfung oder zur Ermittlung einer Steuerstraftat erschienen, sobald er die Wohnung, Geschäftsräume oder Betriebsstätte eines Steuerpflichtigen in der Absicht betreten hat, mit den Ermittlungen zu beginnen. "Erscheinen" bedeutet somit die körperliche Anwesenheit am Prüfungsort.[789]
Mit dem Erscheinen des Amtsträgers ist die strafbefreiende Selbstanzeige jedoch nicht für alle Steuerarten, Besteuerungszeiträume und Beteiligte (Täter oder Teilnehmer) insgesamt ausgeschlossen. Der Umfang der Sperrwirkung wird vielmehr in sachlicher, zeitlicher und persönlicher Hinsicht begrenzt.

a) Persönlicher Umfang der Sperrwirkung

Der persönliche Umfang der Sperrwirkung tritt bei einer von mehreren Beteiligten begangenen Steuerhinterziehung nur bei demjenigen ein, bei dem die Steuerfahnder erscheinen.[790] Sie betrifft daher nur die Person, gegen die sich die Ermittlungen wegen einer Steuerstraftat richten und bei der der Amtsträger erscheint.[791] Für das Auffinden von Zufallsfunden folgt daraus, dass der Ausschlussgrund des Abs. 2 Nr. 1 a dann nicht eintritt, wenn die Durchsuchung bei einem Dritten gemäß § 103 StPO stattfindet und hierbei entweder Gegenstände entdeckt werden, die auf eine Steuerhinterziehung des von der Durchsuchung Betroffenen oder eines Unbeteiligten hindeuten oder bei einem Dritten Unterlagen aufgefunden werden, die auf eine andere Tat der Steuerhinterziehung des Täters hindeuten. Bedeutung hat der Ausschlussgrund des Abs. 2 Nr. 1 a daher nur dann, wenn die Steuerfahnder bei dem Täter selbst gemäß § 102 StPO wegen einer Steuerstraftat durchsuchen und hierbei auf Unterlagen stoßen, die auf andere Steuerstraftaten des Täters hindeuten.

Für die Durchsuchung eines Kreditinstituts durch die Steuerfahndung wegen des Verdachts der Beihilfe von Mitarbeitern zur Steuerhinterziehung von Bankkunden bedeutet dies, dass die Sperrwirkung nur gegenüber den betroffenen Bankmitarbeitern, nicht aber gegenüber den Bankkunden eintritt. Denn bei letzteren ist der

---

[789] *Joecks* in Franzen/Gast/Joecks, § 371 Rn. 138; *Kohlmann*, § 371 Rn. 123; *Rüping* in Hübschmann/Hepp/Spitaler, § 371 Rn. 144; *Burkhard*, wistra 1998, 216, 218; *Lüttger*, StB 1993, 372, 376. Die Gegenansicht will indes ausreichen lassen, wenn der Amtsträger zwar noch nicht am Ort der Prüfung eingetroffen, aber bereits in das Blickfeld des Betroffenen getreten ist, vgl. OLG Stuttgart NStZ 1989, 436, 437; *Scheuermann-Kettner* in Koch/Scholtz, § 371 Rn. 26; *Mösbauer*, NStZ 1989, 11; *ders.* StBp 1999, 225, 227. Sie verlagert die Sperrwirkung jedoch zu weit vor und steht damit im Widerspruch zum Gebot einer restriktiven Auslegung der Ausschlussgründe.

[790] Zu den Einzelheiten *Joecks* in Franzen/Gast/Joecks, § 371 Rn. 148; *Kohlmann*, § 371 Rn. 139 ff.; *Rüping* in Hübschmann/Hepp/Spitaler, § 371 Rn. 150.

[791] *Kohlmann*, § 371 Rn. 139.

Amtsträger nicht erschienen im oben genannten Sinne.[792] Da sich die steuerstrafrechtlichen Ermittlungen nicht gegen die Bank als Gesellschaft bzw. Unternehmen richten, sondern gegen einzelne Mitarbeiter, tritt die Sperrwirkung nur dann ein, wenn die Steuerfahnder bei dem jeweiligen Mitarbeiter an dessen Arbeitsplatz erschienen sind.[793]

b) Sachlicher Umfang der Sperrwirkung

Schwierigkeiten bereitet hier die Bestimmung des sachlichen Umfangs der Sperrwirkung, nämlich die Abgrenzung zwischen der Steuerstraftat, wegen der die Steuerfahnder zur Ermittlung bei dem Täter erschienen sind, und der Steuerstraftat, auf die der Zufallsfund hindeutet. Denn während sich der sachliche Umfang der Sperrwirkung in der Variante des Erscheinens zur steuerlichen Prüfung im Wesentlichen aus dem konkreten Prüfauftrag des einzelnen Beamten und unter Umständen aus der sachlichen Zuständigkeit der jeweiligen Finanzbehörde ergibt[794], ist eine Bestimmung des sachlichen Umfangs bei Ermittlung einer Steuerstraftat schwieriger, weil ein konkreter (schriftlicher[795]) Prüfauftrag, aus dem sich eine Begrenzung ergeben könnte, nicht existiert.[796] In der Rechtsprechung und im Schrifttum werden zum Umfang der Sperrwirkung bei Ermittlung einer Steuerstraftat mangels eindeutiger Regelung unterschiedliche Meinungen vertreten.

aa) Wortlaut

Eine Meinung beruft sich auf den Wortlaut ("zur Ermittlung einer Steuerstraftat") und geht mangels schriftlichen Prüfauftrages von einer umfassenden Sperrwirkung aus.[797] Nach dieser Ansicht sollen Ermittlungen der Steuerfahndung wegen irgendeiner Steuerstraftat ausreichen, um die Straffreiheit für sämtliche in die sachliche Zuständigkeit der betreffenden Fahndungsstelle fallenden Steuerarten und sämtliche strafrechtlich nicht verjährten Besteuerungszeiträume auszuschließen. Danach wäre eine Straffreiheit durch Selbstanzeige auch für die Tat ausgeschlossen, die zwar nicht Grund des Erscheinens war, aber anlässlich der Durchsuchung aufgrund des Zufallsfunds entdeckt worden ist.

---

792 *Kahlen*, PStR 1998, 13, 15.

793 *Riegel/Kruse*, NStZ 1999, 325, 328.

794 BGHSt 35, 188, 189; BayObLG wistra 1985, 117, 118 f.; *Joecks* in Franzen/Gast/Joecks, § 371 Rn. 149 ff.; *Kohlmann*, § 371 Rn. 150.1 f.; *Rüping* in Hübschmann/Hepp/Spitaler, § 371 Rn. 149.

795 Für die Außenprüfung vgl. § 196 AO.

796 Vgl. *Joecks* in Franzen/Gast/Joecks, § 371 Rn. 158.

797 *Kopacek*, BB 1961, 41, 42 f.; *Brenner*, MDR 1979, 801, 802; *Franzen*, wistra 1988, 194, 195.

bb) Sperrwirkung nur durch Ermittlungen der zuständigen Finanzbehörde

Diese Meinung wird jedoch von der überwiegenden Auffassung unter Hinweis auf den fiskalischen Zweck der Selbstanzeige als zu weitgehend abgelehnt.[798] Allerdings ist man sich innerhalb der herrschenden Meinung lediglich darüber einig, dass die Sperrwirkung nur für die Steuerarten ausgelöst wird, für deren Ermittlung die die Steuerfahnder entsendende Finanzbehörde zuständig ist[799], nicht aber über die Kriterien, anhand derer eine sachliche Beschränkung der Sperrwirkung erfolgen soll.

(1) Abstellen auf den Sachzusammenhang

Eine Auffassung stellt auf den Sachzusammenhang der zu ermittelnden Steuerstraftat mit anderen Steuerstraftaten ab.[800] Danach entfalle die Straffreiheit, wenn ein enger unmittelbar typischer Zusammenhang zwischen Verdachtsgegenstand und aufdeckungsgefährdeten Steuerverkürzungen bestehe. Sie bleibe indes in den Fällen bestehen, in denen die zu ermittelnde Steuerstraftat mit anderen Hinterziehungshandlungen zusammenhanglos und zufällig zusammentreffe. Diese Auffassung hat sich jedoch nicht durchgesetzt. Insbesondere der BGH ist von dem als zu weitgehend empfundenen Kriterium[801] des engen sachlichen Zusammenhangs de facto abgerückt und legt den in Abs. 2 Nr. 1 a verwendeten Begriff der "Steuerstraftat" einschränkend aus.[802]

---

[798] BGH wistra 2000, 219, 226; *Joecks* in Franzen/Gast/Joecks, § 371 Rn. 158; *Kohlmann*, § 371 Rn. 158.1; *Rüping* in Hübschmann/Hepp/Spitaler, § 371 Rn. 158.

[799] *Joecks* in Franzen/Gast/Joecks, § 371 Rn. 158; *Kohlmann*, § 371 Rn. 158.2.

[800] So noch BGH wistra 1983, 146 f.; OLG Celle wistra 1985, 84; wohl auch *Bilsdorfer*, INF 1995, 6, 10; *Dörn*, Stbg 1993, 257, 261 f.

[801] Vgl. *Kohlmann*, § 371 Rn. 158.2.

[802] BGH wistra 2000, 219, 225. Zwar läßt der BGH ausdrücklich offen, ob es für das Eingreifen der Sperrwirkung des Abs. 2 Nr. 1 a ausreicht, wenn ein bestimmter Sachverhalt zwar zuvor vom Ermittlungswillen des Amtsträgers nicht erfasst war, jedoch mit dem bisherigen Ermittlungsgegenstand in einem engen sachlichen Zusammenhang stand. Im zur Entscheidung stehenden Fall lehnte er jedoch einen engen sachlichen Zusammenhang zwischen dem Verdacht der Hinterziehung von Einkommen-, Körperschaft-. Gewerbe- und Umsatzsteuerhinterziehung und dem Verdacht der Hinterziehung von Künstlereinkommensteuer gemäß § 50 a EStG ohne Begründung ab. Daraus läßt sich schließen, dass das Kriterium des Sachzusammenhanges keine maßgebende Bedeutung mehr hat, vgl. insoweit auch *Keller/Kelnhofer*, wistra 2001, 369, 371; dagegen *Jäger*, wistra 2000, 227, 228, der dann von einem engen sachlichen Zusammenhang mit der Folge eines Eingreifens der Sperrwirkung ausgeht, wenn Sachverhalte einen so engen sachlichen Zusammenhang mit einem Verfahrensgegenstand aufweisen, dass regelmäßig eine mit dem Ermittlungsgegenstand zusammenhängende Überprüfung stattfindet.

(2) Abstellen auf die Tat

Überwiegend wird vertreten, dass es zur Bestimmung des sachlichen Umfangs der Sperrwirkung bei Ermittlungen der Steuerfahndung, in denen ein schriftlicher Prüfungsauftrag in der Regel nicht existiert, auf die Tat ankommt, wegen der die Durchsuchung stattfindet. Der BGH stellt insoweit auf den Ermittlungswillen ab.[803] Eine Sperrwirkung bestehe für die von späteren Selbstanzeigen erfassten Sachverhalte demnach dann nicht, wenn sie zum Zeitpunkt, in dem der Amtsträger zur Ermittlung einer Steuerstraftat erschienen sei, nicht vom Ermittlungswillen des Amtsträgers erfasst sei. Im Schrifttum wird teils auf den Verdachtsgegenstand, das heißt den tatsächlichen Sachverhalt, zu dessen Ermittlung die Steuerfahndungsbeamten erschienen sind[804], auf den Inhalt der Einleitungsverfügung bzw. auf den Akteninhalt[805] abgestellt, um festzustellen, wegen welcher Steuerstraftat der Amtsträger erschienen ist.

Im Falle einer Durchsuchung oder Beschlagnahme kann sich jedoch der sachliche Umfang der Sperrwirkung nicht erst durch einen späteren Rückgriff auf den Akteninhalt oder die Einleitungsverfügung ergeben. Der Ermittlungswille ergibt sich hier vielmehr unmittelbar aus der Durchsuchungs- oder Beschlagnahmeanordnung.[806] Diese steht im Hinblick auf die Bestimmung des Umfangs der Sperrwirkung der Prüfungsanordnung im Sinne des § 196 AO im Falle einer steuerlichen Prüfung gleich.[807] Die Durchsuchungs- oder Beschlagnahmeanordnung dient mithin als Ersatz einer schriftlichen Prüfungsanordnung. In ihr muss die Tat, wegen der die Durchsuchung stattfindet, bezeichnet und grundsätzlich auch der Sachverhalt grob umschrieben sein.[808] Folglich lässt sich der Durchsuchungs- bzw. Beschlagnahmeanordnung entnehmen, wegen welcher Steuerstraftat der Amtsträger erschienen ist.

Trotz unterschiedlicher Ansatzpunkte haben jedoch alle Auffassungen gemeinsam, dass maßgebliches Abgrenzungskriterium die jeweilige Tat sein soll. Fest

---

[803] BGH wistra 2000, 219, 225.

[804] So *Kohlmann*, § 371 Rn. 158.4, der im Falle einer Durchsuchung den Ausschlussgrund des § 371 Abs. 2 Nr. 1 a AO jedoch für nicht einschlägig hält, sondern ausschließlich § 371 Abs. 2 Nr. 1 b AO, da mit der Durchsuchung konkludent die Einleitung des Steuerstrafverfahrens bekannt gegeben werde. Hierbei berücksichtigt *Kohlmann* allerdings nicht, dass die einzelnen Ausschlussgründe unabhängig nebeneinander stehen und jeder Ausschlussgrund selbstständig zu prüfen ist. Man wird daher nicht bestreiten können, dass der Amtsträger im Falle einer Durchsuchung zugleich erscheint im Sinne des § 371 Abs. 2 Nr. 1 a AO und somit auch diese Sperrwirkung auslösen kann.

[805] *Joecks* in Franzen/Gast/Joecks, § 371 Rn. 158.

[806] So auch *Keller/Kelnhofer*, wistra 2001, 369, 370.

[807] Vgl. *Kohlmann*, § 371 Rn. 151 m. w. N.

[808] Siehe dazu oben unter 1. Teil D I 3.

steht auch, dass der in allen drei Ausschlussgründe des § 371 Abs. 2 AO verwendete Tatbegriff identisch ist.[809] Umstritten ist indes, wie der Begriff der Tat zu verstehen ist, mithin, ob hier ein eigenständiger Tatbegriff, der materiellrechtliche Tatbegriff oder der prozessuale zur Anwendung kommt.

Die Reichweite des Tatbegriffs ist dann von besonderer Bedeutung, wenn gegen den Beschuldigten wegen Hinterziehung einer Einkunftsart, die in einem bestimmten Kalenderjahr erzielt worden ist, ermittelt und im Rahmen dieser Ermittlungen bei dem Beschuldigten durchsucht wird und der Beschuldigte den Steuerfahndungsbeamten während der Durchsuchung, um einer Entdeckung zuvorzukommen, offenbart, dass er auch Einkünfte anderer Einkunftsarten in dem betreffenden Kalenderjahr erzielt und in der Einkommensteuererklärung verschwiegen hat.[810] In diesen Fällen stellt sich die Frage, ob eine Selbstanzeige wegen der verschwiegenen weiteren Einkünfte noch strafbefreiende Wirkung hat. Das richtet sich danach, wie weit der Begriff der Tat im Sinne des § 371 Abs. 2 AO zu verstehen ist. Im Schrifttum werden hierzu im Wesentlichen drei Meinungen vertreten.

(a) Beschreibung der Tat in der Einleitungsverfügung

Eine Meinung stellt auf die Beschreibung der Tat in der Einleitungsverfügung ab.[811] Danach komme es auf die Umschreibung der Tat an, mit der Folge, dass eine eng umschriebene Tat die Möglichkeit, wegen anderer Steuerstraftaten Selbstanzeige zu erstatten, weiter offen hält. Dagegen spricht schon, dass die Sperrwirkung nicht davon abhängen kann, welche Worte der Steuerfahndungsbeamte in der Einleitungsverfügung gewählt hat. Die Ausschlusswirkung wäre somit letztlich von den Zufälligkeiten der Formulierung abhängig und in das Belieben der Finanzbehörde gestellt.[812]

---

[809] *Kohlmann*, § 371 Rn. 158.4; *Rüping* in Hübschmann/Hepp/Spitaler, § 371 Rn. 158; *Hoffmann*, S. 180. Überwiegend wird im Schrifttum die Reichweite des Tatbegriffs im Rahmen der Voraussetzungen des § 371 Abs. 2 Nr. 1 b AO diskutiert.

[810] So etwa, wenn gegen den Beschuldigten wegen verschwiegener Zinseinkünfte ermittelt wird und der Beschuldigte anlässlich der Durchsuchung bislang ebenfalls verschwiegene Einkünfte aus selbstständiger Arbeit offenbart.

[811] *Franzen* in Franzen/Gast/Samson, 3. Aufl., § 371 Rn. 107; *Rischar*, BB 1998, 1341, 1345; *Wannemacher*, Rn. 294.

[812] Vgl. LG Hamburg wistra 1988, 317, 318; *Kohlmann*, § 371 Rn. 191.

(b) Anwendung des materiell-rechtlichen Tatbegriffs

Die wohl überwiegende Meinung versteht den Begriff der Tat in § 371 Abs. 2 AO im materiell-rechtlichen Sinne.[813] Zur Begründung wird auf den materiell-rechtlichen Charakter des Selbstanzeigerechts als persönlicher Strafaufhebungsgrund verwiesen.[814] § 371 AO betreffe unmittelbar die Strafbarkeit. Die "Tat" sei daher im Sinne einer tatbestandsmäßigen, rechtswidrigen und schuldhaften Handlung zu verstehen.[815] Materiell-rechtlich kann es aber zu zufälligen Ergebnissen führen, wenn man entgegen der hier vertretenen Ansicht[816] im Rahmen der Konkurrenzen eine Verknüpfung verschiedener Steuererklärungen zu unterschiedlichen Steuerarten mit übereinstimmenden unrichtigen Angaben durch gleichzeitige Abgabe in einem Umschlag zur Tateinheit annimmt.[817] Denn dann hängt der Eintritt der Sperrwirkung davon ab, ob die verschiedenen Steuererklärungen gleichzeitig in einem Umschlag oder zu unterschiedlichen Zeitpunkten getrennt abgegeben worden sind. Hier werden die Schwächen des von der herrschenden Meinung verwendeten Merkmals der Gleichzeitigkeit der Abgabe der Steuererklärungen besonders deutlich. Die Vertreter des materiell-rechtlichen Tatbegriffs behelfen sich daher, indem sie die konkurrenzrechtliche Würdigung außer Betracht lassen und ausschließlich auf die einzelne Steuererklärung abstellen.[818] Es wäre jedoch konsequenter, im Rahmen der Konkurrenzen insgesamt auf das Merkmal der Gleichzeitigkeit der Abgabe zu verzichten.

Innerhalb dieser Meinung werden allerdings unterschiedliche Ansichten zur Reichweite des materiell-rechtlichen Tatbegriffs vertreten. Während dies für die Ausschlussgründe bei der Hinterziehung verschiedener Steuerarten ohne Auswirkung bleibt - hier hindert ein Steuerstrafverfahren wegen der einen Steuerart nicht

---

813 LG Verden wistra 1986, 228 f.; unklar LG Hamburg wistra 1988, 317, 319; *Joecks* in Franzen/Gast/Joecks, § 371 Rn. 181; *Kohlmann*, § 371 Rn. 191.2; *Rüping* in Hübschmann/Hepp/Spitaler, § 371 Rn. 168; *Scheuermann-Kettner* in Koch/Scholtz, § 371 Rn. 30; *Senge* in Erbs/Kohlhaas, § 371 Rn. 33; *Bilsdorfer*, INF 1995, 6, 11; *Kawlath*, wistra 1989, 218 f.; *Klos*, NJW 1996, 2336, 2339; *Lüttger*, StB 1993, 372, 377.

814 *Kohlmann*, § 371 Rn. 191.

815 *Rüping* in Hübschmann/Hepp/Spitaler, § 371 Rn. 168.

816 Siehe oben unter 1. Teil D IV 3 b aa (1) (a).

817 So die Rspr. des BGH wistra 1993, 222 f., danach führt die gleichzeitige Abgabe von Umsatzsteuer-, Einkommensteuer- und Gewerbesteuererklärungen mit übereinstimmenden unrichtigen Angaben zur Tateinheit. Ein Steuerstrafverfahren wegen Einkommensteuerhinterziehung würde daher auch eine strafbefreiende Selbstanzeige im Hinblick auf die hinterzogenen Umsatz- und Gewerbesteuern ausschließen. Offengelassen von BGH wistra 2000, 219, 226.

818 *Joecks* in Franzen/Gast/Joecks, § 371 Rn. 181; *Kohlmann*, § 371 Rn. 193; *Rüping* in Hübschmann/Hepp/Spitaler, § 371 Rn. 169; *Frick*, DStR 1986, 429, 430; *Lüttger*, StB 1993, 372, 377; *Scheel*, wistra 1989, 343, 344.

die Selbstanzeige bezüglich einer anderen Steuerart[819] -, gewinnt diese Frage dann an Bedeutung, wenn unrichtige Angaben innerhalb einer Einkommensteuererklärung bezüglich verschiedener Einkunftsarten gemacht worden sind. Der BGH hat offen gelassen, ob der materiell-rechtliche oder der prozessuale Tatbegriff Anwendung findet, im Rahmen des § 371 Abs. 2 Nr. 2 AO aber auf die einzelne Steuerart, den Besteuerungszeitraum und den Steuerpflichtigen abgestellt.[820]

(aa) Abstellen auf die einzelne Einkunftsart

Eine Ansicht legt die Ausschlussgründe sehr restriktiv aus und stellt in diesem Fall auf die jeweilige Einkunftsart ab, so dass eine Selbstanzeige bezüglich einer Einkunftsart auch dann noch möglich sein soll, wenn sie wegen einer anderen Einkunftsart bereits ausgeschlossen ist.[821] Zur Begründung wird auf die fiskalischen Interessen, die mit der Selbstanzeige verfolgt werden, nämlich die Gewährleistung einer möglichst umfassenden Rückführung hinterzogener Steuern, verwiesen. In der oben dargestellten Konstellation[822] wäre nach dieser Ansicht eine strafbefreiende Selbstanzeige auch wegen der verschwiegenen Einkünfte aus selbstständiger Arbeit noch möglich.

Diese Ansicht findet im Gesetz jedoch keinen Halt. Der Tatbegriff des § 371 AO entspricht dem Begriff der Tat in § 370 AO und kann daher nicht von diesem abweichen.[823] Der Tatbestand der Steuerhinterziehung gemäß § 370 AO ist aber auch bei mehreren fehlerhaften Angaben in einer Steuererklärung nur ein einziges Mal verwirklicht. Denn abgestellt wird auf die unrichtige Steuererklärung im Ganzen und nicht auf einzelne unrichtige Teilerklärungen zu einzelnen Einkunftsarten. Wenn aber die Steuerfahnder zur Ermittlung einer "Steuerstraftat" erscheinen (oder dem Täter die "Tat" bekannt geben), so ist damit die Tat des § 370 AO, mithin die unrichtige Steuererklärung im Ganzen gemeint. Ein Abstellen auf einzelne falsche Teilerklärungen scheidet folglich aus.[824]

---

[819] Vgl. etwa BGH wistra 1990, 308 f.; LG Hamburg wistra 1988, 317 f.; wistra 1989, 238 f.; *Rüping* in Hübschmann/Hepp/Spitaler, § 371 Rn. 169.
[820] BGH wistra 2000, 219, 226.
[821] *Franzen* in Franzen/Gast/Samson, 3. Aufl., § 371 Rn. 107; *Kohlmann*, § 371 Rn. 191.2, Rn. 195.1, der auf die Nichterfüllung bestimmter Mitwirkungspflichten bezüglich einzelner Besteuerungsgrundlagen abstellt; *Marschall*, BB 1998, 2553, 2555 f.; *Pfaff*, DStZ 1982, 361, 363 f.
[822] Siehe Fn. 810.
[823] Vgl. *Scheel*, wistra 1989, 343, 344. Anders jedoch *Kohlmann*, § 371 Rn. 191.2, der die beiden Begriffe nicht synonym betrachtet.
[824] Vgl. auch *Hoffmann*, S. 211.

(bb) Abstellen auf die Steuererklärung

Nach anderer Ansicht soll zur Tat der gesamte Umfang der abgegebenen Steuererklärung[825] gehören, da auch bei fehlerhaften Angaben bezüglich mehrerer Einkunftsarten nur eine einzige Tat im materiell-rechtlichen Sinne vorliege.[826]

(c) Anwendung des prozessualen Tatbegriffs

Eine andere Meinung stellt auf den Tatbegriff im prozessualen Sinne ab.[827] Danach sei der Zweck des eingeleiteten Ermittlungsverfahrens die Aufdeckung der Tat, also das strafrechtlich erhebliche Gesamtverhalten des Täters, soweit es nach der natürlichen Auffassung einen einheitlichen Lebensvorgang bilde. Die Tat im Sinne des § 371 Abs. 2 AO umfasse folglich alle Einzelheiten, und zwar sowohl die im Verfahren ermittelten wie die unbekannt gebliebenen, aber im sachlichen Zusammenhang stehenden Einzelakte einer abgeurteilten Steuerhinterziehung.[828] Gegen die Anwendung des prozessualen Tatbegriffs wird vielfach vorgebracht, dass § 371 AO als persönlicher Strafaufhebungsgrund die Strafbarkeit als solche betreffe und daher unter materiell-rechtlichen Gesichtspunkten zu betrachten sei.[829] Diese Einwendungen vermögen jedoch nicht zu überzeugen. Denn auch bei den verjährungsunterbrechenden Vorschriften (§ 78 c StGB) kommt der prozessuale Tatbegriff zur Anwendung.[830] Auch führt der in dieser Arbeit vertretene prozessuale Tatbegriff[831] nicht zu untragbaren Ergebnissen. Er korrespondiert nämlich im Wesentlichen mit dem Tatbegriff im materiell-rechtlichen Sinne. Es kommt daher auch nicht zu einer dem fiskalischen Zweck des Selbstanzeigerechts zuwiderlaufenden Ausweitung der Sperrwirkung. Der prozessuale Tatbegriff hat zudem den Vorteil, dass er die Sperrwirkung des § 371 Abs. 2 Nr. 1 b AO mit dem Ausmaß der verletzten Erklärungspflicht gemäß § 370 AO in Einklang bringt.[832] Ferner stimmt der Tatbegriff auch mit dem für § 108 StPO maßgeblichen Begriff der Tat überein. Das heißt, Unterlagen, die dieselbe Steuererklärung

---

[825] Bei zusammengefassten Steuern in einem Bescheid, etwa bei der Erbschafts- und Schenkungssteuer, § 14 ErbStG, soll es jedoch auf die einzelne Steuerart für den jeweiligen Besteuerungszeitraum ankommen, vgl. LG Hamburg wistra 1989, 238, 239.

[826] BGH wistra 1990, 308 f.; LG Hamburg wistra 1988, 317 f.; wistra 1989, 238 f.; *Joecks* in Franzen/Gast/Joecks, § 371 Rn. 181; *Hoffmann*, S 210; *Kawlath*, wistra 1989, 218, 219; *Lüttger*, StB 1993, 372, 377; *Scheel*, wistra 1989, 343, 344.

[827] LG Stuttgart wistra 1985, 203, 204; *Blumers/Göggerle*, Rn. 30.; *Suhr/Naumann/Bilsdorfer*, Rn. 433; *Klos*, INF 1989, 343, 346.

[828] Vgl. *Hoffmann*, S. 206 f.

[829] So etwa *Kohlmann*, § 371 Rn. 191.2.

[830] BGHSt 22, 105, 107; BGH wistra 1993, 104; *Tröndle/Fischer*, § 78 c Rn. 6 m. w. N.

[831] Siehe oben unter 1. Teil D IV 4.

[832] *Blumers/Göggerle*, Rn. 30.

und lediglich eine andere Einkunftsart betreffen, sind keine Zufallsfunde, da sie die gleiche Tat betreffen, wegen der die Durchsuchung stattfindet.

3. Ausschluss der Selbstanzeige für durch Zufallsfund hervorgebrachte Tat

Insoweit greift die Sperrwirkung des § 371 Abs. 2 Nr. 1 a AO immer dann nicht ein, wenn es sich bei den aufgefundenen Unterlagen um einen Zufallsfund im Sinne des § 108 StPO handelt. Denn dann betrifft die Ermittlung der Steuerstraftat, wegen der die Steuerfahnder erschienen sind, eine andere Tat. Für den eingangs erwähnten Beispielfall[833] hat das zur Folge, dass zum einen ein Zufallsfund nicht vorliegt und zum anderen eine Selbstanzeige wegen der verschwiegenen Einkünfte aus selbstständiger Arbeit im selben Besteuerungszeitraum keine strafbefreiende Wirkung haben würde, weil sowohl die Zinseinkünfte als auch die Einkünfte aus selbstständiger Arbeit insgesamt der Einkommensteuererklärung unterfallen und die Steuerfahnder wegen dieser Tat erschienen sind. Andere Besteuerungszeiträume bleiben indes von der Sperrwirkung ausgenommen. Auch hätte der Täter weiterhin die Möglichkeit, strafbefreiende Selbstanzeige wegen anderer Steuerarten zu erstatten. Als Ergebnis lässt sich somit festhalten, dass der Ausschlussgrund des § 371 Abs. 2 Nr. 1 a AO beim Auffinden von Zufallsfunden nicht eingreift.

II. § 371 Abs. 2 Nr. 1 b AO

Nach § 371 Abs. 2 Nr. 1 b AO ist die strafbefreiende Wirkung der Selbstanzeige ausgeschlossen, wenn dem Täter oder seinem Vertreter die Einleitung des Straf- oder Bußgeldverfahrens wegen der Tat bekannt gegeben worden ist.

1. Einleitung eines Strafverfahrens

Die AO bestimmt mittels Legaldefinition in § 397, wann ein Steuerstrafverfahren eingeleitet ist. Danach gilt ein Steuerstrafverfahren als eingeleitet, sobald die Finanzbehörde[834], die Polizei, die Staatsanwaltschaft, einer ihrer Hilfsbeamten oder der Strafrichter eine Maßnahme trifft, die erkennbar darauf abzielt, gegen jemanden wegen einer Steuerstraftat strafrechtlich vorzugehen. Grundsätzlich sind auch Durchsuchungs- und Beschlagnahmebeschlüsse Einleitungsmaßnahmen im Sinne des § 397 AO, die die Sperrwirkung des § 371 Abs. 2 Nr. 1 b AO auslösen kön-

[833] Siehe Fn. 810.

[834] Es gilt der Behördenbegriff des § 386 Abs. 1 AO, vgl. *Rüping* in Hübschmann/Hepp/Spitaler, § 37 Rn. 171.

nen.[835] Das ist jedoch nur dann der Fall, wenn das Verfahren gerade gegen denjenigen eingeleitet wird, dem gegenüber die Sperrwirkung eingreifen soll.[836]

Bereits die Einleitung des Verfahrens im Sinne des § 397 AO setzt einen Anfangsverdacht voraus. Für die Verfahrenseinleitung durch Durchsuchungs- oder Beschlagnahmebeschluss gilt daher, dass die Tat hinreichend konkretisiert sein muss.[837] Dazu muss der konkrete Tatvorwurf durch eine möglichst genaue Angabe der dem Täter zur Last gelegten Handlungsweise, der dadurch betroffenen Steuerarten und der relevanten Besteuerungszeiträume genannt werden.[838] Die in der Praxis vielfach anzutreffende Angabe "wegen Steuerhinterziehung" genügt hier nicht.

Neben den weiteren allgemeinen Bestimmtheitsanforderungen, die an jeden Durchsuchungs- und Beschlagnahmebeschluss zu stellen sind[839], muss der Beschluss nach allgemeiner Ansicht gesteigerte Anforderungen erfüllen, wenn er den Ausschlusstatbestand des § 371 Abs. 2 Nr. 1 b AO auslösen soll.[840] Voraussetzung ist hierfür, dass der Täter[841] hinreichend konkretisiert ist.[842] Dazu muss der Täter zwar nicht namentlich benannt werden. Häufig werden aber z. B. Durchsuchungsbeschlüsse als Einleitungsmaßnahmen lediglich "gegen die Verantwortlichen eines Unternehmens" oder im Falle der Bankendurchsuchungen "gegen namentlich noch nicht bekannte Bankkunden und Bankmitarbeiter" gerichtet, ohne dass dieser Personenkreis in der Begründung näher bestimmt wird oder die Namen von Beschuldigten bis zu diesem Zeitpunkt in den Ermittlungsakten auftauchen. Eine derart abstrakte Benennung genügt nicht, um die Sperrwirkung auszulösen.[843]

---

[835] Vgl. *Rüping* in Hübschmann/Hepp/Spitaler, § 371 Rn. 175. Keine Einleitungsmaßnahmen sind indes bloße Büroverfügungen, Kontrollmitteilungen sowie bloße Scheinmaßnahmen, vgl. *Kohlmann*, § 371 Rn. 169.

[836] *Teske*, wistra 1988, 287, 298.

[837] *Teske*, wistra 1988, 287, 292.

[838] *Kohlmann*, § 371 Rn. 175; *Teske*, wistra 1988, 287, 292.

[839] Zu den Bestimmtheitsanforderungen eines Durchsuchungsbeschlusses siehe oben unter 1. Teil D I 3.

[840] *Kohlmann*, § 371 Rn. 175; *Teske*, wistra 1988, 287, 292.

[841] Nach zutreffender Auffassung umfaßt der Begriff des Täters sinngemäß auch den Teilnehmer an der Tat und damit jeden Tatbeteiligten, *Franzen* in Franzen/Gast/Samson, 3. Aufl., § 371 Rn. 104; *Kohlmann*, § 371 Rn. 177; *Rüping* in Hübschmann/Hepp/Spitaler, § 371 Rn. 173; *Marschall*, BB 1998, 2553, 2555. Dagegen nunmehr *Joecks* in Franzen/Gast/Joecks, § 371 Rn. 177 unter Berufung auf *Grötsch*, Stbg 1998, 559, 560 f., der auf den Wortlaut abstellt.

[842] *Rüping* in Hübschmann/Hepp/Spitaler, § 371 Rn. 174.

[843] *Kohlmann*, § 371 Rn. 180; *Rüping* in Hübschmann/Hepp/Spitaler, § 371 Rn. 174; *Braun*, PStR 2002, 86, 88. Zur Unterbrechung der Verjährung *Heuer*, wistra 1987, 170, 173 f.; *Teske*, wistra 1988, 287, 292. Zu § 78 c StGB vgl. LG Dortmund wistra 1991, 186, 187.

2. Bekanntgabe

Die Einleitung des Strafverfahrens für sich führt allerdings noch nicht zum Ausschluss der strafbefreienden Wirkung der Selbstanzeige. Die Sperrwirkung tritt vielmehr erst ein, wenn dem Täter oder seinem Vertreter amtlich[844] mitgeteilt worden ist, dass die Behörde steuerstrafrechtliche Ermittlungen begonnen hat.[845] Eine bestimmte Form für die Mitteilung sieht die AO nicht vor. Sie kann daher mündlich oder schriftlich erfolgen[846], wobei die Mitteilung der Verfahrenseinleitung insbesondere auch in eindeutigen Amtshandlungen wie der Durchsuchung oder Beschlagnahme liegen kann.

Die Bekanntgabe löst die Sperrwirkung nur dann aus, wenn sie bestimmte inhaltliche Mindestanforderungen erfüllt. Denn für den Täter muss aufgrund des Bestimmtheitsgrundsatzes als Ausprägung des verfassungsrechtlich verbürgten Rechtssicherheitsgedankens (Art. 20 Abs. 3 GG)[847] der Tatvorwurf und damit die Reichweite der Ausschlusswirkung des § 371 Abs. 2 Nr. 1 b AO erkennbar sein.[848] Dazu werden die von der Rechtsprechung entwickelten Grundsätze zu den verjährungsunterbrechenden Regelungen des § 78 c StGB, dort insbesondere die in Abs. 1 Nr. 1 und Nr. 3 (Bekanntgabe der Einleitung des Ermittlungsverfahrens) aufgeführten, herangezogen.[849] Denn was für die Verjährung als Strafverfolgungshindernis gilt, muss erst recht für die die Strafbarkeit unmittelbar betreffende Selbstanzeige gelten.[850]

Die Sperrwirkung greift daher nur dann ein, wenn die Mitteilung den Täter oder seinen Vertreter hinreichend "ins Bild setzt". Er muss ersehen können, dass und weshalb ein Ermittlungsverfahren gegen ihn eingeleitet worden ist.[851] Erforderlich ist dazu, dass ihm eine detaillierte Beschreibung der Tathandlung, die dadurch verkürzten Steuerarten und eine zeitliche Abgrenzung der zur Last gelegten Tat mitgeteilt werden.[852] Sofern der Durchsuchungs- oder Beschlagnahmebeschluss diese Angaben enthält, liegt die Mitteilung in der Aushändigung des Beschlus-

---

844 Private Mitteilungen oder Informationen, die dem Steuerpflichtigen infolge einer Indiskretion zufließen, genügen nicht, vgl. *Joecks* in Franzen/Gast/Joecks, § 371 Rn. 166; *Kohlmann*, § 371 Rn. 172.

845 *Joecks* in Franzen/Gast/Joecks, § 371 Rn. 165.

846 *Kohlmann*, § 371 Rn. 173.

847 Vgl. BVerfGE 49, 89, 133; 59, 104, 114.

848 *Kohlmann*, § 371 Rn. 175; *Teske*, wistra 1988, 287.

849 *Kohlmann*, § 371 Rn. 165. Zur Verjährungsunterbrechung bei Durchsuchungen vgl. *Burhoff*, PStR 2001, 120 f.; *Salditt*, PStR 2000, 118, 119 unter Bezugnahme auf BGH wistra 2000, 219 ff.

850 *Teske*, wistra 1988, 287, 290.

851 *Teske*, wistra 1988, 287, 292.

852 *Joecks* in Franzen/Gast/Joecks, § 371 Rn. 174 ff.; *Kohlmann*, § 371 Rn. 175.

ses.[853] Sofern die Durchsuchung oder die Beschlagnahme wegen Gefahr im Verzug durch die Finanzbehörde, die Staatsanwaltschaft oder ihre Hilfsbeamten angeordnet wird und daher ein Beschluss in schriftlicher Form nicht existiert, tritt die Sperrwirkung nur ein, wenn dem Täter oder seinem Vertreter mündlich die Verfahrenseinleitung bekannt gegeben wird.[854]

Auch im Zusammenhang mit dem Auffinden von Zufallsfunden kann es zum Ausschluss der strafbefreienden Selbstanzeige kommen. Maßgebliche Mitteilungsarten sind hier die Durchsuchung und Beschlagnahme. Das Auslösen der Sperrwirkung des § 371 Abs. 2 Nr. 1 b AO durch Durchsuchung oder Beschlagnahme soll daher nachfolgend genauer untersucht werden.

a) Bekanntgabe durch Durchsuchungsbeschluss

Der Eintritt der Sperrwirkung setzt voraus, dass die Verfahrenseinleitung dem Täter oder seinem Vertreter bekannt gegeben worden ist. Daraus wird überwiegend gefolgert, dass nur Durchsuchungen beim Verdächtigen im Sinne des § 102 StPO die Sperrwirkung auslösen können, nicht aber Durchsuchungen beim Dritten im Sinne des § 103 StPO.[855] Dem kann in dieser Ausschließlichkeit nicht gefolgt werden. Richtig ist zwar, dass Durchsuchungen bei unbeteiligten Dritten grundsätzlich nicht geeignet sind, die Sperrwirkung herbeizuführen. Das gilt auch für Durchsuchungen bei juristischen Personen, sofern sich der Tatverdacht nicht gegen die vertretungsberechtigte natürliche Person selbst richtet.[856] Die Sperrwirkung tritt ferner dann nicht ein, wenn die Durchsuchung nach § 103 StPO stattfindet, weil sich der Tatverdacht noch nicht auf eine bestimmte Person konzentriert hat.[857] Durchsuchungen gemäß § 103 StPO bei Dritten können aber ausnahmsweise die Sperrwirkung des § 371 Abs. 2 Nr. 1 b AO bei dem Täter auslösen, nämlich dann, wenn es sich bei dem Dritten um den Vertreter des Täters im Sinne des § 371 Abs. 2 Nr. 1 b AO handelt.[858] Denn auch die Bekanntgabe gegenüber dem Vertreter führt zum Ausschluss der Selbstanzeige. Voraussetzung sind allerdings erhöhte Anforderungen an die Bestimmtheit der Durchsuchungsanordnung. Sie

[853] *Kohlmann*, § 371 Rn. 179.
[854] Für die Beschlagnahme vgl. *Joecks* in Franzen/Gast/Joecks, § 371 Rn. 169.
[855] *Joecks* in Franzen/Gast/Joecks, § 371 Rn. 168; *Rüping* in Hübschmann/Hepp/Spitaler, § 371 Rn. 175; *Teske*, wistra 1988, 287, 292.
[856] Siehe oben unter 1. Teil D I 1 a cc.
[857] So etwa bei Durchsuchungen gegen "die Verantwortlichen der Firma X", vgl. *Teske*, wistra 1988, 287, 292, oder "gegen namentlich noch nicht bekannte Bankkunden und Bankmitarbeiter", vgl. *Joecks* in Franzen/Gast/Joecks, § 371 Rn. 168.
[858] Dem bislang unverdächtigen Vertreter bleibt hingegen die Möglichkeit der Selbstanzeige wegen einer eigenen Tatbeteiligung erhalten, da sich die Mitteilung nicht an ihn als Täter richtet, vgl. *Joecks* in Franzen/Gast/Joecks, § 371 Rn. 179; *Kohlmann*, § 371 Rn. 178.

muss insbesondere konkrete Angaben zum Täter enthalten sowie die Tathandlung und gegebenenfalls die Tatbeteiligung möglichst umfassend beschreiben.[859]

Umstritten ist jedoch, wie der Begriff des Vertreters zu verstehen ist. Die Vorschrift selbst gibt hierüber keinen Aufschluss.[860] Im Schrifttum werden unterschiedliche Ansichten vertreten. Einigkeit besteht im Wesentlichen darin, dass es einer besonderen Vollmacht zur Entgegennahme von Mitteilungen nach § 371 Abs. 2 Nr. 1 b AO nicht bedarf; sie ließe die Regelung in der praktischen Anwendung bedeutungslos werden.[861] Eine Meinung zählt zu den Vertretern die in den §§ 34, 35 AO genannten Personen.[862] Nach zutreffender Ansicht fallen unter den Begriff des Vertreters neben den kraft Gesetzes (§§ 34, 35 AO) oder durch ausdrückliche Bevollmächtigung nach § 80 AO vertretungsberechtigten Personen auch diejenigen Personen, von denen nach ihrem Verhältnis zu dem Steuerpflichtigen die Weiterleitung an ihn erwartet werden kann.[863] Vertreter sind hiernach auch Personen, die in einer engen persönlichen Beziehung zum Steuerpflichtigen stehen, also insbesondere enge Familienangehörige.

In der Praxis hat dies vor allem Bedeutung, wenn die Durchsuchung beim Verdächtigen nach § 102 StPO stattfindet, dieser jedoch nicht selbst, sondern nur seine Ehefrau oder seine Kinder anwesend sind. Praktisch bedeutsam sind ferner Durchsuchungen beim steuerlichen Berater als Drittem im Sinne des § 103 StPO. Er ist Vertreter im Sinne des § 371 Abs. 2 Nr. 1 b AO, mit der Folge, dass für den Täter durch die Durchsuchung bei seinem Steuerberater die Sperrwirkung ausgelöst wird. Umgekehrt ist in den Fällen, in denen die Mitteilung weder gegenüber dem Täter noch dem Vertreter erfolgt, eine Selbstanzeige weiterhin möglich, da die Sperrwirkung des § 371 Abs. 2 Nr. 1 b AO nur gegenüber demjenigen eingreift, dem die Maßnahme persönlich eröffnet wird.[864]

---

[859] *Joecks* in Franzen/Gast/Joecks, § 371 Rn. 174; *Kohlmann*, § 371 Rn. 180.2.

[860] Eine Begründung über die Motive bei Einfügung der Worte "oder seinem Vertreter" durch die Novelle vom 7.12.1951, BGBl. I 941, existiert nicht, vgl. insbesondere BT-Drucks. 1/2395; 1/2751.

[861] *Joecks* in Franzen/Gast/Joecks, § 371 Rn. 178; *Kohlmann*, § 371 Rn. 185; *Rüping* in Hübschmann/Hepp/Spitaler, § 371 Rn. 179. Für eine derartige Bevollmächtigung aber *Ehlers/Lohmeyer*, S. 37.

[862] *Joecks* in Franzen/Gast/Joecks, § 371 Rn. 178; *Kühn/Kutter/Hofmann*, § 371 Anm. 3; *Zinn*, Stbg 1963, 209, 210.

[863] *Kohlmann*, § 371 Rn. 189; *Rüping* in Hübschmann/Hepp/Spitaler, § 371 Rn. 179; *Senge* in Erbs/Kohlhaas, § 371 Rn. 32.

[864] *Kohlmann*, § 371 Rn. 179. Unklar *Joecks* in Franzen/Gast/Joecks, § 371 Rn. 170, der in diesem Zusammenhang auf die Regelung des § 106 Abs. 2 Satz 1 StPO verweist, wonach dem Inhaber oder der in dessen Abwesenheit zugezogenen Person der Zweck der Durchsuchung vor deren Beginn bekannt zu geben ist. Diese Bekanntmachung sei eine Bekanntgabe i. S. d. § 371 Abs. 2 Nr. 1 b AO, wenn der Inhaber oder die zugezogene Person entweder mit dem Beschuldigten identisch ist oder wenn sie als sein Vertreter angesehen werden kann. Da sich § 106 Abs. 2 Satz 1

Teilweise werden als Vertreter auch solche Personen angesehen, die in die betriebliche Organisation des Täters eingegliedert sind und von denen unter gewöhnlichen Umständen erwartet werden kann, dass sie die Mitteilung weiterreichen.[865] Gründe der Rechtssicherheit und eine der fiskalischen Zielsetzung entsprechende restriktive Auslegung der Ausschlussgründe gebieten es jedoch, hier streng auf die tatsächliche betriebliche Eingliederung abzustellen.[866] Zweifel daran gehen zu Gunsten des Täters.

Für Durchsuchungen von Kreditinstituten nach den §§ 102, 103 StPO wegen des Verdachts der Steuerhinterziehung durch namentlich noch nicht bekannte Bankkunden und der Beihilfe von Bankmitarbeitern hierzu bedeutet dies, dass die Sperrwirkung nur gegenüber den in der Durchsuchungsanordnung namentlich genannten Bankmitarbeitern eintritt, nicht jedoch gegenüber den Bankkunden oder gegenüber anderen Bankmitarbeitern.[867] Dagegen tritt die Sperrwirkung gegenüber namentlich genannten Mitarbeitern auch dann ein, wenn ihnen die Einleitung des Strafverfahrens nicht selbst, sondern ihren Vorgesetzten als Vertretern im Sinne des § 371 Abs. 2 Nr. 1 b AO bekannt gegeben wird. Gegenüber allen namentlich nicht benannten Kunden und Mitarbeitern kann die Sperrwirkung schon mangels hinreichender Konkretisierung der Durchsuchungsanordnung nicht ausgelöst werden. Selbst wenn einzelne Kunden genannt wären, würde für sie die Selbstanzeige nicht ausgeschlossen, weil die Bekanntgabe nicht gegenüber ihnen selbst erfolgt ist und die den Durchsuchungsbeschluss entgegennehmenden Bankmitarbeiter nicht Vertreter der Bankkunden im Sinne des § 371 Abs. 2 Nr. 1 b AO sind.

StPO schon nach dem Wortlaut jedoch ausschließlich auf Durchsuchungen gemäß § 103 StPO bezieht, ist lediglich die zweite Variante nachvollziehbar. Denn wenn der Inhaber der durchsuchten Räume der Beschuldigte selbst ist, wird es sich in aller Regel um eine Durchsuchung nach § 102 StPO handeln.

[865] *Kohlmann*, § 371 Rn. 189; *Rüping* in Hübschmann/Hepp/Spitaler, § 371 Rn. 179. Indes scheidet eine Sperrwirkung gegenüber externen Mitarbeitern (z. B. Beratern) oder freien Mitarbeitern aus, *Kohlmann*, § 371 Rn. 182.2.

[866] Zu den Vertretern in diesem Sinne zählen etwa Dienstvorgesetzte von Beamten oder Angehörigen der Bundeswehr, vgl. *Franzen* in Franzen/Gast/Samson, 3. Aufl., § 371 Rn. 105.

[867] *Kohlmann*, § 371 Rn. 183; *Rüping* in Hübschmann/Hepp/Spitaler, § 371 Rn. 175. Im Fall der Durchsuchung der Dresdner Bank richtete sich das Ermittlungsverfahren gegen Frau Q und andere wegen Beihilfe zur Steuerhinterziehung. Angaben zu weiteren Beschuldigten neben Frau Q enthielt die Durchsuchungs- und Beschlagnahmeanordnung nicht, vgl. die Beschwerde gegen die diesbezüglichen Beschlüsse, abgedruckt in AG, 1994, 119 ff. Die Sperrwirkung konnte daher nur gegenüber Frau Q eintreten.

b) *Bekanntgabe durch Beschlagnahmebeschluss*

Für die Bekanntgabe der Verfahrenseinleitung durch Beschlagnahme gelten die gleichen Anforderungen wie für eine Bekanntgabe durch Durchsuchung. Die Selbstanzeige ist daher ausgeschlossen, wenn dem Täter oder seinem Vertreter die Beschlagnahmeanordnung mitgeteilt bzw. ausgehändigt wird und sich daraus die Tatbeteiligung und der Tatvorwurf hinreichend konkret ergeben.[868] Fraglich ist indes, ob die Sperrwirkung des § 371 Abs. 2 Nr. 1 b AO auch dann eintritt, wenn der Täter einer Beschlagnahme zuvorkommt und die Beweisgegenstände freiwillig herausgibt. Dann müsste bereits das Herausgabeverlangen als Bekanntgabe der Verfahrenseinleitung zu werten sein. Das wäre dann der Fall, wenn das Herausgabeverlangen einer Beschlagnahmeanordnung gleichstände, mithin Tat und Täter hinreichend konkret beschrieben wären. Davon wird in der Praxis kaum auszugehen sein.[869] Denn während eine Beschlagnahmeanordnung bestimmte Mindestanforderungen erfüllen muss[870], unterliegen das Herausgabeverlangen und die sich an die freiwillige Herausgabe anschließende Sicherstellung keiner bestimmten Form.[871] Die Selbstanzeige wird daher nur durch ein Herausgabeverlangen ausgeschlossen, das den Täter und den konkreten Tatvorwurf unter Angabe der betroffenen Steuerarten und der Besteuerungszeiträume bezeichnet.

3. Tat

Die Sperrwirkung des § 371 Abs. 2 Nr. 1 b AO betrifft nur die Tat, bezüglich derer dem Täter oder seinem Vertreter die Einleitung eines Strafverfahrens mitgeteilt worden ist. Die Einleitung eines Strafverfahrens steht der Wirksamkeit einer Selbstanzeige daher nur dann entgegen, wenn sie sich auf dieselbe Tat bezieht, wegen der die diesbezügliche Selbstanzeige erstattet worden ist. Der Begriff der Tat entspricht dem des § 371 Abs. 2 Nr. 1 a AO. Es wird daher auf die obigen Ausführungen verwiesen.[872]

Im Falle einer Durchsuchung hat dies zur Folge, dass der Täter mit einer Selbstanzeige wegen der Tat, die Gegenstand der Durchsuchung ist, ausgeschlossen ist. Gleichwohl hat der Täter zu diesem Zeitpunkt noch die Möglichkeit, wegen anderer Steuerstraftaten, die nicht Gegenstand der Durchsuchung sind, Selbstanzeige zu erstatten. Er kann daher noch Selbstanzeige für Steuerhinterziehungen erstatten, die andere, von der Durchsuchung nicht erfasste Steuerarten und Besteue-

---

[868] Vgl. *Joecks* in Franzen/Gast/Joecks, § 371 Rn. 169.
[869] So offenbar auch *Joecks* in Franzen/Gast/Joecks, § 371 Rn. 169.
[870] Vgl. *Meyer-Goßner*, § 98 Rn. 9.
[871] *Meyer-Goßner*, § 94 Rn. 12.
[872] Siehe oben unter 3. Teil B I 2 b.

rungszeiträume betreffen.[873] Für den Täter und seine Berater ist hier aber Eile geboten. Denn wenn die Ermittlungsbeamten[874] anlässlich der Durchsuchung Beweismittel auffinden, die auf eine andere Straftat hindeuten, können sie diese Gegenstände nach § 108 StPO als Zufallsfunde beschlagnahmen.

4. Ausschluss der Selbstanzeige für durch Zufallsfund hervorgebrachte Tat

Es stellt sich dann die Frage, ob durch diese einstweilige Beschlagnahme der zufällig aufgefundenen Gegenstände die Sperrwirkung des § 371 Abs. 2 Nr. 1 b AO für die Tat, auf die der Zufallsfund hindeutet, ausgelöst wird. Das wäre dann der Fall, wenn durch die einstweilige Beschlagnahme ein Strafverfahren eingeleitet und dies dem Täter mitgeteilt würde. Die Einleitung eines Strafverfahrens durch eine Beschlagnahme nach § 108 StPO erscheint jedoch zweifelhaft. Denn Zweck des § 108 StPO ist, dass die die Durchsuchung vornehmenden Beamten nicht die Augen vor solchen Beweismitteln verschließen müssen, die zwar in keinem Zusammenhang mit der Tat stehen, derentwegen die Durchsuchung angeordnet worden ist, die aber auf die Begehung einer anderen Straftat hindeuten.[875] Die Beamten können diese Beweismittel daher vorläufig beschlagnahmen, auch wenn sie noch nicht wissen, ob der Gegenstand für ein anderes Verfahren von Bedeutung sein kann.[876] Die Frage, ob der Gegenstand für ein anderes Verfahren in Betracht kommt, entscheidet der für das neue Verfahren zuständige Staatsanwalt. Er ist daher von der einstweiligen Beschlagnahme gemäß § 108 Abs. 1 Satz 2 StPO in Kenntnis zu setzen. Ihm obliegt sodann die Entscheidung darüber, ob ein neues Ermittlungsverfahren eingeleitet wird.[877] Aus Sinn und Zweck des § 108 StPO folgt somit, dass es hier zunächst um die vorläufige Sicherstellung möglicher Beweismittel geht. Die Entscheidung über die Einleitung eines Ermittlungsverfahrens folgt erst im Anschluss. Durch die einstweilige Beschlagnahme wird daher

---

[873] Vgl. BGH wistra 2000, 219, 225.

[874] Im Gegensatz zum Ausschlussgrund des § 371 Abs. 2 Nr. 1 a AO, der lediglich Amtsträger der Finanzbehörde erfasst, können hier auch Durchsuchungen der Staatsanwaltschaft oder der Polizei zum Ausschluss der Selbstanzeige führen. Damit sind auch Durchsuchungen wegen einer Nicht-Steuerstraftat erfasst, anlässlich derer Beweismittel aufgefunden werden, die auf eine Steuerstraftat hindeuten. Aus der Praxis ist bekannt, dass bei zahlreichen Durchsuchungen im Bereich der Organisierten Kriminalität und eben auch im Bereich der Wirtschafts- und Steuerstrafsachen sog. Vermögensermittler bzw. Finanzermittler an der Durchsuchung teilnehmen. Ihre Aufgabe ist, anhand der Sichtung von Unterlagen des Beschuldigten Vermögenswerte ausfindig zu machen und zu sichern (§§ 73 ff. StGB), vgl. dazu auch *Werner*, PStR 2002, 8 ff. Für den Beschuldigten steigt dadurch das Risiko, dass bei der Durchsicht der Unterlagen auch Anhaltspunkte dafür entdeckt werden, die auf Steuerstraftaten hindeuten.

[875] *Schäfer* in Löwe-Rosenberg, § 108 Rn. 1.

[876] *Schäfer* in Löwe-Rosenberg, § 108 Rn. 2.

[877] *Schäfer* in Löwe-Rosenberg. § 108 Rn. 13.

noch kein Strafverfahren eingeleitet. Sie ist daher nicht geeignet, die Sperrwirkung des § 371 Abs. 2 Nr. 1 b AO auszulösen.[878]

III. § 371 Abs. 2 Nr. 2 AO

Ein weiterer Ausschlussgrund ist die Tatentdeckung gemäß § 371 Abs. 2 Nr. 2 AO. Nach dieser Vorschrift ist eine strafbefreiende Selbstanzeige ausgeschlossen, wenn die Tat zum Zeitpunkt der Selbstanzeige ganz oder zum Teil bereits entdeckt war und der Täter dies wusste oder bei verständiger Würdigung der Sachlage damit rechnen musste. Für die Rechtzeitigkeit der Selbstanzeige kommt es damit einerseits auf die objektive Entdeckung der Tat[879] und andererseits auf die subjektive Kenntnis bzw. das Kennenmüssen des Täters von der Entdeckung an.

1. Entdeckung der Tat

Die Tat ist entdeckt, wenn der Amtsträger einer Behörde[880] zumindest einen Teil des wirklichen Tatgeschehens oder der Tatfolgen unmittelbar selbst wahrgenommen hat.[881] Voraussetzung ist, dass die Tat als Straftat, also sowohl hinsichtlich des objektiven als auch hinsichtlich des subjektiven Tatbestands entdeckt ist.[882] Da nur die unmittelbare Selbstwahrnehmung der Tatverwirklichung durch den Amtsträger Tatentdeckung im Sinne des § 371 Abs. 2 Nr. 2 AO ist, scheiden Wahrnehmungen durch Private[883] oder Fremdwahrnehmungen wie Bekundungen von Zeugen vom Hörensagen aus.[884] Indes steht die Wahrnehmung des entscheidenden Beweismittels, wie etwa Aufzeichnungen über ungebuchte Geschäftsvorfälle, der Wahrnehmung des Tatgeschehens gleich.[885]

Umstritten ist in der Rechtsprechung und im Schrifttum, welche Intensität des Tatverdachts erforderlich ist, um eine Tatentdeckung im Sinne des § 371 Abs. 2 Nr. 2 AO hervorzurufen. Eine Auffassung favorisiert eine weite Auslegung des

---

[878] Zu denken ist aber an den Ausschlusstatbestand des § 371 Abs. 2 Nr. 2 AO.
[879] Vgl. BT-Drucks. 7/4292, 44.
[880] Zur Person des Entdeckers vgl. *Kohlmann*, § 371 Rn. 211. Im Einzelfall kommen auch Privatpersonen in Betracht, wenn damit zu rechnen ist, dass sie ihre Kenntnis an die zuständige Behörde weiterleiten, BGH wistra 1988, 308; vgl. auch *Rüping* in Hübschmann/Hepp/Spitaler, § 371 Rn. 188.
[881] *Joecks* in Franzen/Gast/Joecks, § 371 Rn. 184; *Kohlmann*, § 371 Rn. 201; *Rüping* in Hübschmann/Hepp/Spitaler, § 371 Rn. 183 jeweils m. w. N.; *Mösbauer*, StB 1999, 393, 396.
[882] *Rüping* in Hübschmann/Hepp/Spitaler, § 371 Rn. 182.
[883] *Rüping* in Hübschmann/Hepp/Spitaler, § 371 Rn. 189.
[884] BGH wistra 1983, 197. Vgl. auch *Göggerle/Frank*, BB 1984, 398, 399.
[885] *Joecks* in Franzen/Gast/Joecks, § 371 Rn. 184.

Entdeckungsbegriffs.[886] Danach soll die bloße Kenntnis von Anhaltspunkten, die den Verdacht der Steuerhinterziehung begründen und zur Einleitung eines Strafverfahrens führen, für eine Entdeckung ausreichen. Nach dieser Ansicht soll also bereits ein Anfangsverdacht im Sinne des § 152 Abs. 2 StPO genügen.

Diese Meinung hat sich jedoch nicht durchgesetzt.[887] Nach vorzugswürdiger und heute überwiegend vertretener Auffassung reicht eine Entdeckungsgefahr oder ein bloßer Anfangsverdacht im Sinne des § 152 Abs. 2 StPO für eine Tatentdeckung nicht aus. Der Tatverdacht muss sich vielmehr soweit konkretisiert haben, dass bei vorläufiger Tatbewertung eine Verurteilung des Betroffenen wahrscheinlich ist.[888] Damit sind an den für eine Tatentdeckung notwendigen Tatverdacht die gleichen Anforderungen zu stellen wie an den für die Entscheidung über die Anklageerhebung (§ 170 Abs. 1 StPO) und die Eröffnung des Hauptverfahrens (§ 203 StPO) verlangten hinreichenden Tatverdacht.[889] Die Tatentdeckung liegt somit im Hinblick auf die zeitliche Abfolge hinter der Einleitung des Strafverfahrens gemäß § 397 AO, die lediglich einen Anfangsverdacht voraussetzt.[890]

Uneinheitlich wird auch die Frage beantwortet, ob zur Entdeckung der Tat auch die Person des Täters bekannt sein muss. Unter Verweis auf den Wortlaut des § 371 Abs. 2 Nr. 2 AO, der ausschließlich auf die "Tat" abstellt, hält eine Meinung dies für entbehrlich.[891] Von anderer Seite wird gefordert, dass die Person des Täters zumindest individualisierbar sein müsse.[892] Eine Tat ist aber nur dann entdeckt, wenn eine vorläufige Tatbewertung ergibt, dass eine Verurteilung wahrscheinlich ist. Eine diesbezügliche Prognose kann aber nur vorgenommen werden, wenn der Täter bekannt ist. Denn die vorläufige Tatbewertung umfasst auch die subjektive Tatseite, mithin den Vorsatz. Angaben darüber können aber nur ge-

---

[886] So etwa OLG Hamburg NJW 1970, 1385, 1387; *Bilsdorfer*, BB 1982, 670, 672 f.; *ders.*, wistra 1984, 131, 133 f.; *ders.*, DStZ 1985, 184, 188 f.; *Dietz*, DStR 1981, 372, 373 f.; *Kopacek*, NJW 1970, 2098, 2099.

[887] So nun selbst *Bilsdorfer*, INF 1995, 6, 11.

[888] BGH wistra 1983, 197; wistra 1985, 74, 75; wistra 1988, 308; wistra 2000, 219, 225 f.; OLG Celle wistra 1984, 116 f.; LG Stuttgart wistra 1990, 72, 75; *Joecks*, in Franzen/Gast/Joecks, § 371 Rn. 186; *Kohlmann*, § 371 Rn. 203; *Rüping* in Hübschmann/Hepp/Spitaler, § 371 Rn. 183; *Brauns*, StV 1985, 325, 326; *Brenner*, DStZ 1984, 478, 479 f.; *Dörn*, DStZ 1991, 747, 748; *Göggerle/Frank*, BB 1984, 398 f.; *Hofmann*, DStR 1998, 399, 401; *Lüttger*, StB 1993, 372, 377; *Streck/Mack*, BB 1995, 2137, 2146; *Volk*, DStR 1987, 644, 646.

[889] *Kohlmann*, § 371 Rn. 204; *Rüping* in Hübschmann/Hepp/Spitaler, § 371 Rn. 183.

[890] *Kohlmann*, § 371 Rn. 205; *Dörn*, wistra 1993, 169, 170.

[891] BGH wistra 1983, 197.

[892] *Joecks* in Franzen/Gast/Joecks, § 371 Rn. 191; *Rüping* in Hübschmann/Hepp/Spitaler, § 371 Rn. 184.

macht werden, wenn der Täter bekannt ist. Er muss daher bereits identifiziert sein.[893]

Der Begriff der Tat ist identisch mit dem in den Ausschlussgründen des § 371 Abs. 2 Nr. 1 a und b AO verwendeten. Es wird daher auf die obigen Ausführungen verwiesen.[894]

2. Kenntnis des Täters von der Entdeckung

Die Sperrwirkung des § 371 Abs. 2 Nr. 2 AO tritt nur ein, wenn in subjektiver Hinsicht der Täter Kenntnis von der Entdeckung hatte oder bei verständiger Würdigung der Sachlage mit der Entdeckung rechnen musste. Der Täter hat dann Kenntnis von der Entdeckung der Tat, wenn er aus den ihm bekannten Umständen den Schluss gezogen hat, die Behörde habe von der Tat die für eine Entdeckung hinreichende Kenntnis.[895] Dem gleichgestellt ist das Rechnenmüssen mit der Tatentdeckung. Davon ist auszugehen, wenn der Täter aus den ihm bekannten Tatsachen den Schluss hätte ziehen müssen, dass die Behörde die Tat entdeckt hat[896], wobei sich die verständige Würdigung der Sachlage nach den individuellen Erkenntnismöglichkeiten des Täters richtet.[897]

3. Ausschluss der Selbstanzeige für durch Zufallsfund hervorgebrachte Tat

Fraglich ist nun, ob das Auffinden eines Zufallsfundes anlässlich einer Durchsuchung geeignet ist, den Ausschlussgrund des § 371 Abs. 2 Nr. 2 AO auszulösen. Dann müsste mit dem Auffinden des Zufallsfundes zugleich die Tat entdeckt sein. Das wird in aller Regel jedoch nicht der Fall sein. Denn im Zeitpunkt des Auffindens wird gerade einmal ein Anfangsverdacht im Sinne des § 152 Abs. 2 AO vorliegen. Von einem hinreichend konkretisierten Tatverdacht, sodass eine Verurteilung des Betroffenen wahrscheinlich erscheint, kann nicht ausgegangen werden. Der BGH hat im Falle von anlässlich einer Durchsuchung zufällig entdeckten

---

[893] *Brenner*, DStZ 1984, 478, 479; *Burkhard*, Stbg 1999, 410, 413; *Dörn*, wistra 1993, 169, 170; *ders.* wistra 1998, 175, 176, der nach persönlichen Steuern - nur dann ist die Kenntnis des Täters notwendig - und betrieblichen Steuern differenziert; *Marschall*, BB 1998, 2553, 2557 und nunmehr auch *Kohlmann*, § 371 Rn. 210.

[894] 3. Teil B I 2 b.

[895] *Joecks* in Franzen/Gast/Joecks, § 371 Rn. 197; *Kohlmann*, § 371 Rn. 232; *Rüping* in Hübschmann/Hepp/Spitaler, § 371 Rn. 191 jeweils mit näheren Einzelheiten.

[896] *Joecks* in Franzen/Gast/Joecks, § 371 Rn. 198; *Kohlmann*, § 371 Rn. 237; *Rüping* in Hübschmann/Hepp/Spitaler, § 371 Rn. 193.

[897] BayObLG BB 1972, 524 f.; *Joecks* in Franzen/Gast/Joecks, § 371 Rn. 199; *Kohlmann*, § 371 Rn. 238; *Rüping* in Hübschmann/Hepp/Spitaler, § 371 Rn. 195.

Kontoauszügen einer Schweizer Bank eine Tatentdeckung nicht angenommen.[898] Obwohl hier die Umstände auf in der Schweiz angelegtes Schwarzgeld hindeuteten und daher der Verdacht der Steuerhinterziehung bestand, konnte die hinreichende Wahrscheinlichkeit einer Verurteilung nur durch Einsichtnahme in die Steuerakte des Betroffenen gewonnen werden.

Dieser Fall lässt sich in seiner grundsätzlichen Bedeutung auf den Ausschluss der Selbstanzeige gemäß § 371 Abs. 2 Nr. 2 AO durch das Auffinden eines Zufallsfundes beziehen. Denn es kann nicht davon ausgegangen werden, dass die Ermittlungsbeamten sämtliche steuerlichen Angaben parat haben, um zufällig aufgefundene verdachtserregende Unterlagen im Hinblick auf eine mögliche Steuerhinterziehung würdigen zu können. Die Tat kann daher erst dann entdeckt sein, wenn die Ermittlungsbeamten Einblick in die Steuerakte hatten.

Insbesondere in Zusammenhang mit den Bankendurchsuchungen wegen anonymer Vermögenstransfers ins benachbarte Ausland hat der Ausschlussgrund des § 371 Abs. 2 Nr. 2 AO gesteigerte Bedeutung erlangt. Die anlässlich einer Bankdurchsuchung (zufällig) aufgefundenen Belege über Auslandsüberweisungen von Kundengeldern führen allerdings aus mehreren Gründen noch nicht zur Tatentdeckung und somit zum Ausschluss der Selbstanzeige. Zum einen haben die Ermittlungsbeamten vor der Auswertung der bei der Durchsuchung sichergestellten Unterlagen noch keine Erkenntnisse, die die hinreichende Wahrscheinlichkeit einer Verurteilung rechtfertigen. Denn den Ermittlungsbeamten ist im Moment des Auffindens lediglich bekannt, dass bislang noch unbekannte Kunden unter Ausnutzung der von der Bank angebotenen Möglichkeiten anonym Kapital ins Ausland transferiert haben. Aus welchen Gründen der Kapitaltransfer erfolgte, ist ebenso unbekannt wie die Hinterziehung von Steuern aus diesem Kapital. Insoweit mag zwar ein Anfangsverdacht dahingehend bestehen, dass durch verschleierte Kapitaltransfers Steuerstraftaten begangen worden sind. Eine hinreichende Wahrscheinlichkeit für eine Verurteilung und damit eine Entdeckung der Tat liegt aber erst dann vor, wenn die Beamten die Steuerakten des Betroffenen eingesehen haben und sich daraus ergibt, dass bestimmte Einkünfte nicht versteuert worden sind.[899]

Zum anderen ist die Zuordnung von Auslandsüberweisungen zu einem bestimmten Kunden in vielen Fällen durch die Verwendung von Pseudonymen und Referenznummern erheblich erschwert. Zur Identifizierung der Kunden ist daher zunächst ein zeitaufwändiger Abgleich der aufgefundenen Überweisungsbelege mit

---

[898] BGH wistra 1983, 197.

[899] *Hofmann*, DStR 1998, 399, 401; *Messner*, DB 1996, 2196, 2200 f.; *Streck/Mack*, BB 1995, 2137, 2146.

den Kassenstreifen nötig.[900] Zum Zeitpunkt des Auffindens der Unterlagen sind die Kunden den Ermittlungsbeamten daher noch nicht bekannt, was aber nach hier vertretener Ansicht Voraussetzung für ein Eingreifen der Sperrwirkung ist.

Aber auch wenn die Tat durch Einsichtnahme in die Steuerakte entdeckt ist, tritt die Sperrwirkung nur ein, wenn die Entdeckung dem Täter bekannt ist oder er damit hätte rechnen müssen. Sofern der Täter keine Kenntnis von der Durchsuchung und der Sicherstellung der Bankunterlagen hat und auch nicht durch anderweitige Mitteilung seitens der Bank oder Veröffentlichungen in der Presse[901] informiert ist, kann von einem Kennen oder Kennenmüssen nicht ausgegangen werden.

Für den Täter bedeutet dies, dass ihm die Möglichkeit der strafbefreienden Selbstanzeige weiterhin offen steht. Der Täter und seine Berater sollten aber aus Gründen der Rechtssicherheit darauf bedacht sein, die Selbstanzeige zum frühst möglichen Zeitpunkt zu erstatten, also noch vor Entdeckung der Tat. Ein weiteres Zuwarten würde das Risiko eines Ausschlusses der Selbstanzeige erhöhen.

---

[900] Vgl. *Kohlmann*, § 371 Rn 229.

[901] Dazu *Feldhausen*, PStR 1998, 9, 12.

4. Teil Zusammenfassung der Erkenntnisse

1. Zufallsfunde haben in Steuerstrafsachen eine große Bedeutung. Sie spielen insbesondere bei der Durchsuchung von Banken eine erhebliche Rolle.

2. Die einstweilige Beschlagnahme eines Beweisgegenstandes als Zufallsfund setzt eine rechtmäßige Durchsuchung voraus. Ist bereits die Durchsuchung entgegen den gesetzlichen Vorschriften erfolgt, scheidet eine einstweilige Beschlagnahme aus. Ein Verstoß kann insbesondere darin liegen, dass der Richtervorbehalt unterlaufen wird und entgegen den vom BVerfG verbindlich aufgestellten Maßstäben Gefahr im Verzug angenommen wird. Für einen dennoch als Zufallsfund beschlagnahmten Beweisgegenstand kann unter bestimmten Voraussetzungen ein Verwertungsverbot in Betracht kommen. Sofern die Grenzen des Durchsuchungsbeschlusses überschritten wurden oder planmäßig nach Zufallsfunden gesucht wurde, scheidet eine einstweilige Beschlagnahme der derart aufgefundenen Gegenstände ebenfalls aus, da diese schon nicht zufällig aufgefunden worden sind.

3. Um die Durchsuchung auf die zu ermittelnde Tat zu begrenzen muss der Durchsuchungsbeschluss hinreichend bestimmt sein. Dazu sind insbesondere Angaben zum Tatvorwurf zu machen. Das gilt auch für Durchsuchungen im Steuerstrafverfahren bei Dritten gemäß § 103 StPO. Das Steuergeheimnis des § 30 AO untersagt hier nicht, tatsächliche Angaben zum Tatvorwurf zu machen.

   Diesen Bestimmtheitserfordernissen genügten die Durchsuchungsbeschlüsse im Fall der Dresdner Bank nicht. Zu Unrecht hat das BVerfG die Durchsuchungen gebilligt und sich zur Begründung auf die "Eigenart des Anfangsverdachts" berufen. Den Strafverfolgungsorganen haben sich dadurch Türen geöffnet, was in der Folgezeit zahlreiche weitere Ermittlungen bei Banken nach sich zog. Im Rahmen dieser Ermittlungen stießen die Ermittler auf immer neue verdachtserregende Erkenntnisse und beschlagnahmten umfangreiche Unterlagen, in vielen Fällen allerdings ohne die Grenzen des § 108 StPO zu beachten. Es wurden daher Unterlagen beschlagnahmt und Notizen über Sachverhalte gefertigt, obwohl die Voraussetzungen des § 108 StPO nicht vorlagen.

4. Die einstweilige Beschlagnahme eines Beweisgegenstandes setzt nämlich nach hier vertretener Ansicht einen Anfangsverdacht im Sinne des § 152 Abs. 2 StPO voraus. Für eine Beschlagnahme nach § 108 StPO müssen daher zureichende tatsächliche Anhaltspunkte für die Begehung einer Straftat vorliegen. Unterhalb dieser Schwelle ist eine Beschlagnahme unzulässig.

Bei der Buchung von Kapital über CpD oder bankeigene Konten liegt ein Anfangsverdacht nicht bereits bei einem Kapitaltransfer ins Ausland vor. Der freie Kapital- und Zahlungsverkehr innerhalb der Europäischen Union wird durch Art. 56 EG gewährleistet. Der Kapitaltransfer in andere Staaten gehört daher zu den banküblichen Auslandsgeschäften. Die Annahme eines Anfangsverdachts aufgrund des Kapitaltransfers ins Ausland und entsprechende strafrechtliche Ermittlungen deswegen stellen daher eine willkürliche Diskriminierung dar und sind folglich EG-rechtswidrig. Ein Anfangsverdacht ergibt sich auch nicht aus einer Buchung über CpD-Konten entgegen bankrechtlichen Vorschriften. Denn daraus lässt sich noch nicht ableiten, dass derartige Buchungen zur Vorbereitung einer Steuerverkürzung oder Steuerhinterziehung vorgenommen worden sind, da es durchaus legitime Gründe für die Buchung über CpD-Konten geben kann.

Auch die bloße Inhaberschaft von Tafelpapieren verbunden mit der Einlieferung in ein Sammeldepot begründet für sich allein noch keinen Anfangsverdacht einer Steuerhinterziehung. Erst wenn Tafelgeschäfte durch Bareinzahlungen und Barabhebungen getätigt werden, obwohl bei der beteiligten Bank Konten oder Depots geführt werden, ist von einem Anfangsverdacht auszugehen, da keine vernünftigen Gründe für ein derartiges Handeln ersichtlich sind.

Stoßen die Fahnder also anlässlich einer Durchsuchung auf CpD-Kontounterlagen oder auf Unterlagen über Tafelgeschäfte, ohne dass ein Verdacht aufgrund der aufgezeigten Anhaltspunkte vorliegt, dürfen sie diese Unterlagen nicht gemäß § 108 StPO beschlagnahmen.

5. Eine einstweilige Beschlagnahme kommt nur dann in Betracht, wenn die zufällig aufgefundenen Beweisgegenstände auf eine andere Tat hindeuten als die, wegen der die Durchsuchung stattfindet. Die Abgrenzung vollzieht sich anhand des prozessualen Tatbegriffs. Der Umfang des Tatbegriffs hat insbesondere im Steuerstrafverfahren erhebliche Auswirkungen. Es ist daher eine möglichst exakte Abgrenzung zwischen der Tat, wegen der durchsucht wird, und der Tat, auf die der Zufallsfund hindeutet, vorzunehmen. Der Umfang und die Reichweite der prozessualen Tat sind indes wenig konkret. Das gesamte von Anklage und Eröffnungsbeschluss umschriebene Verhalten des Täters stellt eine Tat dar, soweit es nach natürlicher Auffassung einen einheitlichen geschichtlichen Lebensvorgang bildet. Genauere Konturen nimmt die prozessuale Tat erst dadurch an, dass sie in der Regel den materiellrechtlichen Konkurrenzen entspricht, mit diesen aufgrund der unterschiedlichen Funktionen aber nicht gleichgestellt ist. Danach stellt materiellrechtliche Tateinheit grundsätzlich auch eine prozessuale Tat dar, und mate-

riell-rechtliche Tatmehrheit bildet grundsätzlich auch mehrere prozessuale Taten. Diese so verstandene prozessuale Tat gilt auch im Ermittlungsverfahren zur Begrenzung des Einsatzes von Zwangmitteln.

Für den Tatbegriff im Steuerstrafverfahren ergeben sich keine Abweichungen. Auch hier korrespondiert die prozessuale Tat mit den materiellrechtlichen Konkurrenzen. Danach bilden mehrere unrichtige Angaben innerhalb einer Steuererklärung eine tatbestandliche Handlungseinheit, sodass der Tatbestand der Steuerhinterziehung nur ein einziges Mal verwirklicht wird. Es liegt daher auch nur eine prozessuale Tat vor. Abzustellen ist auf die jeweilige Steuererklärung. Jede einzelne Steuererklärung bildet in der Regel eine selbstständige Tat. Nur dann, wenn in mehreren Steuererklärungen übereinstimmende unrichtige Angaben über die Besteuerungsgrundlagen enthalten sind, liegt eine prozessuale Tat vor. Entgegen der Rechtsprechung, die zudem noch eine gleichzeitige Abgabe der Steuererklärungen verlangt, kann, ausgehend von der Unterlassungsstruktur des Tatbetsandes der Steuerhinterziehung, eine Tat bei mehreren verschiedenen Steuererklärungen mit teilweise übereinstimmenden Unrichtigkeiten nur dann angenommen werden, wenn die Berichtigung der einen auch zur Richtigstellung der anderen Erklärung führen würde. Enthält eine Steuererklärung darüber hinaus noch weitere Fehler, liegen mehrere Taten vor.

Nach dieser Maßgabe ist festzustellen, ob es sich bei der Tat, auf die die Beweisgegenstände hindeuten, um eine andere Tat handelt oder um dieselbe Tat, wegen der durchsucht wird. Im ersten Fall können die Gegenstände einstweilig beschlagnahmt werden. Im zweiten Fall muss, sofern die Gegenstände nicht bereits von der ursprünglichen Durchsuchungs- und Beschlagnahmeanordnung erfasst sind, um eine ergänzende Beschlagnahmeanordnung ersucht oder aufgrund Gefahr im Verzug beschlagnahmt werden.

6. Die Beschlagnahme von Zufallsfunden ist unter bestimmten Bedingungen ausgeschlossen. Ein Ausschlusstatbestand findet sich bereits in § 108 Abs. 1 Satz 3 StPO. Bedeutsamer sind jedoch die Beschlagnahmeverbote des § 97 StPO. Diese gelten auch für die einstweilige Beschlagnahme nach § 108 StPO. Selbst wenn zum Zeitpunkt der einstweiligen Beschlagnahme ein Beschlagnahmeverbot noch nicht ersichtlich ist, entfaltet § 97 StPO auch nachträglich Wirkung, sobald der das Beschlagnahmeverbot begründende Sachverhalt bekannt wird. Neben dem Beschlagnahmeverbot des § 97 StPO stehen die grundgesetzlichen Beschlagnahmeverbote von die Intimsphäre berührenden Gegenständen. Das Steuergeheimnis aus § 30 AO steht, sofern es in den entsprechenden Auffindenskonstellationen eingreift, der einstweiligen Beschlagnahme nicht entgegen, wenn die Voraussetzungen des § 30

Abs. 4 und Abs. 5 AO erfüllt sind. Speziell bei der Durchsuchung von Banken verbietet das "Bankgeheimnis" eine einstweilige Beschlagnahme nicht. Denn ein Bankgeheimnis existiert im Steuerstrafverfahren nicht. Indes führt eine Erledigung des Durchsuchungszwecks zur Beendigung der Durchsuchung, sodass nicht nach weiteren verdachtserregenden Gegenständen gesucht werden darf. Daher verbietet sich eine Beschlagnahme dieser Gegenstände nach § 108 StPO von selbst, weil sie planmäßig gesucht worden sind.

7. Für die einstweilige Beschlagnahme sind alle die Durchsuchung vornehmenden Personen zuständig. Die Beamten der Finanzbehörde sind für die Beschlagnahme nach § 108 StPO auch dann zuständig, wenn sie anlässlich einer Durchsuchung wegen einer Steuerstraftat auf Beweisgegenstände stoßen, die auf eine Nicht-Steuerstraftat hindeuten. Zwar sind diese dem Steuergeheimnis unterworfen. Sofern die Voraussetzungen des § 30 Abs. 4 oder Abs. 5 AO gegeben sind, ist die Beschlagnahme aber erlaubt.

8. Unterhalb der Schwelle des einfachen Anfangsverdachts ist eine Beschlagnahme von Zufallsfunden unzulässig. Die Steuerfahndung darf dann aber nicht im Rahmen ihrer Aufgabenzuweisung nach § 208 Abs. 1 Satz 1 Nr. 3 AO mit den Mitteln des Besteuerungsverfahrens vorgehen. Insbesondere darf sie keine Notizen zur Anfertigung von Kontrollmitteilungen machen. Denn auch die Fertigung von Notizen stellt eine Sicherstellung in sonstiger Weise dar, da es nicht auf den körperlichen Entzug der Unterlagen, sondern ausschließlich auf den Inhalt ankommt. Faktisch liegt in der Fertigung von Notizen durch die Steuerfahndung daher eine Sicherstellung, die aber mangels Vorliegens der Voraussetzungen des § 108 StPO, insbesondere mangels Anfangsverdachts, unzulässig ist. Die Steuerfahnder können sich in dieser Situation auch nicht auf ihre Befugnisse im Besteuerungsverfahren berufen. Sie sind aufgrund ihrer strafprozessualen Befugnisse zur Durchsuchung erschienen. Es gelten daher die strafverfahrensrechtlichen Vorschriften und damit § 108 StPO. Dieser ist insoweit abschließend, sodass ausschließlich eine Sicherstellung unter den Voraussetzungen des § 108 StPO möglich ist. Nur weil sich die Steuerfahnder mit dem Durchsuchungsbeschluss Zutritt verschafft haben, dürfen sie nicht von allen Unterlagen Notizen machen, die auch nur im entferntesten Anhaltspunkte für die Möglichkeit einer Steuerverkürzung oder Steuerhinterziehung erkennen lassen. Daneben ist die Sammlung von Kontrollmaterial gerade deshalb bedenklich, weil weder der von der Durchsuchung noch der von den Kontrollmitteilungen Betroffene Kenntnis von der Datensammlung haben, es sich also um eine Maßnahme im Geheimen handelt. Die Steuerfahnder dürfen die Mittel des Besteuerungsverfahrens daher nur dann einsetzen, wenn dies auch ohne Durchsuchung zulässig wäre.

9. Der Täter im Steuerstrafverfahren hat die Möglichkeit, sich durch eine Selbstanzeige Straffreiheit zu verschaffen. Diese Möglichkeit wird allerdings nicht unbegrenzt gewährt. § 371 Abs. 2 AO enthält drei Ausschlussgründe. Straffreiheit tritt danach nicht ein, wenn ein Amtsträger der Finanzbehörde zur Ermittlung einer Steuerstraftat erscheint; dem Täter oder seinem Vertreter die Einleitung des Strafverfahrens bekannt gegeben worden ist; die Tat zum Zeitpunkt der Berichtigung etc. ganz oder zum Teil bereits entdeckt war und der Täter dies wusste oder bei verständiger Würdigung der Sachlage damit rechnen musste.

Untersucht wurde, ob die Selbstanzeige im Falle des Auffindens eines Zufallsfundes für die Tat ausgeschlossen wird, auf die der Zufallsfund hindeutet. Nach hier vertretener Ansicht entspricht der in den Ausschlusstatbeständen einheitlich verwendete Tatbegriff dem der in dieser Arbeit dargestellten Begriff der prozessualen Tat. Davon ausgehend hat der Ausschlussgrund des § 371 Abs. 2 Nr. 1 a AO keine Auswirkungen auf die Straffreiheit im Hinblick auf die Tat, auf die der Zufallsfund hindeutet. Zunächst betrifft die Vorschrift nur ein Erscheinen bei demjenigen, gegen den sich die Ermittlungen wegen der Steuerstraftat richten. Durchsuchungen bei Dritten nach § 103 StPO sind schon nicht zum Ausschluss der Selbstanzeige geeignet. Daneben erscheint der Amtsträger bei dem Täter aber auch nicht wegen der Tat, auf die der Zufallsfund hindeutet. Denn von dieser wusste er bei seinem Erscheinen zu Beginn der Durchsuchung noch nichts. § 371 Abs. 2 Nr. 1 a AO schließt daher eine Selbstanzeige für diese Tat nicht aus.

Ein Ausschluss der Selbstanzeige durch Bekanntgabe der Tat wäre grundsätzlich bei Durchsuchungen nach § 102 StPO oder bei Durchsuchungen nach § 103 StPO beim Dritten, wenn dieser Vertreter im Sinne des § 371 Abs. 2 Nr. 1 b AO ist, möglich. Der Ausschlussgrund des § 371 Abs. 2 Nr. 1 b AO setzt die Einleitung eines Strafverfahrens voraus, die dem Täter bekannt gegeben werden muss. Dies kann auch durch eindeutige Maßnahmen wie Durchsuchung oder Beschlagnahme geschehen. Für die durch den Zufallsfund hervorgebrachte Tat wird durch die einstweilige Beschlagnahme aber noch kein Strafverfahren eingeleitet. Die Entscheidung, ob ein Verfahren eingeleitet wird, obliegt erst dem Staatsanwalt, wenn ihm von der Beschlagnahme Kenntnis gegeben worden ist. Die einstweilige Beschlagnahme dient lediglich der vorläufigen Sicherstellung möglicher Beweisgegenstände. Dadurch wird aber ein Strafverfahren noch nicht eingeleitet. Der Ausschlussgrund des § 371 Abs. 2 Nr. 1 b AO greift durch die einstweilige Beschlagnahme somit nicht ein.

Die Entdeckung der Tat gemäß § 371 Abs. 2 Nr. 2 AO ist nicht gleichzusetzen mit dem zufälligen Auffinden eines möglichen Beweisgegenstandes. Die Tat ist erst dann entdeckt, wenn sich der Tatverdacht soweit konkretisiert hat, dass bei vorläufiger Tatbewertung eine Verurteilung des Betroffenen wahrscheinlich ist. An den für die Tatentdeckung notwendigen Verdacht sind somit die gleichen Anforderungen zu stellen wie an den hinreichenden Tatverdacht bei den §§ 170 Abs. 1, 203 StPO. Ein diesbezüglicher Verdacht dürfte für die Tat, auf die der zufällig aufgefundene Beweisgegenstand hindeutet, zu diesem Zeitpunkt in aller Regel nicht vorliegen. Erst ein Blick in die Steuerakte des Betroffenen wird Gewissheit darüber bringen, ob eine Steuerverkürzung oder Steuerhinterziehung vorliegt. Zum Zeitpunkt der einstweiligen Beschlagnahme ist die Tat daher - von wenigen Ausnahmefällen, bei denen der erforderliche Verdacht vorliegt - noch nicht entdeckt, sodass eine strafbefreiende Selbstanzeige noch möglich ist. Diese sollte dann allerdings rasch erfolgen, denn sobald der Abgleich mit den Steuerunterlagen stattgefunden hat, ist die Tat entdeckt, was der Täter bei dieser Sachlage auch wusste bzw. hätte wissen müssen.

Literaturverzeichnis

Abramowski, Jasper: Die strafbefreiende Selbstanzeige - eine verfassungswidrige Privilegierung?, Diss. iur. Göttingen 1991

Achenbach, Hans: "Tat", "Straftat", "Handlung" und die Strafrechtsreform, in: MDR 1975, 19 ff.

ders.: Strafprozessuale Ergänzungsklage und materielle Rechtskraft, in: ZStW 1975, 74 ff.

Alternativ Kommentar zum Grundgesetz: Kommentar zum Grundgesetz für die Bundesrepublik Deutschland, Band 1, Art. 1 - 20 GG, hrsg. von Wassermann, Rudolf, 2. Aufl. Neuwied 1989, (zit.: Alternativ Kommentar/GG)

Alternativ Kommentar zur Strafprozessordnung: Kommentar zur Strafprozeßordnung, Band 2, Teilband 1 §§ 94-112b, hrsg. von Wassermann, Rudolf, Neuwied 1992, (zit.: Alternativ Kommentar/StPO)

Amelung, Knut: Grenzen der Beschlagnahme notarieller Unterlagen, in: DNotZ 1984, 195 ff.

ders.: Der Grundrechtsschutz der Gewissenserforschung und die strafprozessuale Behandlung von Tagebüchern, in: NJW 1988, 1002 ff.

ders.: Grundfragen der Verwertungsverbote bei beweissichernden Haussuchungen, im Strafverfahren, in: NJW 1991, 2533 ff.

ders.: Strafrechtlicher Grundrechtsschutz gegen die Polizei, in: ZRP 1991, 143 ff.

ders.: Die Entscheidung des BVerfG zur "Gefahr im Verzug" i.S. des Art. 13 II GG, in: NStZ 2001, 337 ff.

App, Michael/Klos, Joachim: Zur Weitergabe von strafbar erlangten Informationen über ausländische Bankkonten an die Finanzbehörde, in: ZIP 1995, 1573 ff.

Arndt, Hans- Wolfgang: Vorfeldermittlungen, Gruppenverdacht und Sammelauskunftsersuchen, in: Festschrift für Günther Felix, S. 1 ff., hrsg. von Carlé, Dieter/Korn, Klaus/Stahl, Rudolf, Köln 1989

Artzt, Matthias: Die verfahrensrechtliche Bedeutung polizeilicher Vorfeldermittlungen, Diss. iur. Tübingen 1999

Asbrock, Bernd: Anm. zu BVerfG, Urteil v. 20.02.2001 - 2 BvR 1444/00 (BVerfGE 103, 142 ff.), in: StV 2001, 322 ff.

Bär, Wolfgang: Der Zugriff auf Computerdaten im Strafverfahren, Diss. iur. Bayreuth 1992

Bandemer, Dagmar: Zufallsfunde bei Zufallskontrolle - Zweifel in der Zwangslage, in: wistra 1988, 136 ff.

Bandisch, Günter: Mandant und Patient, schutzlos bei Durchsuchung von Kanzlei und Praxis?, in: NJW 1987, 2200 ff.

ders.: Formulare und Formeln in der Praxis der Durchsuchung, in: AnwBl 1992, 355 ff.

Barthel, Wolfgang: Der Begriff der Tat im Strafprozeß, Diss. iur. Saarland 1972

Bauer, Wolfram: Der Tatbegriff im Steuerstrafrecht, in: wistra 1991, 56 ff.

ders.: Der prozessuale Tatbegriff, in: NStZ 2003, 174 ff.

Baumann, Jürgen: Grundbegriffe und Verfahrensprinzipien des Strafprozessrechts, 3. Aufl. Stuttgart 1979

Baur, Ulrich: Mangelnde Bestimmtheit von Durchsuchungsbeschlüssen, in: wistra 1983, 99 ff.

Bauwens, Dieter: Beschlagnahme von Buchführungsunterlagen beim Steuerberater, in: wistra 1985, 179 ff.

Behrendt, Hans-Joachim: Der Tatbegriff im materiellen und formellen Steuerstrafrecht, in: ZStW 1982, 888 ff.

Beichel, Stephan/Kieninger, Jörg: "Gefahr im Verzug" auf Grund Selbstausschaltung des erreichbaren, jedoch "unwilligen" Bereitschaftsrichters?, in: NStZ 2003, 10 ff.

Bender, Peter: Erweiterte Ermittlungsbefugnisse der Finanzbehörden im allgemeinstrafrechtlichen Bereich, in: wistra 1988, 93 ff.

Benfer, Jost: Die Haussuchung im Strafprozeß, Diss. iur. Bochum 1980, (zit.: Benfer, Haussuchung)

ders.: Grundrechtseingriffe im Ermittlungsverfahren, 2. Aufl. Köln 1990, (zit.: Benfer, Grundrechtseingriffe)

ders.: Anordnung von Grundrechtseingriffen durch Richter und Staatsanwalt und die Verpflichtung zum Vollzug, in: NJW 1981, 1245 ff.

Bertel, Christian: Die Identität der Tat, Wien 1970

Beulke, Werner: Strafprozessrecht, 3. Aufl. Heidelberg 1998

ders.: Der prozessuale Tatbegriff, in: 50 Jahre BGH, Festgabe aus der Wissenschaft, Bd. IV, München 2000, (zit.: Beulke, Tatbegriff)

Bilsdorfer, Peter: Der Zeitpunkt der Tatentdeckung bei verspäteter Abgabe von Steueranmeldungen, in: BB 1982, 670 ff.

ders.: Die Offenbarungsbefugnis der Finanzbehörde im Steuerstraf- und Bußgeldverfahren, in: wistra 1984, 8 ff.

ders.: Aktuelle Tendenzen des Steuerstrafrechts, in: DStZ 1985, 184 ff.

ders.: Anm. zu BVerfG, Beschluß v. 23.3.1994 - 2 BvR 396/94 - (veröffentlicht in: NJW 1994, 2079 ff.), in: INF 1994, 383 f.

ders.: Möglichkeit der Straffreiheit durch Selbstanzeige von Bankkunden und Bankmitarbeitern, in: INF 1995, 6 ff.

ders.: Darf die Steuerfahndung bei Bankdurchsuchungen Ermittlungen zu Tafelgeschäften anstellen?, in: INF 2001, 13 ff.

Bindokat, Heinz: Zur Frage der prozessualen Tat, in: GA 1967, 362 ff.

Birmanns, Martin: Die Beschlagnahme von Buchführungsunterlagen bei dem Steuerberater, in: MDR 1981, 102 f.

Bittmann, Folker: Das Beiziehen von Kontounterlagen im staatsanwaltlichen Ermittlungsverfahren, in: wistra 1990, 325 ff.

ders.: Gefahr im Verzug, in: wistra 2001, 451 ff.

Bittmann, Folker/Dreier, Dörte: Bekämpfung der Wirtschaftkriminalität nach dem Ende der fortgesetzten Handlung, in: NStZ 1995, 105 ff.

Blesinger, Karl: Materielle Steuerpflicht von Zinseinkünften nach § 20 I Nr. 7 EStG und Ermittlungsbefugnisse der Finanzbehörden, in: NJW 2001, 1459 ff.

Blumers, Wolfgang/Göggerle, Werner: Handbuch des Verteidigers und Beraters im Steuerstrafverfahren, Köln 1989

Bock, Michael: Die Mitteilungspflicht der Gerichte nach § 116 AO, in: NJW 1992, 101 ff.

Bonner Kommentar zum Grundgesetz: hrsg. von Dolzer, Rudolf/Vogel, Klaus/ Graßhof, Karin, Band 2, Art. 6 - 14 GG, 101. Lieferung (Stand Sept. 2002) Heidelberg

Braun, Michael: Die Bekanntgabe der Einleitung eines Steuerstrafverfahrens als Sperrgrund, in: PStR 2002, 86 ff.

Brauns, Uwe: Die Auslegung des § 371 AO im Spannungsfeld strafrechtlicher und steuerpolitischer Zielsetzungen, in: wistra 1985, 171 ff.

ders.: Anm. zu BGH, Urteil v. 24.19.1984 - 4 StR 315/84 (veröffentlicht in: StV 1985, 107), in: StV 1985, 325 ff.

Brenner, Karl: Steuergeheimnis, Haftbefehl, Durchsuchung und Beschlagnahme, in: DStZ 1974, 7 ff.

ders.: Die Offenbarungsbefugnis nach § 30 Abs. 4 Nr. 4 der AO (1977), in: StW 1977, 8 ff.

ders.: Keine Straflosigkeit des Steuerhinterziehers nach Betriebsprüfung, in: MDR 1979, 801 ff.

ders.: Kein Ausschluß der Selbstanzeige, wenn der konkrete Täter noch nicht entdeckt ist, in: DStZ 1984, 478 ff.

ders.: Zur Beschlagnahmefähigkeit von Buchhaltung und Bilanzen beim Steuerberater, in: BB 1984, 137 ff.

Breuer, Frank: Das weite Netz, in: wistra 2002, 241 ff.

Bringewat, Peter: Zeugnisverweigerungsrecht und Beschlagnahmeprivileg des Verteidigers, in: NJW 1974, 1740 ff.

Bruns, Hans-Jürgen: Der "Verdächtige" als schweigeberechtigte Auskunftsperson und als selbständiger Prozeßbeteiligter neben dem Beschuldigten und Zeugen?, in: Festschrift für Erich Schmidt-Leichner, S. 1 ff., hrsg. von Hamm, Rainer/Matzke, Walter, München 1977

Bublitz, Lothar: Anm. zu OLG Hamburg, Beschluß v. 21.11.1985 - 1 Ss 108/85 (veröffentlicht in: wistra 1986, 116 f.), in: wistra 1986, 117 f.

Burhoff, Detlef: Beschlagnahme von Unterlagen beim Steuerberater, in: PStR 1999, 243 ff.

ders.: Keine Beschlagnahme von Zufallsfunden, in: PStR 2000, 47 f.
ders.: Inhaltliche Mindestanforderungen, in: PStR 2000, 244 f.
ders.: Beschlagnahme von Buchführungsunterlagen dem steuerlichen Berater, in: PStR 2001, 68 ff.
ders.: Anforderungen an Durchsuchungs- und Beschlagnahmebeschluß, in: PStR 2001, 95
ders.: Zur Verjährungsunterbrechung bei Durchsuchungen, in: PStR 2001, 120 ff.
ders.: Anforderungen an den Beschluss, in: PStR 2002, 166
ders.: Beschlagnahme beim Anwalt, in: PStR 2002, 191
ders.: Verfassungsrechtlich bedenkliches Auskunftsverlangen, in: PStR 2003, 101 f.*ders.:* Gleichzeitige Durchsuchungsanordnung beim Verdächtigen und beim Nichtverdächtigen, in: PStR 2003, 242 f.
Burkhard, Jörg: Die Sperrwirkung des § 371 Abs. 2 Nr. 1 a AO, in: wistra 1998, 216 ff.
ders.: Die Strategie der Staatsanwaltschaft bei der Vernehmung von Bankkunden, in: PStR 1998, 154 ff.
ders.: Die Tatentdeckung im Sinn des § 371 Abs. 2 Nr. 2 AO, in: Stbg 1999, 410 ff.
ders.: Zur Begründung einer Durchsuchung beim Berater nach § 103 stopp, in: PStR 2000, 7 ff.
ders.: Anm. zu LG Konstanz, Beschluß v. 17.12.1998 - 1 Qs 98/98 - (veröffentlicht in wistra 2000, 118), in: wistra 2000, 118 ff.
ders.: Durchsicht und Beschlagnahme von Handakten, in: PStR 2001, 158 ff.

Carl, Dieter/Klos, Joachim: Das ungelöste Problem des "Verfügungsberechtigten" im Sinne des § 154 Abs. 2 AO aus Sicht der Ermittlungsbehörden, in: wistra 1990, 41 ff.
dies.: Das Recht auf informationelle Selbstbestimmung, in: DStZ 1990, 341 ff.
dies.: Das Luxemburger Bankgeheimnis aus Sicht des EG-Bürgers, in: DStZ 1991, 577 ff.
dies.: Geldwäschegesetz und Datenweitergabe zu Besteuerungszwecken, in: DStZ 1994, 68 ff.
dies.: Rechtmäßigkeit der Bankdurchsuchung bei Verdacht der Steuerhinterziehung, in: DStZ 1994, 391 ff.
dies.: Das Bankgeheimnis, in: StB 1994, 135 ff.
Ciolek-Krepold, Katja: Durchsuchung und Beschlagnahme in Wirtschaftsstrafsachen, München 2000

Dauster, Manfred: Die Entscheidung des BVerfG vom 27.5.1997 zur Gültigkeitsdauer richterlicher Untersuchungshandlungen und ihre Wirkung auf die strafprozessuale Praxis im übrigen, in: StraFO 1998, 408 ff.

Deimel, Paul Albert: Anm. zu FG Niedersachsen, Beschluß v. 4.12.1998 - X 524/98 V -, in: EWiR 1999, 295 f.

Deimel, Paul Albert/Messner, Michael: Steuerfahndung in Banken, Köln 1998

Dietz, Gottfried: Bestrafung wegen Steuerhinterziehung bei verspäteter Anmeldung und Zahlung von Umsatzsteuer und Lohnsteuer?, in: DStR 1981, 372 ff.

Ditges, Thomas/Graß, Arno: EG-Rechtswidrigkeit der Fahndungswelle in deutschen Banken, in: BB 1998, 1390 ff.

Döpfner, Ute: Keine Herausgabe nach § 95 Abs. 1 StPO ohne richterlichen Beschluss, in: PStR 2002, 54 ff.

Dörn, Harald: Behandlungen von Kontrollmitteilungen in Finanzämtern und Bußgeld- und Strafsachenstellen, in: DStZ 1991, 747 ff.

ders.: Betriebsprüfung - Steuerstrafverfahren – Steuerfahndung, in: Stbg 1993, 257 ff.

ders.: Tatentdeckung (§ 371 II Nr. 2 AO) durch Kontrollmaterial, in: wistra 1993, 169 ff.

ders.: Anforderungen an die Durchsuchung in Steuerstrafverfahren, in: Stbg 1993, 471 ff.

ders.: Ausschluß der Selbstanzeige durch Tatentdeckung (§ 371 Abs. 2 Nr. 2 AO) nur bei Kenntnis des Täters?, in: wistra 1998, 175 f.

Dücker, Reinhard/Keune, Peter: Zuständigkeit der Steuerfahndung nach Ablauf der Strafverfolgungsverjährung, in: DStR 1999, 14 ff.

Ehlers, Hans: Durchsuchung - Beschlagnahme – Bankgeheimnis, in: BB 1978, 1513 ff.

Ehlers, Hans/Lohmeyer, Heinz: Steuerstraf- und Steuerordnungswidrigkeitenrecht einschließlich Verfahrensrecht, 5. Aufl. Stuttgart 1982

Einmahl, Matthias: Gefahr im Verzug und Erreichbarkeit des Ermittlungsrichters bei Durchsuchungen und Beschlagnahmen, in: NJW 2001, 1393 ff.

Erbs, Georg/Kohlhaas, Max: Strafrechtliche Nebengesetze, 150. Lieferung (Stand August 2003) München

Erhardt-Rauch, Andrea/Rauch, Steffen Gregor: Ist der Schutz von Bankkunden nach § 30 a AO auch künftig noch haltbar?, in: DStR 2002, 57 ff.

Feldhausen, Peter: Strafbefreiende Selbstanzeige mit Blick auf Steuerfahndungen in Kreditinstituten, in: PStR 1998, 9 ff.

ders.: Die konzertierte Selbstanzeige in den Bankenfällen, in: PStR 1998, 24 ff.

Felix, Günther: Der durchsuchende Staatsanwalt als Ausschlußgrund für die strafaufhebende Selbstanzeige, in: BB 1985, 1781 f.

Felix, Günther/Streck, Michael: Rechtsstaatswidrige und überflüssige Verwaltungsanweisungen für das steuerliche Straf- und Bußgeldverfahren, in: wistra 1982, 161 ff.

Fezer, Gerhard: Strafprozessrecht, 2. Aufl. München 1995
ders.: Grundfälle zum Verlesungs- und Verwertungsverbot im Strafprozeß, in: JuS 1978, 765 ff.
Fleischer, Wolfgang: Die materiellrechtliche Bewältigung von Serienstraftaten, in: NJW 1979, 248 ff.
Flore, Ingo: Zulässige Rasterfahndung nach Spekulationsgewinnen?, in: PStR 2001, 170 ff.
Flore, Ingo/Dörn, Harald/Gillmeister, Ferdinand: Steuerfahndung und Steuerstrafverfahren, 2. Aufl. Neuwied 1999
Franzen, Klaus: Zur schuldgerechten Aufteilung der Steuerverkürzung (§§ 396, 402 AO), in: DStR 1964, 380 ff.
ders.: Anm. zu BGH, Beschluß v. 15.1.1988 - 3 StR 465/87 - (veröffentlicht in: wistra 1988, 151, in: wistra 1988, 194 ff.
Franzen, Klaus/Gast-de Haan, Brigitte/Joecks, Wolfgang: Steuerstrafrecht, 5. Aufl. München 2001
Franzen, Klaus/Gast-de Haan, Brigitte/Samson, Erich: Steuerstrafrecht, 3. Aufl. München 1985
Frees, Christian-Peter: Die steuerrechtliche Selbstanzeige, Diss. iur. Göttingen 1990
Frick, Jörg: Selbstanzeige nach Einleitung des Ermittlungsverfahrens bei fortgesetzter Steuerhinterziehung?, in: DStR 1986, 429 f.
Frotscher, Gerrit: Die Betriebsprüferordnung (Steuer), in: BB 1978, 705 ff.
Fuchs, Jürgen: Anm. zu OLG Celle, Urteil v. 11.7.1968 - 1 Ss 166/68 - (veröffentlicht in: NJW 1968, 2389 ff.), in: NJW 1968, 2390 f.

Geerds, Friedrich: Durchsuchungen von Personen, Räumen und Sachen in: Festschrift für Hanns Dünnebier, S 171 ff., hrsg. von Hanack, Ernst-Walter/Rieß, Peter/Wendisch, Günter, Berlin 1982
Geppert, Klaus: Kontroll- und Förderungspflicht des Ermittlungsrichters, in: DRiZ 1992, 405 ff.
Giemulla, E.: Konkurrenzen im Steuerstrafrecht, in: INF 1979, 292 ff.
Gillmeister, Ferdinand: Zur normativ-faktischen Bestimmung der strafprozessualen Tat, in: NStZ 1989, 1 ff.
Göggerle, Werner: Durchsuchungen und Beschlagnahmen bei den Angehörigen der rechts- und steuerberatenden Berufen, in: BB 1986, 41 ff.
Göggerle, Werner/Frank, Bernd: Entdeckung der Tat bei der Selbstanzeige gemäß § 371 Abs. 2 Nr. 2 der Abgabenordnung, in: BB 1984, 398 ff.
Görtz-Leible, Monika: Die Beschlagnahmeverbote des § 97 Abs. 1 StPO im Lichte der Zeugnisverweigerungsrechte, Diss. iur. Bayreuth 2000
Gössel, Karl Heinz: Anm. zu BVerfG, Beschluß v. 8.1.1981 - 2 BvR 873/89 (BVerfGE 56, 22 ff.), in: JR 1982, 111 ff.

Gramich, Paul-Guido: Limitierung der selbständigen Ermittlungskompetenz des Finanzamts im Sinne des § 386 Abs. 1, Abs. 2 Nr. 1 Abgabenordnung oder Verbrauch der Strafklage?, in: wistra 1988, 251 ff.

Gribbohm, Günter/Utech, Hans: Probleme des allgemeinen Steuerstrafrechts, in: NStZ 1990, 209 ff.

Grötsch, Andreas: Erlangung von Straffreiheit trotz Beteiligung an einer Steuerhinterziehung, in: Stbg 1998, 559 ff.

Grünwald, Gerald: Anm. zu BGH, Urteil v. 5.11.1969 - 4 StR 519/68 - (veröffentlicht in: JZ 1970, 327 ff.), in: JZ 1970, 330 f.

ders.: Der Verbrauch der Strafklage bei Verurteilungen nach den §§ 129, 129 a StGB, in: Festschrift für Paul Bockelmann, S. 373 ff., hrsg. von Kaufmann, Arthur/ Bemmann, Günter/Krauss, Detlef/Volk, Klaus München 1979

Gülzow, Hagen: Beschlagnahme von Unterlagen der Mandanten bei deren Rechtsanwälten, Wirtschaftsprüfern oder Steuerberatern, in: NJW 1981, 265 ff.

Hamacher, Rolfjosef: Anm. zum Entwurf einer Anweisung für das Straf- und Bußgeldverfahren (Steuer), in: DStZ 1982, 494 ff.

ders.: Aufgaben und Befugnisse der Steuerfahndung bei Ermittlungen nach § 208 Abs. 1 Satz 1 Nr. 1 und Nr. 2 AO, in: DStZ 1983, 493 ff.

ders.: Neue Rechtsprechung zu den Voraussetzungen von Ermittlungsmaßnahmen der Finanzbehörde, in: DStZ 1987, 224 ff.

ders.: "Dagobert Duck" - Ein kriminelles System?, in: DB 1995, 2284 ff.

Hamm, Rainer: Anm. zu BGH, Beschluß v. 21.3.1985 - 1 StR 583/84 - (veröffentlicht in: NStZ 1986, 68), in: NStZ 1986, 68 ff.

Hardtke, Frank/Westphal, Karin: Ermittlungskompetenz der Finanzbehörde für das Steuergeheimnis, in: wistra 1996, 91 ff.

Harzer, Regina/Vogt, Thomas: "Mitarbeit" von Banken an Steuerhinterziehung: Ein Problem der Beihilfekausalität, in: StraFO 2000, 39 ff.

Heidelberger Kommentar: Kommentar zur Strafprozessordnung, hrsg. von Lemke, Michael, 3. Aufl. Heidelberg 2001

Hellmann, Uwe: Das Neben-Strafverfahrensrecht der Abgabenordnung, Köln 1995

ders.: Die Befugnis der Landesfinanzverwaltungen zum Erlaß der Anweisungen für das Straf- und Bußgeldverfahren (Steuer), in: wistra 1994, 13 ff.

Henkel, Heinrich: Strafverfahrensrecht, 2. Aufl. Stuttgart 1968

Hentschel, Carsten: Anm. zu LG Freiburg, Beschluß v. 4.3.1999 - VIII QS 17/98 - (veröffentlich in: NStZ 1999, 582 ff., in: NStZ 2000, 274 f.

Herdegen, Gerhard: Zur Beschlagnahme und Verwertung schriftlicher Mitteilungen im Gewahrsam von Angehörigen des Beschuldigten (§§ 52, 97 Abs. 1 Nr. 1, Abs. 2 Satz 2 StPO), in: GA 1963, 141 ff.

Herzberg, Rolf-Dietrich: Ne bis in idem - Zur Sperrwirkung des rechtskräftigen Strafurteils, in: JuS 1972, 113 ff.

Heuer, Carl-Heinz: Unterbricht ein Durchsuchungsbeschluß gegen die Verantwortlichen eines Unternehmens die Verjährung?, in: wistra 1987, 170 ff.

Hoffmann, Heiko: Die Ausschlußtatbestände der Selbstanzeige bei Steuerhinterziehung, Diss. iur. Greifswald 1997

Hofmann, Hans Georg: Mandantenberatung bei der steuerlichen Selbstanzeige in: DStR 1998, 399 ff.

Hofmann, Manfred: Der "unwillige" Bereitschaftsrichter und Durchsuchungsanordnungen wegen Gefahr im Verzug, in: NStZ 2003, 230 ff.

Höser, Jürgen: Nochmals: Die Beschlagnahme von Buchführungsunterlagen bei dem Steuerberater - Entgegnung auf den Beitrag von Birmanns, MDR 1981, 102 f., in: MDR 1982, 535 ff.

Hruschka, Joachim: Der Begriff der "Tat" im Strafverfahrensrecht, in: JZ 1966, 700 ff.

Hübschmann, Walter/Hepp, Ernst/Spitaler, Armin: Kommentar zur Abgabenordnung und Finanzgerichtsordnung, 177. Lieferung (Stand Juli 2003), Köln

Hund, Horst: Polizeiliches Effektivitätsdenken contra Rechtsstaat, in: ZRP 1991, 463 ff.

*Jäger, Markus:*Anm. zu BGH, Beschluß v. 5.4.2000 - 5 StR 226/99 - (veröffentlicht in: wistra 2000, 219 ff.), in: wistra 2000, 227 ff.

*Janssen, Gerhard:*Rechtliche Grundlagen und Grenzen der Beschlagnahme, Diss. iur. Bielefeld 1995

Joecks, Wolfgang: Praxis des Steuerstrafrechts, Berlin 1998, (zit.: Joecks, Steuerstrafrecht)

ders.: Die Stellung der Kreditwirtschaft im steuerstrafrechtlichen Ermittlungsverfahren gegen Kunden, in: WM Beilage Nr. 1, 1998

Jung, Heike: Anm. zu BGH, Urteil v. 21.12.1983 - 2 StR 578/83 - (BGHSt 32, 215), in: JZ 1984, 535 f.

Kahlen, Hermann: 14 wichtige Regeln für die Erstellung einer strafbefreienden Selbstanzeige, in: PStR 1998, 13 ff.

Kalf, Wolfgang: Die planmäßige Suche nach Zufallsfunden, in: Die Polizei 1986, 413 ff.

Kaligin, Thomas: Steuerfahndung bei Banken, in: WM 1996, 2267 ff.

Karlsruher Kommentar: Kommentar zur Strafprozessordnung, hrsg. von Pfeiffer, Gerd, 5. Aufl. München 2003

Kawlath, Dieter: Zum Tatbegriff des § 371 Abs. 2 Nr. 1 b AO im Lichte des Amnestiegesetzes, in: wistra 1989, 218 f.

Keller, Alexander/Kelnhofer, Evelyn: Die Sperrwirkung des § 371 Abs. 2 AO unter besonderer Berücksichtigung der neuen Rechtsprechung des BGH, in: wistra 2001, 369 ff.

Keller, Rolf/Griesbaum, Rainer: Das Phänomen der vorbeugenden Bekämpfung von Straftaten, in: NStZ 1990, 416 ff.

Kindshofer, Alexandra/Derlath, Jürgen: Die ersten Auskunftsersuchen der Steufa, in: PStR 2002, 170 ff.

Klein, Franz: Abgabenordnung – Kommentar, 6. Aufl. München 1998

Klos, Joachim: Sind Selbstanzeigen bei laufenden Steuerprüfungen noch möglich?, in: INF 1989, 343 ff.

ders.: Reichweite von Bankgeheimnis und Verwertungsverbot nach dem Erpressungsfall der Commerzbank Luxemburg, in: INF 1995, 609 ff.

ders.: Die Selbstanzeige - Grundlagen und Praxisfragen des steuerstrafrechtlichen "Ablasses", in: NJW 1996, 2336 ff.

Klug, Ulrich: Presseschutz im Strafprozeß, Berlin 1965

KMR: Kommentar zur Strafprozessordnung, begr. von Kleinknecht, Th./Müller, H./Reitenberger, L., 35. Lieferung (Stand März 2003) Neuwied

Kniesel, Michael: Vorbeugende Bekämpfung von Straftaten im juristischen Meinungsstreit - eine unendliche Geschichte, in: ZRP 1992, 164 ff.

Kniffka, Rolf: Aspekte der Tateinheit bei Steuerhinterziehung, in: wistra 1986, 88 ff.

ders.: Die Durchsuchung von Kreditinstituten in Steuerstrafverfahren, in: wistra 1987, 309 ff.

Koch, Karl/Scholtz, Rolf-Detlev: Abgabenordnung – Kommentar, 5. Aufl. Köln 1996

Koch, Karsten: Die Beschlagnahme von Geschäftsunterlagen im Wirtschaftsstrafverfahren und der Grundsatz der Verhältnismäßigkeit, in: wistra 1983, 63 ff.

Kohlmann, Günter: Steuerstrafrecht, Kommentar zu den §§ 369-412 AO 1977, 31. Lieferung (Stand Juli 2003) Köln

Kopacek, Werner: Verspätete Abgabe der Steuererklärung als strafbefreiende Selbstanzeige, in: NJW 1970, 2998 ff.

ders.: Wann tritt Straffreiheit durch Selbstanzeige nicht ein?, in: BB 1961, 41 ff.

Kottke, Klaus: Schleppnetzfahndung nach nicht deklarierten Inlandzinsen als Folge der Steuerfahndung bei Banken?, in: INF 1998, 648 ff.

Krause, Dietmar/Nehring, Günther: Strafverfahrensrecht in der Polizeipraxis, Köln 1978

Krehl, Christoph: Gefahr im Verzug, in: JR 2001, 491 ff.

ders.: Die Bindungswirkung verfassungsgerichtlicher Entscheidungen und richterlicher Bereitschaftsdienst bei Gefahr im Verzug, in: wistra 2002, 294 ff.

ders.: Richtervorbehalt und Durchsuchungen außerhalb gewöhnlicher Dienstzeiten, in: NStZ 2003, 461 ff.

Krekeler, Wilhelm: Beeinträchtigungen der Rechte des Mandanten durch Strafverfolgungsmaßnahmen gegen den Rechtsanwalt, in: NJW 1977, 1417 ff.

ders.: Probleme der Verteidigung in Wirtschaftsstrafsachen, in: wistra 1983, 43 ff.

ders.: Zufallsfunde bei Berufsgeheimnisträgern und ihre Verwertbarkeit, in: NStZ 1987, 199 ff.

ders.: Verwertungsverbot bei der Durchsuchung, in: AnwBl 1992, 356 ff.

ders.: Beweisverwertungsverbote bei fehlerhaften Durchsuchungen, in: NStZ 1993, 263 ff.

ders.: Geldverkehrsrechnungen als Beweismittel, in: PStR 2001, 164 f.

Krekeler, Wilhelm/Schütz, Thomas: Die Durchsuchung von bzw. in Unternehmen, in: wistra 1995, 296 ff.

Kretzschmar, Lutz: Umfang der finanzbehördlichen Ermittlungsbefugnis bei einer allgemeinen Straftat in Tateinheit mit einer Steuerstraftat, in: DStR 1983, 641 ff.

Kröpil, Karl: Die strafprozessuale Tat als Zentralbegriff in der strafrechtlichen Ausbildung und Prüfung, in: JuS 1986, 211 ff.

Kühn, Rolf/ Kutter, Heinz/ Hofmann, Ruth: Abgabenordnung, 16. Aufl. Stuttgart 1990

Kühne, Hans-Heiner: Strafprozessrecht, 5. Aufl. Heidelberg 1999

ders.: Anm. zu LG Wiesbaden, Beschluß v. 3.3.1978 - 14 Qs 143/77 (veröffentlicht in: NJW 1979, 175), in: NJW 1979, 1053 f.

Labe, Michael: Zufallsfund und Restitutionsprinzip im Strafverfahren, Diss. iur. Hamburg 1988

Lammerding, Jo/Hackenbroch, Rüdiger: Steuerstrafrecht, 7. Aufl. Achim 1997

Leipziger Kommentar: Strafgesetzbuch Kommentar, hrsg. von Jähnke, Burkhard/Laufhütte, Heinrich Wilhelm/Odersky, Walter, §§ 125- 141, 11. Aufl. Berlin 1996; §§ 110 – 122, 11. Aufl. Berlin 1994

Leise, Horst: Zur Frage der Unterrichtung der Staatsanwaltschaft über Zufallsfunde anläßlich von Durchsuchungen durch den Steuerfahndungsdienst, in: INF 1973, 67

Leisner, Walter: Ausforschungsdurchsuchung?, in: BB 1994, 1941 ff.

ders.: Ausforschungsbeschlagnahme, in: BB 1995, 525 ff.

Leißing, Günter: Anfangsverdacht bei Tafelgeschäften, in: PStR 2001, 23

Lenckner, Theodor/Schumann, Heribert/Winkelbauer, Wolfgang: Grund und Grenzen der strafrechtlichen Selbstanzeige und das Wiederaufleben der Berichtigungsmöglichkeit im Falle der Außenprüfung (1. Teil), in: wistra 1983, 123 ff.

Lenz, Carl Otto: EG-Vertrag Kommentar, 2. Aufl. Köln 1999

Lisken, Hans: Vorfeldeingriffe im Bereich der "Organisierten Kriminalität" - Gemeinsame Aufgabe von Verfassungsschutz und Polizei?, in: ZRP 1994, 264 ff.

Locklair, Alfred: Verhalten von Bankmitarbeitern bei Durchsuchungen durch die Steufa, in: PStR 1998, 109 ff.

Lohmar, Jens: Steuerstrafrechtliche Risiken typischer Bankgeschäfte, Diss. iur. Potsdam 2001

Lohmeyer, Heinz: Das Verhältnis des Strafverfahrens zum Besteuerungsverfahren, in: DStZ 1972, 321 ff.

ders.: Die straf- und bußgeldrechtlichen Vorschriften der Betriebsprüferordnung (Steuer), in: DStR 1979, 131 ff.

Lohner, Erwin: Der Tatverdacht im Ermittlungsverfahren, Diss. iur. München 1994

Löwe-Krahl, Oliver: Beteiligung von Bankangestellten an Steuerhinterziehungen ihrer Kunden - die Tatbestandsmäßigkeit berufstypischer Handlungen, in: wistra 1995, 201 ff.

ders.: Banken und Rasterfahndung?, in: PStR 2000, 251 ff.

ders.: Rechtsbehelfe der Bankkunden bei Ermittlungen der Steufa, in: PStR 2002, 74 f.

ders.: Spekulationsgewinne - wann rollt die nächste Fahndungswelle?, in: PStR 2002, 147 f.

Löwe-Rosenberg: StPO Großkommentar, hrsg. von Rieß, Peter, §§ 1 - 111n, 24. Aufl. Berlin 1988; §§ 112 - 136a, 25. Aufl. Berlin 1997; §§ 112 – 197, 24. Aufl. Berlin 1989; §§ 137 – 157, 25. Aufl. Berlin 2002; §§ 170 - 212b, 25. Aufl. Berlin 2001

Lüttger, Ulrich: Die Selbstanzeige im Steuerstrafrecht, in: StB 1993, 372 ff.

Maiwald, Manfred: Zufallsfunde bei zulässiger strafprozessualer Telephonüberwachung - BGH NJW 1976, 1462, in: JuS 1978, 379 ff.

Marschall, Paul O.: Die Selbstanzeige im Umfeld steuerlicher Beratung (Teil II), in: BB 1998, 2553 ff.

Marx, Thomas: Das Geldwäschegesetz als "Einfallstor" der Steuerfahndung, in: PStR 1999, 16 ff.

Mennel, Annemarie/Förster, Jutta: Steuern in Europa, Amerika und Asien, Stand Nov. 2002 Herne

Merten, Karlheinz/Merten, Heike: Vorbeugende Verbrechensbekämpfung, in: ZRP 1991, 213 ff.

Messner, Michael: Durchsuchungen und Beschlagnahme bei Kreditinstituten, in: DB 1996, 2196 ff.

Meyer-Goßner, Lutz: Strafprozeßordnung Kommentar, 46. Aufl. München 2003

Michalowski, Sabine: Schutz der Vertraulichkeit strafrechtlich relevanter Patienteninformationen, in: ZStW 1997, 519 ff.

Möllers, Christoph: Gefahr im Verzug, in: NJW 2001, 1397 f.
Moosburger, H.: § 104 Abs. 2 AO - eine gesetzlich fixierte "Umgehung" des Schutzes von Berufsgeheimnissen?, in: wistra 1989, 252 ff.
Moritz, Joachim: Gezielte Suche nach Zufallsfunden, in: PStR 2000, 243 f.
ders.: Unzulässige Rasterfahndung, in: PStR 2000, 249 ff.
ders.: Rechtssicherheit - quo vadis?, in: PStR 2001, 122 ff.
ders.: Sammelauskunftsersuchen der Steufa zur Ermittlung von Spekulationsgewinnen, in: PStR 2002, 118 f.
ders.: Der "Neue-Markt-Beschluss" des BFH, in: PStR 2002, 125 ff.
Mösbauer, Heinz: Sperre für die strafbefreiende Selbstanzeige bei Steuerhinterziehung wegen Erscheinens eines Amtsträgers der Finanzbehörde zur steuerlichen Prüfung, in: NStZ 1989, 11 ff.
ders.: Das Erscheinen eines Amtsträgers der Finanzbehörde zur steuerlichen (Außen-) Prüfung als Sperre für die Straffreiheit nach § 371 AO, in: StBp 1999, 225 ff.
ders.: Die Kenntnis des Täters von der Entdeckung der Tat als Sperre für die Straffreiheit nach § 371 AO, in: StB 1999, 393 ff.
Müller, Egon: Die Durchsuchungspraxis - Unterwanderung eines Grundrechts, in: AnwBl 1992, 349 ff.
Müller, Jürgen R.: Erstellung eines ordnungsgemäßen Verzeichnisses nach § 107 S. 2 stopp, in: PStR 2003, 136 ff.
Müller, Oswin: Der Abschied von der konkreten Gefahr als polizeirechtliche Eingriffsbefugnis, in: Neue Strafrechtsentwicklungen im deutsch-japanischen Vergleich, S 209 ff., hrsg. von Kühne, Hans-Heiner/Miyazawa, Koichi, Köln 1995, (zit.: Müller, Eingriffsbefugnis)
Müller-Brühl, Franz Josef: Ermittlungen bei Kreditinstituten in Steuerverfahren ihrer Kunden, Bielefeld 1990
von Münch, Ingo/Kunig, Philip: Grundgesetz – Kommentar, Band 1, Art. 1 - 19 GG, 5. Aufl. München 2000

Nelles, Ursula: Kompetenzen und Ausnahmekompetenzen in der Strafprozeßordnung, Diss. iur. Münster 1979
dies.: Strafprozessuale Eingriffe in das Hausrecht von Angehörigen, in: StV 1991, 488 ff.
Neuhaus, Ralf: Materielle Handlungseinheit und prozessuale Tatidentität, in: wistra 1988, 57 ff.
Nothacker, Gerhard: Zu Durchsuchung und Beschlagnahme, in: ArchKrim 1986, 1ff.

Oehler, Dietrich: Neuere Verschiebungen beim prozessualen Tatbegriff, in: Gedächtnisschrift für Horst Schröder, S. 439 ff., hrsg. von Stree, Walter/Lenckner, Theodor/Cramer, Peter/Eser, Albin, München 1978

Ostendorf, Heribert: Entwicklungen in der Rechtsprechung zur "Bildung krimineller bzw. terroristischer Vereinigungen" §§ 129, 129 a StGB, in: JA 1980, 499 ff.

Paeffgen, Hans-Ulrich: § 129 a StGB und der prozessuale Tatbegriff, in: NStZ 2002, 281 ff.

Papier, Hans-Jürgen/Dengler, Andreas: Verfassungsrechtliche Fragen im Zusammenhang mit Steuerfahndungsmaßnahmen bei Banken, in: BB 1996, 2541 ff., 2593 ff.

Park, Tido: Handbuch Durchsuchung und Beschlagnahme, München 2002

ders.: Der Anwendungsbereich des § 110 StPO bei Durchsuchungen in Wirtschafts- und Steuerstrafsachen, in: wistra 2000, 453 ff.

Peters, Karl: Strafprozessrecht, 4. Aufl. Heidelberg 1985

Pfaff, Paul: Straf- und Bußgeldfreiheit bei Steuerzuwiderhandlungen, in: DStZ 1982, 361 ff.

Pieroth, Bodo/Schlink, Bernhard: Grundrechte Staatsrecht II, 19. Aufl. Heidelberg 2003

Plewka, Harald: Die konzertierte Selbstanzeige bei Bankenprüfungen - ein Königsweg der Straffreiheit?, in: BB 1998, 1337 ff.

Prechtel, Günter: Das Verhältnis der Staatsanwaltschaft zum Ermittlungsrichter, Diss. iur. München 1995

Pump, Hermann: Anzeige von Steuerstraftaten durch Gerichte und Behörden (§116 AO), in: wistra 1987, 322 ff.

Puppe, Ingeborg: Die Individualisierung der Tat in Anklageschrift und Bußgeldbescheid und ihre nachträgliche Korrigierbarkeit, in: NStZ 1982, 230 ff.

Pütz, Johannes: Zum Zugriff der Strafverfolgungsbehörden auf CpD-Konten, in: ZIP 1990, 703 ff.

ders.: Steuer- und Zollfahnder als Hilfsbeamten der Staatsanwaltschaft, in: wistra 1990, 212 ff.

ders.: Fahndungsermittlungen in den Bank-Verfahren nach dem Meistbegünstigungsprinzip?, in: wistra 1998, 54 ff.

Rabe von Kühlewein, Malte: Anm. zu BVerfG, Urteil v. 20.2.2001 - 2 BvR 1444/00 - (BVerfGE 103, 142 ff.), in: StraFO 2001, 193 ff.

Ransiek, Andreas: Durchsuchung - Beschlagnahme und Verwertungsverbot, in: StV 2002, 565 ff.

Reiche, Klaus D.: Die strafrechtliche Ermittlungskompetenz der Zollfahndung, in: wistra 1990, 90 ff.

Rengier, Rudolf: Praktische Fragen bei Durchsuchungen, insbesondere in Wirtschaftsstrafsachen, in: NStZ 1981, 372 ff.

Ress, Georg/Ukrow, Jörg: Kapitalverkehrsfreiheit und Steuergerechtigkeit, Baden-Baden 1997
Riegel, Ralf/Kruse, Harald: Strafbefreiende Selbstanzeige nach § 371 AO durch Bankmitarbeiter, in: NStZ 1999, 325 ff.
Rischar, Andreas: Die Selbstanzeige im Lichte der Bankendurchsuchungen, in: BB 1998, 1341 ff.
Rogall, Klaus: Zur Verwertbarkeit der Aussage einer noch nicht beschuldigten Person, in: MDR 1977, 978 ff.
Ronsdorf, Heike: Die Beschlagnahme von Zufallsfunden bei Durchsuchungen, Diss. iur. Frankfurt a.M. 1991
dies.: Geplante Zufallsfunde, in: ArchKrim 1993, 42 ff.
Roxin, Claus: Strafverfahrensrecht, 25. Aufl. München 1998, (zit.: Roxin, StPO)
ders.: Anm. zu BGH, Urteil v. 21.12.1983 - 2 StR 578/83 - (BGHSt 32, 215), in: JR 1984, 346 ff.
ders.: Zur richterlichen Kontrolle von Durchsuchungen und Beschlagnahmen, in: StV 1997, 654 ff.
Rüping, Hinrich: Steuerfahndungsergebnisse und ihre Verwertbarkeit, Köln 1981, (zit.: Rüping, Steuerfahndungsergebnisse)
ders.: Das Strafverfahren, 3. Aufl. München 1997, (zit.: Rüping, StPO)
ders.: Steuerfahndung im Rechtsstaat, in: DStZ 1980, 179 ff.
ders.: Durchsuchung, Zufallsfunde und Verwertungsverbote im Steuerstrafverfahren, in: Strafverfolgung und Strafverteidigung im Steuerstrafrecht, S. 267 ff., hrsg. v. Kohlmann, Günter, Köln 1983, (zit.: Rüping, Zufallsfunde)
ders.: Blankettnormen als Zeitgesetze, in: NStZ 1984, 450 f.
ders.: "In dubio pro fisco" im Steuerstrafverfahren, in: NStZ 1986, 545 ff.
ders.: Rechtsprobleme der Durchsuchung insbesondere in Steuerstrafsachen, in: StVj 1991, 322 ff.
ders.: Beweisverbote im Besteuerungs- und Steuerstrafverfahren, in: FR 2000, 193 ff.
ders.: Tatausgleich durch Selbstanzeige, zugleich Besprechung von OLG Celle, Beschluß v. 27.3.2000 - 2 Ws 33/00 - (veröffentlicht in: wistra 2000, 277), in: wistra 2001, 121 ff.
Rüping, Hinrich/Kopp, Thomas: Steuerrechtliche Mitwirkungspflichten und strafrechtlicher Schutz vor Selbstbelastung, in: NStZ 1997, 530 ff.

Sachs, Michael: Grundgesetz Kommentar, 3. Aufl. München 2003
Salditt, Franz: Ersuchen statt durchsuchen? Neues von der Suche nach Kapitalvermögen in Luxemburg und in der Schweiz, in: PStR 1998, 63 ff.
ders.: Die Revision des Konzertveranstalters, in: PStR 2000, 118 ff.
Schaefgen, Christoph: Durchsuchung - Beschlagnahme – Bankgeheimnis, in: BB 1979, 1498 f.

Schäfer, Helmut: Die Beschlagnahme von Handelsbüchern beim Steuerberater, in: wistra 1985, 112 ff.
Schebasta, Michael: Rechtsfragen bei CpD-Konten sowie "Und"-Konten, in: WM 1985, 1329 ff.
Scheel, Thomas: Die Bedeutung der Steuererklärung für den Begriff der Tat im Sinne des § 371 Abs. 2 AO, in: wistra 1989, 343 f.
Schick, Walter: Steuerfahndung und Rechtsstaat, in: JZ 1982, 125 ff.
Schlothauer, Reinhold/Weider, Hans-Joachim: Untersuchungshaft, 3. Aufl. Heidelberg 2000
Schlüchter, Ellen: Das Strafverfahren, 2. Aufl. Köln 1983
Schmidt, Eberhard: Deutsches Strafprozessrecht, Göttingen 1967, (zit.: Schmidt, StPO)
Schmidt, Rolf: Anm. zu AG Frankfurt a. M., Beschluß v. 14.4.1988 - 91 Js 32 948/86 - 931 Gs (veröffentlicht in StV 1988, 482) und BGH, Beschluß v. 4.5.1988 - StB 15/88 - (veröffentlicht in StV 1988, 468), in: StV 1989, 421 f.
ders.: Die Beschlagnahme von (Geschäfts-) Unterlagen beim Zeugnisverweigerungsberechtigten, in: wistra 1991, 245 ff.
Schmitz, Herbert/Tillmann, Georg: Das Steuerstrafverfahren, 2. Aufl. Wiesbaden 1989
Schöneborn, Christian: Alternativität der Handlungsvorgänge als Kriterium des strafprozessualen Tatbegriffs, in: MDR 1974, 529 ff.
Schönke, Adolf/Schröder, Horst: Strafgesetzbuch, 26. Aufl. München 2001
Schoreit, Armin: Bestimmtheit einer Durchsuchungsanordnung, in: NStZ 1999, 173 ff.
Schröder, Claus: Wahlfeststellung und Anklageprinzip, in: NJW 1985, 780 ff.
Schuhmann, Helmut: Zur Beschlagnahme von Mandantenunterlagen bei den Angehörigen der rechts- und steuerberatenden Berufe, in: wistra 1995, 50 ff.
Schulz, Lorenz: Normiertes Mißtrauen - Der Verdacht im Strafverfahren, Frankfurt a. M. 2001
Schweyer, Eckhart: Tatbegriff und Tatidentität im Steuerstrafrecht, Diss. iur. Tübingen 1989
Seer, Roman: Der Konflikt zwischen dem Schweigerecht des Beschuldigten im Steuerstrafverfahren und seiner Mitwirkungspflicht im Besteuerungsverfahren, in: StB 1987, 128 ff.
ders.: Die Verwertbarkeit strafrechtlicher Ermittlungsergebnisse für das Besteuerungsverfahren - Umfang und Grenzen der Amtshilfe, in: StuW 1991, 165 ff.
Selmer, Peter: Steuerrecht und Bankgeheimnis, Hamburg 1981
Sendler, Horst: Fragwürdigkeiten der richterlichen Unabhängigkeit, in: NStZ 2001, 1256 ff.

Sichtermann, S.: Bankgeheimnis und Bankauskunft, 3. Aufl. Frankfurt a. M. 1984
Siebrecht, Michael: Rasterfahndung, Diss. iur. Hannover 1995
Sieg, Hans O.: Aushändigung von Kopien beschlagnahmter Unterlagen, in: wistra 1984, 172 ff.
Simon, H. Eberhard/Vogelberg, Klaus-Arnold: Steuerstrafrecht, Stuttgart 2000
Sommermeyer, Jörg: Schutz der Wohnung gegenüber strafprozessualen Zwangsmaßnahmen, ein Phantom?, in: JR 1990, 493 ff.
ders.: Neuralgische Aspekte der Betroffenenrechte und ihres Rechtsschutzes bei strafprozessualen Hausdurchsuchungen, in: NStZ 1991, 257 ff.
ders.: Die materiellen und formellen Voraussetzungen der strafprozessualen Hausdurchsuchung, in: Jura 1992, 449 ff.
Stein, Ulrich: Strafprozessualer Tatbegriff und Alternativität von Vorwürfen, in: JR 1980, 444 ff.
Störmer, Rainer: Beurteilungsspielräume im Strafverfahren, in: ZStW 1996, 949 ff.
Streck, Michael: Die Steuerfahndung, Köln 1986
ders.: Besteuerung inländischer und ausländischer Einkünfte aus Kapitalvermögen, in: DStR 1993, 342 ff.
Streck, Michael/Mack, Alexandra: Banken und Bankkunden im Steuerfahndungsverfahren, in: BB 1995, 2137 ff.
Streck, Michael/Olgemöller, Herbert: Offenbarung einer Steuerstraftat gegenüber der Staatsanwaltschaft?, in: DStR 1994, 966 f.
Stützle, Rudolf: Die Barauszahlung von Schecks durch Kreditinstitute, in: ZIP 1990, 1316 ff.
Stypmann, Rolf: Rechtliche und tatsächliche Probleme bei staatsanwaltlichen Durchsuchungs- und Beschlagnahmehandlungen, in: wistra 1982, 11 ff.
Suhr, Gerhard/Naumann, Axel/Bilsdorfer, Peter: Steuerstrafrecht-Kommentar zu §§ 369 - 412 AO, 4. Aufl. Herne 1986
Systematischer Kommentar: Kommentar zur Strafprozeßordnung von Rudolphi, Hans-Joachim u.a., 32. Lieferung (Stand Juli 2003) Neuwied, (zit.: Systematischer Kommentar/StPO)

Teske, Doris: Die Bekanntgabe der Einleitung eines Straf- oder Bußgeldverfahrens (§ 371 Abs. 2 Nr. 1b AO) durch Durchsuchungsbeschlüsse, in: wistra 1988, 287 ff.
dies.: Die neuere Rechtsprechung zur Selbstanzeige, in: wistra 1990, 139 ff.
Tipke, Klaus: Kann das Steuerstrafrecht das Steuerrecht verbessern?, in: PStR 2000, 143 ff.
Tipke, Klaus/Kruse, Heinrich Wilhelm: Abgabenordnung Finanzgerichtsordnung Kommentar, 101. Lieferung (Stand August 2003) Köln
Tipke, Klaus/Lang, Joachim: Steuerrecht, 7. Aufl. Köln 2002

Tröndle, Herbert/Fischer, Thomas: Strafgesetzbuch, 51. Aufl. München 2003

Vogel, Hans-Jochen: Strafverfahrensrecht und Terrorismus - eine Bilanz, in: NJW 1978, 1217 ff.
Vogelberg, Claus-Arnold: Steuerstrafrecht, Stuttgart 2000
ders.: Doppelfunktion der Steuerfahndung, in: PStR 2002, 181 f.
Volk, Klaus: Tat und Tatentdeckung bei fortgesetzter Steuerhinterziehung, in: DStR 1987, 644 ff.
ders.: Der Tatbegriff und die Bestimmtheit von Durchsuchungsbeschlüssen im Steuerstrafrecht, in: wistra 1998, 281 ff.
Voßmeyer, Klaus/Venn, Lothar: Bankenfahndung: Verteidigung zwischen Konfrontation und Anbiederung, in: Stbg 1998, 260 ff.

Wabnitz, Heinz-Bernd/Janovsky, Thomas: Handbuch des Wirtschafts- und Steuerstrafrechts, München 2000
Wagner, Jürgen: Bankgeheimnis in Liechtenstein und der Schweiz - ein Überblick, in: PStR 2001, 52 ff.
Wannemacher, Wolfgang: Steuerberater und Mandant im Steuerstrafverfahren, Bonn 1987
Warda, Axel R.: Die Durchsuchung bei Verdächtigen und bei anderen Personen nach den §§ 102, 103 stopp, Diss. iur. Köln 1986
Weber, Manfred: Das deutsche Bankgeheimnis, Die Bank 1996, 84 ff.
Wecker, Gregor: Beweisverwertungsverbote als Folge rechtswidriger Hausdurchsuchungen, Diss. iur. Köln 2000
Wegner, Carsten: Ist § 30 OWiG tatsächlich der "Königsweg" in den Banken-Strafverfahren?, in: NJW 2001, 1979 ff.
Weinreuter, Uwe/Braun, Michael: Bankgeheimnis und Maßnahmen der Finanzverwaltung, in: DStZ 2001, 185 ff.
Wendeborn, Matthias Martin: Das Recht der Steuerfahndung gemäß §§ 208, 404 AO, Diss. iur. Hamburg 1988
Werle, Gerhard: Die Beteiligung an kriminellen Vereinigungen und das Problem der Klammerwirkung, in: JR 1979, 93 ff.
ders.: Konkurrenzen und Strafklagverbrauch bei der mitgliedschaftlichen Beteiligung an kriminellen oder terroristischen Vereinigungen, in: NJW 1980, 2671 ff.
Werner, Elke: Vermögensabschöpfung im (Steuer-)Strafverfahren, in: PStR 2002, 8 ff.
Weßlau, Edda: Vorfeldermittlungen, Diss. iur. Hamburg 1988
dies.: Anm. zu den Kammerbeschlüssen vom 1.3.2000 - 2 BvR 2017 und 2039/94 - (Fall Sedelmayr) und vom 27.4.2000 - 2 BvR 1990/96 - (sog. Zweithörer-Fall), in: StV 2000, 468 ff.

Weyand, Raimund: Rechtsschutzmöglichkeiten gegen die Auswertung von CpD-Konten durch die Steuerfahndung, in: wistra 1990, 294 f.

ders.: Kontenauswertung infolge Betriebsprüfungen bei Banken, in: INF 1997, 554 ff.

Wolter, Jürgen: Tatidentität und Tatumgestaltung im Strafprozeß, in: GA 1986, 143 ff.

ders.: Repressive und präventive Verwertung tagebuchartiger Aufzeichnungen, in: StV 1990, 175 ff.

Wulf, Peter: Strafprozessuale und kriminalpraktische Fragen der polizeilichen Beschuldigtenvernehmung auf der Grundlage empirischer Untersuchungen, Diss. iur. Hamburg 1984

Wulf, Martin: Strafbarkeit der Vermögensteuerhinterziehung und § 370 AO als Blankettgesetz, in: wistra 2001, 41 ff.

Zeißig, Klaus: Wirtschaftsstrafsachen - Aktenführung, Ermittlungstechnik, Zusammenarbeit zwischen Staatsanwaltschaft und Polizei, in: wistra 1994, 295 ff.

Zinn, J.: Keine Straffreiheit bei Eröffnung der Einleitung der steuerstrafrechtlichen Untersuchung gegenüber dem Vertreter des Täters?, in: Stbg 1963, 209 f.

Abkürzungen nach:

Hildebert Kirchner: Abkürzungsverzeichnis der Rechtssprache, 5. Aufl. Berlin 2003

Kolibri 360 GmbH
Ferdinand-Jühlke-Straße 7
99095 Erfurt, Deutschland
produktsicherheit@kolibri360.de

Druck:
CPI Druckdienstleistungen GmbH
im Auftrag der
Kolibri 360 GmbH
Ferdinand-Jühlke-Str. 7
99095 Erfurt